Rhodos

Sými · Chálki
Níssyros · Kós · Marmaris

Hans E. Latzke

DUMONT
Reise-Taschenbuch

Unterwegs auf Rhodos

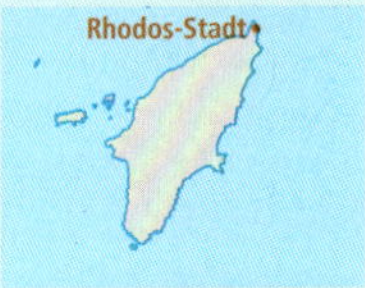

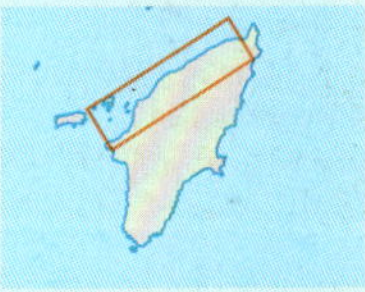

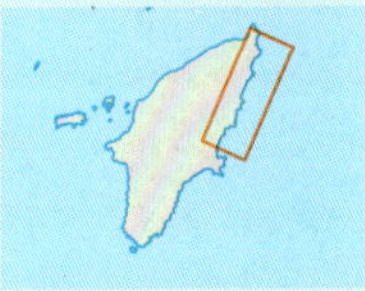

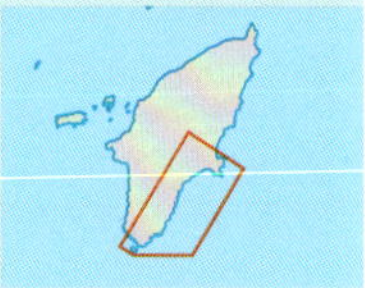

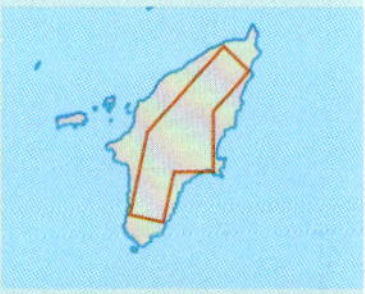

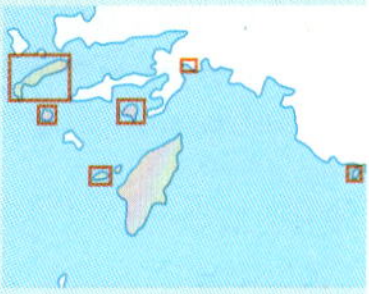

Auf Entdeckungstour

Karten und Pläne

► Dieses Symbol im Buch verweist auf die Extra-Reisekarte Rhodos

Das Klima im Blick

atmosfair

Reisen bereichert und verbindet Menschen und Kulturen. Wer reist, erzeugt auch CO_2. Der Flugverkehr trägt mit einem Anteil von bis zu 10 % zur globalen Erwärmung bei. Wer das Klima schützen will, sollte sich für eine schonendere Reiseform (z. B. die Bahn) entscheiden – oder die Projekte von *atmosfair* unterstützen. *Atmosfair* ist eine gemeinnützige Klimaschutzorganisation. Die Idee: Flugpassagiere spenden einen kilometerabhängigen Beitrag für die von ihnen verursachten Emissionen und finanzieren damit Projekte in Entwicklungsländern, die dort den Ausstoß von Klimagasen verringern helfen. Dazu berechnet man mit dem Emissionsrechner auf *www.atmosfair.de,* wie viel CO_2 der Flug produziert und was es kostet, eine vergleichbare Menge Klimagase einzusparen (z. B. Berlin – London – Berlin 13 €). *Atmosfair* garantiert die sorgfältige Verwendung Ihres Beitrags. Klar – auch der DuMont Reiseverlag fliegt mit *atmosfair!*

Schnellüberblick

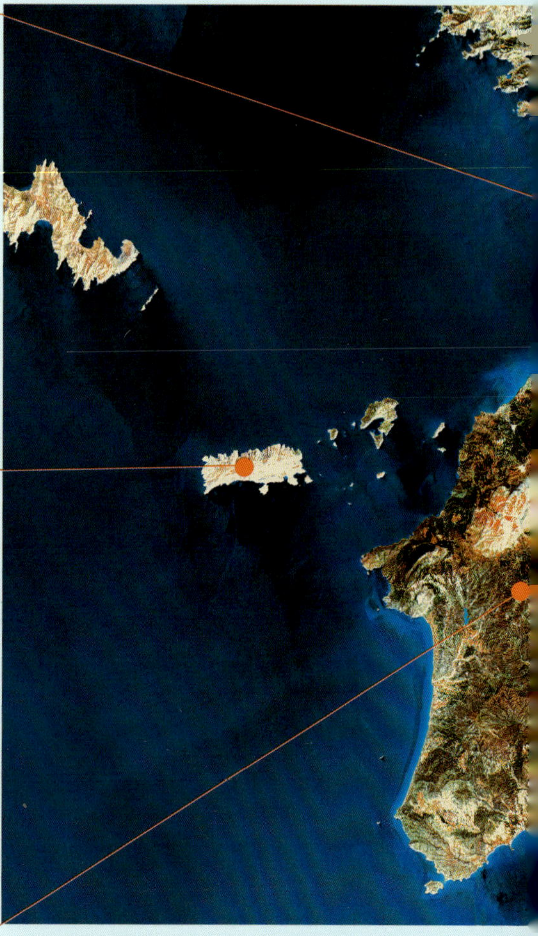

Triánda und die Westküste
Die große Triánda-Bucht war das erste Feriengebiet auf Rhodos. Zwischen Ixiá und Ialyssós reihen sich am Meer die Luxushotels, im Hinterland überschaut der alte Akropolis-Hügel mit dem Kloster Filérimos die fruchtbare Ebene. Weiter im Süden nimmt der touristische Ausbau merklich ab; an einsamen Stränden liegen lediglich einige idyllische Fischertavernen. Nur die antike Stadt Kámiros wird viel besucht. S. 142

Ausflüge von Rhodos
Rund um Rhodos liegen einige leicht erreichbare Inselzwerge, wo das Leben oft noch seinen althergebrachten Gang geht. Sými ist das beliebteste Ausflugsziel, auf Chálki und Kastellórizo treffen sich Inselsammler und Einsamkeitsfanatiker. Níssyros ist ein echter Vulkan, Kós besitzt interessante archäologische Ausgrabungen. Wer vor allem shoppen will, fährt ins Hafenstädtchen Marmaris in der Türkei. S. 242

Das Bergland
Das Innere der Insel Rhodos ist ursprünglicher, als die Entwicklung der Küste vermuten lässt. Mit drei Autotouren rund um die Bergmassive des Profítis Ilías, des Attavýros sowie des Koukouliári kann man beschauliche Bauerndörfer, interessante Volkskunstmuseen und großartige Landschaften entdecken. Jede Tour ist in Ruhe an einem Tag zu schaffen. In kleinen, einfachen Tavernen gibt es bäuerliche Küche, oft kommt man mit den Einheimischen ins Gespräch. Immer wieder kann man rhodisches Olivenöl, Honig und Tresterschnaps kaufen, viele Leute sprechen Deutsch. S. 220

nádi. Über das Dorf Kattavía fährt man nach Prasonísi an der Südspitze, dem besten Surfrevier Griechenlands. S. 196

Rhodos-Stadt
Die Hauptstadt von Rhodos, griechisch Ródos, war im Altertum eine Weltstadt, im Mittelalter residierten hier Ordensritter, heute lebt sie von einer kosmopolitischen Besucherschar. Die Altstadt liegt hinter den Mauern der Ritterzeit, Hotels und Geschäfte prägen die Neustadt. Eine Art Archäologiepark bilden die Relikte der antiken Akropolis. S. 100

Faliráki und die Ostküste
Die Küste rund um die »Party-Stadt« Faliráki liegt auf der windabgewandten Seite von Rhodos und ist daher weniger dem Méltemi-Wind ausgesetzt als die Westküste (und daher im Sommer sehr heiß). Man findet hier zahlreiche wunderbare Badeplätze, von den Thermen von Kallithéa aus der Italienerzeit im Norden bis zum Agá Agáthi-Beach südlich bei Charáki. Beim Tsambíka Beach lohnt auch ein Bergkloster mit toller Aussicht den Besuch, Archángelos nahe dem Badeort Kolýmbia beeindruckt als größtes (und lautestes) Dorf der Insel. S. 160

Líndos und der Süden
Die Akropolis von Líndos ist die bekannteste antike Anlage von Rhodos und zählte zu den bedeutendsten Kultstätten Griechenlands. Nicht weniger Grund zum Schwärmen geben die romantische weiße Stadt unterhalb der Burg mit ihren lauschigen Dachtavernen und der tolle Strand an einer stillen Hafenbucht. Weiter im Süden liegen die Luxushotels von Kiotári und das Badeörtchen Gen-

Mit Hans E. Latzke unterwegs

Der Reisejournalist Hans E. Latzke hat sich spezialisiert auf den östlichen Mittelmeerraum und die verschiedenen Regionen des alten osmanischen Reiches. Über Rhodos schreibt er seit fast 20 Jahren und hat dort viele Freunde gewonnen. Bei seinen zahlreichen Besuchen lernte er die Insel intensiv kennen und ist fasziniert von der Herzlichkeit der Menschen auf Rhodos. Am besten gefallen ihm Orte wie Archángelos, wo das Leben der Einheimischen noch seinen normalen Gang geht, und natürlich Líndos mit seinen wunderbaren Restaurants und schicken Disco-Bars.

Der Autor

Die Insel des Sonnengottes

›Sonneninsel Rhodos‹: dieser Mythos ist wohl gut und gern über 3000 Jahre alt. So sagten schon die alten Griechen, dass diese Insel dem Gott Helios geweiht sei, dem ›Rosse lenkenden‹, der mit dem Sonnenwagen täglich das Firmament durchquert. Doch die jährlich über 300 Sonnentage sind es nicht allein, die die viertgrößte griechische Insel nahe der türkischen Küste so attraktiv machen.

Wo Helios zu Hause ist

Rhodos hat mehr zu bieten: neben den lang gestreckten Stränden vor allem eine Hauptstadt, in der Geschichte auf Schritt und Tritt lebendig wird, bedeutende antike Ausgrabungen und ein reizvolles Hinterland. Diese Insel ist nicht karg und herb wie die meisten anderen in der Ägäis; sie ist grün, fruchtbar, duftend.

Schon wenige Kilometer abseits der doppelspurigen Schnellstraße, die die quirligen, modernen Urlaubsorte an der Ostküste verbindet, kommt man in beschauliche Dörfer mit üppigen Gärten, in ausgedehnte Pinienwälder, Olivenhaine, stößt auf einsame, weiß gekalkte Kirchen. So ist Rhodos auch eine Insel der Extreme: Mit rund einer Million Touristen pro Jahr und Saison zählt sie zu den wichtigsten Urlaubsgebieten ganz Griechenlands – und dennoch kann man sich hinten im Südteil der Insel, fern von den Hotelburgen und dem Trubel der Großstadt Rhodos, auf ungeteerten Pisten verirren und in uralten Klöstern griechische Gastfreundschaft kennenlernen.

Eine grüne Insel

Sprichwörtlich ist die Fruchtbarkeit der ›Roseninsel‹ Rhodos, auf der man auf Schritt und Tritt Palmen und Oleander, Platanen und Granatapfelbäume, die uralte Symbolpflanze von Rhodos, findet. Schon auf dem Weg vom Flughafen nach Rhodos-Stadt fährt man vorbei an alten neoklassizistischen Villen, in deren Gärten die ganze exotische Vegetation des Südens üppig sprießt,

Die Néa Agorá am Hafen von Rhodos stammt aus der italienischen Zeit

und in den Dörfern scheinen sich manche Häuser unter dichten Polstern der rotviolett blühenden Bougainvillea verstecken zu wollen.

Der Urlauber jedoch, der nur die Sommerhitze kennenlernt, der süchtig geworden ist nach dem niemals endenden Gesang der Grillen, er müsste sich vom Winter der Ägäis überraschen lassen. Denn das ist die einsame Jahreszeit, in der kalte Stürme übers Meer peitschen und alle fort sind: die Touristen wieder im Norden, die meisten Geschäftsleute wieder in Athen. Nur die einheimischen Rhodier bleiben und kümmern sich um die Olivenernte.

Nicht nur Tourismus

So ist es denn ein fragiles Gleichgewicht, das die Insel am Leben erhält, auch ökonomisch. Die meisten Jobs hängen direkt oder indirekt vom Tourismus ab und bringen nur sieben bis acht Monate Geld. Das ist nicht viel, aber es reicht aus, um zu bleiben. Kämen die Touristen nicht mehr, würden wohl auch die Griechen gehen müssen.

Nur Rhodos-Stadt, Hauptstadt der Insel und des Dodekanes-Archipels, macht da eine Ausnahme. Sie wächst und hat ihre Einwohnerzahl seit zwei Dekaden um 30 % erhöht. Hier wurden einige Fakultäten der neuen Ägäis-Universität angesiedelt, dazu auch eine Hotelfachschule. Daher sind stets relativ viele junge Leute in der Stadt – vergleichbar nur mit Athen und Thessaloníki. Und so ist dies eine höchst ungewöhnliche Stadt: einerseits das Hotelviertel mit touristischem Flair und kosmopolitischem Nachtleben, andererseits griechische Wohnviertel und zahlreiche Kneipen und In-Cafés für die Studenten.

Auch sonst gibt sich Rhodos konträr: Man hat die Wahl zwischen Luxusanlagen oder einfachen Pensionen, zwischen beschaulichen Hotelarealen wie Kolýmbia oder lauten Kunstorten wie Faliráki mit seinen berüchtigten Bars. So ist für jeden gesorgt, seien es die Surfer, die an der Westküste allerbeste Bedingungen vorfinden, oder die Kunstliebhaber, die bedeutende historische Relikte studieren können. Selbst zum Relaxen und Nichtstun gibt es genügend Strände – obwohl Rhodos dafür eigentlich viel zu schade ist.

Abends an der Platia Ippokratous (Hippokrates-Platz), S. 118

Urige Tavernenmeile im Hof der Néa Agorá, S. 130

Lieblingsorte!

Strandparadies mit Taverne am Monaxia Beach in Faliráki, S. 172

Romantische Bucht mit illuminiertem Kastell in Charáki, S. 192

Taverne Kaliva am Strand von Ialyssós, S. 146

Fánes, Village of Colours (Dorf der Farben), S. 154

In Rhodos-Stadt sitze ich immer noch gern bei den Jugendlichen auf der Castellania-Treppe und gucke, wer so unterwegs ist. Zum Essen geht's dann in die Néa Agorá. Typische rhodische Küche bekommt man auch in der Taverne Kaliva am Ialyssós Beach. Fast ein Gesamtkunstwerk ist das bunt bemalte Dorf Fánes. Meine Lieblingstaverne zum ›Beachen‹ liegt am ruhigen Monaxia-Strand in Faliráki, während ich in Charáki gern die blaue Stunde genieße. Einen der schönsten Küstenblicke erlebt man am Ritterkastell Monólithos. Auf Sými laufe ich gern auf den Akropolis-Gipfel und genieße den wunderbaren Buchtblick.

Ungestörter Küstenblick vom Kastell Monólithos, S. 236

Die Schwammtaucherstadt Sými, vom Kástro gesehen, S. 246

Reiseinfos, Adressen, Websites

Spiegelglatt glänzt die Anthony Quinn Bay bei Faliráki in der Morgensonne

Informationsquellen

Info im Internet

www.rhodos-info.de
Private Info-Site in Deutsch mit vielen Rubriken; darunter eine Hotel-Kritik, viele Infos, sehr aktuell!

www.rhodos-journal.de
private Site eines Rhodos-Residenten mit vielen nützlichen Tipps und Rhodos-News, mit aktuellen Blogs und Links zu jüngsten Entwicklungen.

www.rhodos-travel.com
Viele Reisetipps, Buchung ausgewählter Hotels sowie Online-Shop für Rhodos-Produkte (Wein, Olivenöl etc.).

www.ando.gr/eot
Englische Site der Dodekanes-EOT, viele wichtige Daten wie Fahrpläne der Fähren, Busfahrpläne oder Taxipreise leider nicht immer gut aktualisiert.

www.rodos.com
Allgemeine Infos und Links, umfangreiche Hotelauswahl mit Preisen und Online-Reservierung.

www.faliraki.com
Infos zu Faliráki, aber auch zu ganz Rhodos, Unterkünfte, Nightlife und Restaurants.

www.gtpnet.com
Alle innergriechischen Fährverbindungen, relativ aktuell, auch Unterkünfte auf allen Inseln (bei der Suche immer die griechische Schreibung verwenden!).

www.griechenland.net
Homepage der wöchentlich erscheinenden deutschsprachigen ›Griechenland Zeitung‹.

www.griechische-botschaft.de
Website der Griechischen Botschaft in Berlin mit aktuellen Nachrichten über Griechenland. Schwerpunkte sind Politik und Kultur.

www.culture.gr
Infos des Kulturministeriums zu Museen und Ausgrabungen, inkl. Öffnungszeiten und Eintrittspreisen.

Informationsstellen

Griechische Zentrale für Fremdenverkehr
... im Internet
www.eot.gr

... in Deutschland
60311 Frankfurt/M.
Neue Mainzer Str. 22
Tel. 069 25 78 27-0
Fax 069 25 78 27-29
info@gzf-eot.de

... in Österreich
1010 Wien, Opernring 8
Tel. +43 1 52 53 1-7
Fax +43 1 51 39 1-89
grect@vienna.at

... in der Schweiz
8001 Zürich, Löwenstr. 25
Tel. +41 442 21 01 05
Fax +41 442 12 05 16
eot@bluewin.ch

... auf Rhodos
Tourist Information der Stadt Rhodos: Platia Rimini, gegenüber der Néa Agorá (verteilt Fahrpläne für Busse und Fähren, Veranstaltungskalender etc.), nur in der Saison Mo–Sa 8.30–18.30 Uhr, Tel. 22410 3 59 45.

EOT-Büro
Papagou, Ecke Makariou
Mo–Fr 8–14 Uhr
Tel. 22410 2 32 55
Fax 22410 2 69 55

Karten

Eine Wanderkarte von Rhodos ist von Kompass erhältlich (1:50.000). Auch mit der Karte in diesem Buch kann man sich verlässlich orientieren. Die auf Rhodos erhältlichen touristischen Karten sind zumeist das Geld nicht wert.

Lesetipps

Dieter Döring: Wandern auf Rhodos, Books on Demand GmbH 2008. Der beste Wanderführer, geschrieben von einem echten Enthusiasten.
Anthony Goldmann: Die Mauern von Rhodos, Bastei Lübbe 2004. Historischer Roman über die Eroberung von Rhodos durch die Osmanen 1522.
Wolfram Hoepfner: Der Koloss von Rhodos, Zabern 2003. Wissenschaftliche Aufarbeitung der Forschung zur Heliosmonumentalstatue am Hafen des antiken Rhodos.
Elias Kollias: The City of Rhodes and the Palace of the Grand Master, Archaeological Receipts Fund 1988. Umfassende Darstellung der mittelalterlichen Stadt Rhodos und des Palastes mit vielen Karten und Abbildungen.
Herbert Lindenberg: Rhodos und Dodekanes per Rad, Kettler 1998. 48 MTB-Touren auf Rhodos und einigen umliegenden Inseln.
Michael Losse: Die Kreuzritter von Rhodos, Jan Thorbecke Verlag 2008. Wirken des Johanniterordens auf der Insel.
Richard Speich: Rhodos, Kohlhammer 1987. Kunstreiseführer zu Rhodos und einigen Nachbarinseln, nur antiquarisch erhältlich.

In den Dörfern verstecken sich die Häuser oft unter dichten Bougainvillea-Polstern

Wetter und Reisezeit

Die Ägäis, das Inselmeer der Griechen, weist im Vergleich mit dem übrigen Mittelmeerraum eine noch geringere Niederschlagsmenge auf. Eine Ausnahme stellt jedoch Rhodos dar: Das über 2000 m hohe Taurusgebirge der nahen Türkei bildet eine Stauwand, an der sich feuchtwarme Meereswinde abregnen können.

Dem stürmisch-böigen ägäischen Sommerwind, dem Méltemi, verdankt die Nordwestküste bei Triánda ihre günstigen Surfwinde. An der Ostküste hingegen wird der Méltemi durch die Höhen des Landesinneren gebrochen, dort können die Temperaturen daher leicht auf über 40 °C steigen. Angenehmer ist das Klima vor allem im Mai, wenn der Frühling eine überwältigende Pflanzen- und Blumenpracht aus der Erde kitzelt.

Über 300 Sonnentage pro Jahr werden Rhodos nachgesagt, doch ist eine Fahrt im Winter kaum empfehlenswert. Das Klima ist oft regnerisch und windig, daher auch recht kühl, zudem sind von November bis in den März viele Tavernen und Hotels geschlossen; selbst in Rhodos-Stadt ist kaum noch etwas los.

Klimatabelle Rhodos

	J	F	M	A	M	J	J	A	S	O	N	D
Mittlere Tagestemperaturen in °C	15	15	17	20	24	28	31	31	28	24	20	17
Mittlere Nachttemperaturen in °C	9	9	10	13	16	20	22	23	21	17	13	10
Mittlere Wassertemperaturen in °C	17	16	16	17	19	21	23	25	24	22	20	18
Sonnenstunden/Tag	5	5	7	9	10	12	13	12	11	8	6	4
Regentage/Monat	12	9	7	3	2	0	0	0	1	5	6	11

Das Klima im Jahreslauf

März–Ende Mai: Die Saison beginnt mit dem Osterfest, das oft später als bei uns gefeiert wird. Landschaftlich ist der Frühling die schönste Zeit. Alles grünt, der rote Mohn und der gelbe Ginster setzen Akzente. Tagsüber ist es meist recht warm, kühlt aber zum Abend stark ab. Kurze Regenschauer sind keine Seltenheit. Auf Pullover und Jacke sollte man nicht verzichten, denn sie schützen gegen den abends mitunter recht kühlen Wind.

Juni–August: Hochsaison auf Rhodos. Die Lufttemperaturen können mittags bis zu 40 °C im Schatten erreichen, Regen fällt keiner mehr. Angenehmer sind jetzt die windigen Strände der Westküste. Im Juni blühen noch Hibiskus, Oleander und die scharlachroten Bougainvilleen, gleichzeitig sind die Orangen reif und werden an den Straßen kiloweise verkauft. Mehr als Shorts und T-Shirts braucht man jetzt nicht, doch sollte man Badeschuhe nicht vergessen, die sich gegen Seeigel und bei steinigen, kieseligen Stränden als nützlich erweisen.

September–Oktober: Es wird etwas kühler, und das Klima gestattet wieder Wanderungen. Das Meer ist noch sommerlich warm, wärmer jedenfalls als im Frühling. Zahlreiche Früchte werden reif zur Ernte: Weintrauben, Feigen, Mandeln, Aprikosen. Pulli und Regenjacke dürfen im Koffer nicht fehlen.

Rundreisen planen

Rhodos ist durchaus nicht nur eine Sonnenbadeinsel, sondern gehört zu den bedeutendsten Kunstreisezielen Griechenlands. Einigartig am Mittelmeer sind die Monumente aus der mittelalterlichen Ritterzeit, als der Orden des hl. Johannes Rhodos beherrschte. Ebenso bedeutend sind die archäologischen Ausgrabungen aus der hellenistischen Antike, als Rhodos eines der großen politischen Zentren Griechenlands war.

Um die wichtigsten Sehenswürdigkeiten zu entdecken, ist keine echte **Rundreise** nötig. Die Insel ist nur etwas über 80 km lang, sodass man auf Tagestouren mit einem Mietwagen leicht überall hinkommt. Außerdem kann man in allen großen Hotels organisierte Ausflüge mit Bus und Reisebegleiter buchen.

Zeitplanung

Individualisten, die die Insel intensiver erleben wollen, ebenso Wanderer oder Radwanderer können in allen Küstenorten und auch in vielen Inlanddörfern kleine Pensionen finden, die Zimmer oder Studios vermieten. Mein Tipp für eine Reisezeit von **zwei Wochen:** Ein Standquartier im Norden beziehen, in Ialyssós, Kallithéa oder am besten in Rhodos-Stadt, ein zweites in Líndos bzw. dessen Umgebung, z. B. in Lárdos oder Vlícha.

Wer nur **eine Woche** fahren kann, ist mit einem Hotel in Kolýmbia oder Charáki an der Ostküste gut bedient. Von dort sind alle wichtigen Ziele, auch die an der Westküste relativ schnell zu erreichen. Sogar ganz im Süden ist man in etwa einer Stunde.

Mindestens **drei Wochen** sollte man einplanen, um eine richtige ›Inselhopper-Tour‹ über die umliegenden kleinen Inseln zu machen (s. S. 20). Inseln wie Sými oder Níssyros lassen sich jedoch auch unproblematisch mit Tagestouren ab dem Mandráki-Hafen in Rhodos-Stadt erreichen.

Die schönsten Urlaubsziele

Keinesfalls verpassen sollte man die **Ritterstraße** in der Altstadt von Rhodos mit dem Palast der Großmeister, den **Apollon-Tempel** von Rhodos und die **Akropolis von Líndos.** Historisch und archäologisch Interessierte besuchen auch das **Archäologische Museum,** die **Rodiní-Nekropole,** die Ruinen von **Kámiros** und die Baudenkmäler von Filérimos auf der Akropolis des antiken **Ialyssós.**

Als ›Gesamtkunstwerk‹ lohnend sind die fast komplett im mittelalterlichen Zustand erhaltene **Altstadt von Rhodos,** die ›weißen Dörfer‹ **Koskinoú** und **Líndos,** die romantische italienische Kuranlage **Thérmes Kallitheá** sowie die Gipfelkapelle der Muttergottes von **Tsambíka.** Und nicht zuletzt die wunderschöne Ägäisstadt **Sými,** die man unproblematisch auf einer Tagesausflugsfahrt erreicht.

Als schöne **Naturstätten** sind zu nennen: das Schmetterlingstal **Petaloúdes,** die Quellteiche der **Épta Pigés,** der **Agía Agáthi Beach,** die bewaldeten Höhen des **Profítis Ilías,** das dramatisch auf dem Fels schwebende Kastell von **Monólithos** … und viele andere.

Organisierte Touren

Am Mandráki-Hafen von Rhodos-Stadt ankern Dutzende von **Ausflugsbooten** zu Stränden auf Rhodos und zu den umliegenden Inseln. Sogar Scuba-Tauchen vom Boot aus (Anfängerkurse und Tagesausfahrten) oder Badetouren werden angeboten. Manches, z. B.

die Schifffahrt nach Líndos, lohnt jedoch nur, wenn man gern auf dem Schiff fährt. Das Boot ist in der Regel zu voll, die Fahrt zu lang, die Aufenthaltsdauer zu kurz, der Preis zu hoch.

Auch Reiseagenturen in den Urlaubsorten und Reiseveranstalter in den Hotels bieten solche Ausflüge an. Dabei wird man für einen kleinen Aufpreis vom Hotel abgeholt und zurückgebracht. Angeboten werden auch Inselrundfahrten und Besichtigungstouren. Das lohnt nicht immer, denn oft ist der Zeitrahmen sehr eng, und die versprochene Dorftaverne entpuppt sich als Großkantine, wo ganze Busladungen mit dem Einheitsgericht abgefüttert werden. Für den gleichen Preis kann man sich auch ein Auto mieten und auf eigene Faust die Insel erkunden.

Inselhopping

Tagesausflüge nach **Sými** sind sehr beliebt, die Insel gilt als schönste des Dodekanes. Man besucht das große Kloster Panormítis und hat noch genügend Zeit für einen ausgiebigen Besuch der schönen Hafentavernen im Hauptort. Mit Tagesausflügen per Schnellboot kann man auch zur Vulkaninsel Níssyros oder nach Kós mit seinen bedeutenden antiken Ausgrabungen kommen. Ausflüge nach Chálki und Kastellórizo sind eher etwas für eingefleischte ›Inselsammler‹ und benötigen deutlich mehr Zeit.

Eine **Inselrundreise** erfordert ein klein wenig Fantasie, Improvisationstalent und Mut zum Risiko. Die Fahrpläne der Fähren ändern sich häufig und nicht alle Reisebüros verkaufen die Tickets aller Linien, Fähren und Hydrofoils haben unterschiedliche Anlegeorte etc. Am besten erkundigt man sich jeweils gleich bei Ankunft nach der nächsten Gelegenheit zur Weiterfahrt.

Startort ist Rhodos-Stadt, der Knotenpunkt der Fährlinien in der Südägäis und im Dodekanes-Archipel. Vom Embórikos-Kai starten die Fährschiffe zur Insel Kastellórizo östlich vor der türkischen Küste (ca. 5 x die Woche), ebenso die Linie über Chálki nach Kárpathos (2 x), die Linie über Chálki und Tílos nach Níssyros (4 x), die Linie über Sými und Tílos nach Níssyros (3 x). Dazu kommen die schnellen Katamarane von Dodekanisos Seaways und die Hydrofoils, die ab dem Kolóna-Hafen starten. Nicht zu vergessen die Ausflugsschiffe ab Madráki-Hafen, die auch Passagiere für One-way-Fahrten mitnehmen.

Das ABC der Urlaubsorte

Bei der Buchung sollte man sich nicht nur nach den Qualitäten des jeweiligen Hotels richten, sondern auch den speziellen Charakter der Orte berücksichtigen. Da gibt es nämlich große Unterschiede.

Rhodos-Neustadt ist geprägt von lautem städtischem Leben mit vielen Discos, Bars und Autoverkehr. Hier machen vor allem junge Leute Urlaub. Der Strand ist nah – doch bei Nordwind muss man hinter den flachgelegten Sonnenschirmen Schutz suchen.

Ialyssós und Ixiá (Triánda): Hauptsächlich liegen moderne Hotels verstreut in der Strandebene. Am Strand weht eine meist steife Brise, sodass der Ort bei Surfern beliebt ist und die Brandung Nordseeflair verspricht.

Theológos: In der Strandsiedlung unterhalb des Ortes im Inland stehen locker einige Pauschalhotels; an der Durchgangsstraße gibt es kleine Tavernen und Bars. Der Strand ist sandig mit groben Kieseln und schmal. Größter

Nachteil: Bei Westwind ziehen die Abgase des Kraftwerks herüber.

Kallithéa: Am eigentlichen Strand von Kallithéa stehen die Großhotels Eden Roc und Paradise, alle anderen drängeln sich im Rückraum. Recht eng ist es dementsprechend heute auch am Strand. Vorteilhaft ist der kurze Weg nach Rhodos-Stadt und ins schöne Inlanddorf Koskinoú.

Faliráki: Der Ort ist jung, genau wie die meisten seiner Gäste, die in Music-Bars bis zum frühen Morgen feiern können. Die großen Hotels der Kataloge liegen sauber und nicht überlaufen. Ideale Bademöglichkeiten für kleine Kinder.

Líndos: Der Ort selbst ist im vorderen Bereich eine einzige Einkaufszone, im hinteren gibt es viele pauschal von Briten gebuchte Studios. Alternativen sind die Luxushotels an der Vlícha-Bucht (5 km nördlich) oder das Örtchen Péfki.

Lárdos: Ein Bauernort mit kleinen Apartmenthäusern am Ortsrand. Das Dorfleben ist eher behäbig; wer Ruhe sucht, ist hier gut aufgehoben. Zum Strand geht man etwa 3 km; dort stehen auch die großen Kataloghotels.

aber alle weit weg am nördlichen Ende der langen Strandsichel, deren feiner Sandstrand so beliebt ist.

Kolýmbia: Neue Hotelsiedlung ohne echten Ortskern. Um urbanes Flair zu erleben, muss man schon eine Spritztour nach Faliráki oder Archángelos planen, der Strand ist aber schön und

Kiotári: Der Name dieses kleinen Fischerweilers dient heute als Aushängeschild für einige Großhotels am Strand. Sie liegen sehr in der Einsamkeit, das Wassersportangebot ist jedoch gut. Im alten Kiotári können Individualisten immer noch in Studio-Häusern unterkommen.

Anreise und Verkehrsmittel

Einreisebestimmungen

Zur Einreise mit dem Flugzeug nach Griechenland genügt für Deutsche, Österreicher und Schweizer der Personalausweis, Kinder benötigen den Kinderreisepass oder (preiswerter) einen Personalausweis. Zur Anreise per Bahn oder mit dem Auto über Serbien ist jedoch ein Reisepass erforderlich.

Für **Haustiere** wird der neue EU-Heimtierausweis benötigt. Die Mitnahme ist aber schwierig, da die meisten Hotels keine Tiere aufnehmen.

Bei Anreise mit dem eigenen Fahrzeug ist die grüne Versicherungskarte nicht vorgeschrieben, aber ebenso wie Vollkaskoversicherung und Auslandsschutzbrief empfehlenswert.

Zollbestimmungen

Im EU-Verkehr dürfen Waren wie Alkoholika und Tabakwaren für den Privatbedarf zollfrei eingeführt werden. Als Mengenobergrenze gelten 800 Zigaretten, 10 l Spirituosen und 90 l Wein pro Person über 17 Jahre.

Für Schweizer und für Duty-Free-Waren gelten allerdings noch die alten Bestimmungen: 200 Zigaretten, 1 l Spirituosen, 2 l Wein.

Anreise

Mit dem Flugzeug

Im Charterverkehr fliegen alle großen Reiseveranstalter zwischen Anfang Mai und Ende Oktober mindestens einmal wöchentlich nach Rhodos. Im Winter muss man über Athen fliegen, von dort fliegt Olympic Air 3 x tgl., Aegean Airlines 4 x tgl. nach Rhodos (one-way ca. 60–130 € je nach Tag und Uhrzeit). In der Hochsaison bekommt man oft günstige Last-Minute-Flüge nach Athen (was sich inklusive Weiterflug oder Fährpassage noch lohnen kann).

Olympic Air: www.olympicair.com
Aegean Airlines: www.aegeanair.com

Flughafen Rhodos

Der internationale Flughafen von Rhodos – Diagoras Airport – liegt beim Ort Paradísi, etwa 17 km von Rhodos-Stadt entfernt. Es gibt eine Wechselstube und Büros von Mietwagenfirmen, die zu allen Fluganküften geöffnet haben. Wenn man nicht von einem Hotelbus abgeholt wird, fährt man am schnellsten mit dem Taxi zur Néa Agorá in Rhodos-Neustadt (ca. 20 €), wo die Buslinien in die Badeorte der Ostküste starten. Linienbusse nach Rhodos-Stadt fahren aber auch ab Paradísi (3 Min. zu Fuß vom Flughafen, am Parkplatz nach rechts halten).

Mit dem Auto

Die Anreise mit dem eigenen Auto ist kaum empfehlenswert. Die Route über den Balkan nach Athen beträgt von Frankfurt etwa 2400 km. Die Alternativstrecke zum italienischen Hafen Ancona (etwa 1050 km), dann mit der Fähre nach Pátra, von dort weiter nach Piréas (Piräus) und zuletzt mit der Fähre nach Rhodos dauert mindestens fünf Tage. Auskunft über Fährlinien ab Ancona, Piréas und Thessaloníki erhält man in den Reisebüros. Die Automobilclubs geben Auskunft über die Balkanstrecken.

Fährpassage von Piréas (Piräus)

Vom Athener Flughafen fährt tagsüber etwa stündlich ein Express-Bus direkt nach Piréas. Von der Innenstadt aus fährt man mit der Metro vom Omónia-Platz. Fährtickets erhält man an der Platía Karaiskáki und der Aktí Miaoúli bei den Fähranlegern, aber auch direkt am Kai vor den Schiffen.

Im Sommerhalbjahr fahren täglich zwei Autofähren von Piréas nach Rhodos, im Winter 1 x tgl. Fahrpläne im Internet: www.gtp.gr. Die beiden Schifffahrtsgesellschaften sind Dane Sea Lines und G.A. Ferries, Info oder Buchung über www.ferries.gr.

Die **Preise** sind recht günstig, z. B. Piréas-Rhodos für ca. 60 € in der Deckklasse (ohne Kabine), 100 € für einen Pkw. Kinder unter 4 Jahren reisen umsonst, bis zu 10 Jahren für nur 50 %.

Verkehrsmittel im Land

Busverbindungen

Auf Rhodos gibt es **Stadtbusse,** die in die Vororte von Rhodos-Stadt fahren (s. S. 137), sowie Überlandbusse, die Rhodos-Stadt mit jedem Ort der Insel verbinden. Bis zur Linie Lárdos–Theólogos sind die Verbindungen häufig und auf die Bedürfnisse der Touristen abgestimmt, im Inselsüden fahren die Busse seltener (oft nur morgens früh in die Stadt, nachmittags zurück).

Es gibt zwei unterschiedliche Gesellschaften: Die weiß-beigen KTEL-Busse fahren entlang der Ostküste, aber auch bis hinüber nach Apolakkiá im Südwesten, die blau-weißen RODA-Busse fahren entlang der Westküste bis hinunter nach Apolakkiá. **Fahrpläne** erhält man beim städtischen Infokiosk gegenüber der Néa Agorá.

Zentraler Abfahrtspunkt in Rhodos-Stadt ist die Néa Agorá (Neustadtseite für RODA, Altstadtseite für KTEL). Die **Fahrpreise** sind relativ günstig: Die 46 km lange Fahrt von Rhodos-Stadt nach Líndos kostet 7,50 €. Die Busse halten auch an den größeren Hotels, bei den Rezeptionen ist meist ein Fahrplan erhältlich.

Taxis

Die Taxis von Rhodos sind blau mit weißem Dach. Der **Haupttaxistand** von Rhodos-Stadt liegt zwischen der Néa Agorá und dem Elefthérias-Tor, größere Standplätze gibt es sonst nur noch am Flughafen, in Ialyssós (Triánda), Faliráki und Líndos.

Die **Gebühren** liegen vergleichsweise niedrig, sind aber kompliziert. So gibt es zwei unterschiedliche Tarife für Stadt und Land. Zuschläge kassiert der Fahrer für Nachtfahrten, an Feiertagen sowie für Fahrten zum Flughafen und mit Gepäck. Wenn der verlangte Preis von der Taxameteranzeige abweicht, ist das also normal. Achten sollte man aber darauf, ob der Fahrer das Taxameter einschaltet! **Taxi-Ruf** in Rhodos-Stadt: Tel. 22410 6 47 12; am besten bittet man den Hotelwirt um eine Taxibestellung.

Mit dem Auto unterwegs

Mietwagen: In allen Touristenorten werden Autos vermietet, alle größeren Agenturen sind am Flughafen vertreten. Im August sind die Preise am höchsten, in der Nebensaison und für längere Zeiträume erhält man Rabatt. Ein Kleinwagen kostet pro Tag ohne Kilometerbeschränkung ab etwa 35 €, für längere Zeiten und in der Nebensaison kann man den Preis auf bis zu 22 € herunterhandeln.

Beliebt sind auch **Motorräder:** häufig führerscheinfreie Roller, aber auch 250er Enduros oder 600er Virangos (Kawasaki). ›Normale‹ Motorräder kosten um 45 € pro Tag, führerscheinfreie Mopeds oder Roller um 25 €.

Bei der **Übernahme** muss man Führerschein und Reisepass vorlegen; gezahlt wird vorab. Eine Kreditkarte ist vorteilhaft, das spart die Barzahlung einer Kaution: für Pkw ca. 300 € als Selbstbeteiligung bei Vollkaskoversicherung (Achtung: Schäden an Reifen und Wagenunterseite sind nicht gedeckt). Das **Mindestalter** beträgt 21 Jahre, der Mieter muss den Führerschein mindestens ein Jahr besitzen. Kontrollieren Sie bei Autos Reservereifen und Wagenheber, bei Zweirädern empfiehlt sich auch eine kurze Proberunde (auf die Bremsen achten!).

Straßenverhältnisse: Alle touristisch wichtigen Straßen sind in den letzten Jahren gut ausgebaut worden. Dabei gelten die ›Rennstrecken‹ entlang den Küsten, von Rhodos-Stadt bis Líndos und Gennádi oder nach Kámiros und Émbona, ebenso die Schnellstraße vom Flughafen nach Faliráki, als ›dreispurig‹, die mittlere dient als Überholspur für beide Richtungen. Schnelleren Fahrern erleichtert man dort das Überholen, indem man weit rechts fährt.

Auch im Landesinneren wurde viel asphaltiert, doch gibt es mitunter noch ungedeckte Erd- und Schotterpisten. Man muss dort mit Schlaglöchern, auf Erdpisten auch mit tief ausgewaschenen Spurrinnen rechnen. Doch sind auch diese Straßen in der Regel im Sommer mit einem Pkw gut befahrbar (aber nicht nach starken Regenfällen!).

Verkehrsregeln: In Griechenland gelten die allgemeinen europäischen Verkehrsvorschriften, also auch Gurtpflicht und für Motorradfahrer die Helmpflicht. Die Höchstgeschwindigkeit beträgt innerorts 50 km/h, auf Landstraßen 80 km/h und auf Autobahnen (des Festlands) 100 km/h. Motorräder dürfen nicht schneller als 70 km/h fahren. Die Promillegrenze liegt bei 0,25 für Autofahrer, bei 0,1 für Motorradfahrer. Ab 0,5 Promille ist ein Bußgeld von 200 € fällig, ab 0,8 Promille kostet es 700 € oder eine Haftstrafe von 90 Tagen.

Parken: Während auf der ganzen Insel Parken eigentlich kein Problem darstellt, hat Rhodos-Stadt ein sehr rigides Parksystem. An gelben Linien besteht absolutes Halteverbot, an blauen Linien dürfen Anwohner parken, Besucher hingegen nur an weißen Linien, müssen aber einen Parkschein an den an Kreuzungen zu findenden Automaten lösen. Die Geldbußen sind drastisch; ohne Ticket darf man 80 € zahlen.

Tankstellen: Häufig an den Küstenstraßen (dort meist 7–22 Uhr geöffnet), selten in Inlandsdörfern. Die Preise sind etwas höher als in Deutschland. Benzin heißt *venzíni,* bleifrei *amólivdi,* Diesel *petrélio.*

Vorsicht auf der Straße

Moped- oder Rollerfahrer sollten, besonders bei Nässe, vorsichtig sein und auch besser nicht zu zweit ein Gefährt benutzen, da mit der schwachen Leistung die Unfallgefahr noch größer ist. Und obwohl die meisten Touristen halbnackt fahren: Was passieren kann, wenn man ohne Hose und Jacke auf Schotter ins Rutschen kommt, sollte man besser nicht ausprobieren. Solche Unfälle sind keinesfalls selten! Vorsicht auch auf dem Líndos-Highway: Einbiegenden Lastwagen immer Vorfahrt lassen, die Fahrer gehen davon aus, dass Motorräder als die Schwächeren schon bremsen!

Fährverbindungen

Rhodos-Stadt besitzt vier Häfen: den Mandráki-Hafen bei der Néa Agorá, den Embóriko-Hafen, den Kolóna-Hafen für die Hydrofoils und Katamarane sowie den Akándia-Hafen für Frachtschiffe. Die großen Fährschiffe legen an den Kais des Embóriko-Hafens an, gegenüber dem Katharinen-Tor. Im

Mandráki-Hafen starten die Ausflugsschiffe und die Boote der Tauchschulen.

Die **Tickets** verkaufen verschiedene Reisebüros, die sich in der Umgebung der Néa Agorá konzentrieren. Allerdings haben nicht alle Agenturen alle Gesellschaften im Programm. Zur Not kann man ein Ticket auch am Kai lösen, manchmal wird dafür aber ein Preisaufschlag von 20 % verlangt.

Nur auf den Ausflugsbooten werden Tickets für Hin- und Rückfahrt verkauft, ansonsten muss man die Fahrkarte jeweils im Abfahrtshafen besorgen. Beim ›Inselhüpfen‹ kosten solche Einzeltickets zusammen mehr als ein vergleichbares durchgehendes Ticket. Die regulären Fähren sind aber (in der Deckklasse) sehr günstig – günstiger jedenfalls als die Ausflugsfähren.

Beim EOT-Büro an der Papagou ist ein wöchentlich aktualisierter **Fahrplan** erhältlich; Informationen bieten auch die Reisebüros oder das Hafenamt am Embóriko-Kai. Reservierungen sind nur in der Hauptsaison nötig, wenn man einen Pkw-Platz braucht.

Mit den größeren Inseln des Dodekanes, also Pátmos, Léros, Kálymnos und Kós, ist Rhodos zwischen April und Oktober 6 x die Woche durch eine Autofähre verbunden, 4 x die Woche geht eine Fähre über Chálki und Kárpathos nach Kreta (Sitía, Iráklio). Etwa 3 x die Woche erreicht man Tílos und Níssyros, 5 x die Woche Kastellórizo. In der Urlaubssaison werden zudem superschnelle Katamarane und Hydrofoils (Tragflügelboote) eingesetzt.

Fährverbindungen ab Rhodos: s. jeweils bei den Inseln ab S. 242.

Einen Parkplatz findet die betagte Ente auch in der schmalsten Gasse

Übernachten

Rhodos ist die nach Kreta beliebteste griechische Insel und bietet zahlreiche Unterkünfte in allen Kategorien; in der letzten Dekade ist der Bereich der Luxusanlagen ausgebaut worden. Campingplätze gibt es an der Südküste nur noch wenige, viele hat man zu Hotelanlagen umgebaut. Freies Campen auf öffentlichem Grund ist offiziell verboten, ebenso auch, einfach am Strand zu schlafen.

Reservieren und Preise

Außer in der Hochsaison zwischen Mitte Juli und Ende August ist es immer möglich, ein freies Zimmer zu finden. Nur um sicherzugehen, in einem bestimmten Hotel unterzukommen, sollte man reservieren. Fast alle Hoteliers sprechen Englisch, viele auch Deutsch. Buchung vor Ort lohnt aber nicht bei Luxus- und Oberklassehotels, deren Straßenpreise erheblich über dem Pauschalbuchungspreis liegen.

Wer ein einfaches Pensionszimmer sucht, fragt Taxifahrer oder auch in Tavernen oder Supermärkten. Auf den kleinen Inseln bieten Zimmervermieter ihre Quartiere am Hafen an, auf Rhodos teils auch am Flughafen. Gute Zielorte für Individualreisende mit vielen einfachen Unterkünften wie Pensionen oder Studios sind Rhodos-Altstadt, Líndos, Charáki, Stegná, Gennádi und die umliegenden kleinen Inseln.

Buchung per Internet: Viele Apartmentbesitzer bieten ihre Quartiere im Internet an, meist mit Vorzahlung über die Kreditkarte. In der Regel handelt es sich aber nicht um die am schönsten oder günstigsten gelegenen Häuser; oft sind die Preise höher als vor Ort.

Hotels

Für die staatlichen **Hotelklassifikationen** (Luxus und A bis E) sind Preisrahmen festgelegt. Die Klassifikation bezieht sich aber auf die Ausstattungsmerkmale, nicht auf die Qualität. So kann man in neueren Häusern der B- und C-Kategorie besser unterkommen als in älteren der A-Kategorie. Viele Vermieter sind in der Nebensaison zu erheblichen Nachlässen zu bewegen – das ist Verhandlungssache!

Deutsche **Pauschalveranstalter** bieten meist neue Häuser der Luxus-Kategorie an, Großanlagen mit Lounge und

Flexible Preise

Wie alles in Griechenland ist auch der Zimmerpreis verhandelbar. Auf den Websites griechischer Hotels finden sich nur in Ausnahmefällen Preisangaben. Sie müssen vielmehr jeweils per E-Mail angefragt werden. Der Preis richtet sich aber nicht nur nach der Reisezeit, der Aufenthaltsdauer und der Auslastung des Hotels, sondern oft auch nach der vermuteten Zahlungskraft des Anfragenden – bei Engländern und Deutschen ist er am höchsten. Man sollte sich also nie scheuen, zumindest die Frage nach einem besseren Preis zurückzumailen oder gleich ein Angebot, das ein Viertel unter dem genannten liegt. Am besten feilscht man natürlich direkt vor Ort, wenn man auch gleich ins Hotel nebenan gehen könnte.

Bar, Pools, Restaurant, Disco und häufig Sportangeboten oder Tennisplätzen. Auch hier ist das Ambiente sehr luxuriös, die meisten werden als All-inclusive-Anlagen geführt. Mit griechischem Flair hat das aber nur noch wenig zu tun, darüber können auch die Shows der ›Griechischen Abende‹ nicht hinwegtäuschen.

Häuser der **D-Kategorie,** also einfache Mittelklasse, häufig in Familienbesitz und mit freundlicher Atmosphäre, finden sich nur selten in den Katalogen. Dass dort nur Frühstück serviert wird, aber keine All-in-Versorgung wie in den Großhotels, ist kein Nachteil – über die Qualität der Großküchenverköstigung dort kann man eigentlich nur höflich schweigen. Bei Preisen von 35–60 € fürs DZ mit Bad sind vor allem diese Häuser interessant für Individualtouristen.

Unterkünfte im Web

www.gtp.gr: Die Seite bietet sehr viele Hotels auf Rhodos, doch bei der Suche muss man unter Accomodation nach Rodos in der griechischen Schreibweise suchen.

www.greeklodgings.gr: Hier findet man v. a. Unterkünfte auf den kleinen Inseln rings um Rhodos.

Pensionen

In den unteren Kategorien sind Pensionen angesiedelt, die sich **›Rooms to let‹** nennen. Die Zimmer sind einfach (oft nur Etagenbad), die Atmosphäre aber ist locker und von Inselhopper-Flair bestimmt. Vor allem in Rhodos-Altstadt ist die Auswahl groß, jedoch sind dort die Preise seit der Euro-Ein-

In den ehrwürdigen Mauern von Rhodos-Stadt sind nun edle Hotels eingezogen

führung unverhältnismäßig gestiegen. Bei DZ-Preisen von 60–90 € ist das Preis-Leistungs-Verhältnis derzeit nicht überzeugend.

Auf den kleinen Inseln sind Pensionen häufig die einzige Übernachtungsmöglichkeit und auch deutlich günstiger. Auf jeden Fall erst das Zimmer anschauen, bevor man mietet!

Studios & Apartments

In den Küstenorten vermieten Privatleute in kleineren Bauten Studios (Zimmer mit Kühlschrank und Kochgelegenheit) und Apartments (zwei Zimmer, sonst wie Studios). In der Regel ist das Preis-Leistungs-Verhältnis günstig, die Lage ruhig – dafür fehlen aber die Angebote einer Großanlage.

Sehr schöne Studios gibt es in Líndos sowie auf den Inseln Sými und Chálki; sie werden jedoch hauptsächlich von britischen Veranstaltern angeboten. Man kann sie aber über Internetseiten und besser noch die Reisebüros vor Ort von Deutschland aus privat buchen (per Fax auf Englisch, Adressen im Reiseteil).

Essen und Trinken

Griechische Küche

Die griechische Küche kann ihre bäuerliche Tradition nicht leugnen. Es sind deftige Speisen, zusammengestellt aus dem, was die Natur dem Menschen gab: Tomaten, Zucchini, Auberginen vom Feld, Oliven von den eigenen Bäumen, Fisch aus dem Meer, Milch, Joghurt, Käse von den Tieren. Fleisch kam relativ selten auf den Tisch, schließlich konnte man die Tiere, die Milch und Wolle lieferten, nicht aufessen. Verschwenderisch hingegen ging und geht man mit Olivenöl *(eleólado)* um, das flüssige Gold der griechischen Bauern, ohne dessen Aroma der typische Geschmack vieler Speisen sich nicht entfalten kann.

Heute hat sich die griechische Küche allerdings auch im touristischen Griechenland und besonders auf Rhodos den internationalen Standards angepasst: Angebot und Service sind wie beim ›Griechen‹ zu Hause, zu allen Gerichten gibt es Reis, Pommes und Gemüsebeilage. Doch mit der echten griechischen Tavernenkultur hat das wenig zu tun. Will man sie kennenlernen, muss man sich auch mal auf ein Experiment abseits der Touristenpfade einlassen.

Mezedáki

Das fängt schon mit den **Vorspeisen** an: *mezedáki* heißen die kleinen Häppchen, die es in schier unglaublicher Variationsbreite gibt. Eingelegtes wie Oliven oder Kapern, Gebratenes wie Fischchen und Oktopus-Stücke oder Gemüse wie *dolmadákia* und *gigántes* natürlich. Besonders viel Fantasie haben die Griechen aber auf die kalten cremigen Pasten verwendet, von denen der altbekannte Tsatsiki nur eine ist. Neben der Joghurt-Gurke-Paste mit viel Knoblauch, die mit dem vollfetten griechischen ›Superjoghurt‹ (10 % Fett i.d.Tr.) gemacht wird, harren Köstlichkeiten wie das mildwürzige Auberginenpüree *melitsánes* oder das leicht knofelig schmeckende *skordaliá,* eine Art Kartoffelpüree mit Knoblauch, auf entdeckungsfreudige Gaumen. Und

Gegrillte Sardinen mit Tsatsiki, Weinblätter und Stifado: Traditionsküche in der Ägäis

wer Fisch mag, der kann auch gut das *taramás* vertragen, eine Paste aus Kartoffeln, verrührt mit dem roten Rogen der *barboúnia,* der Meerbarbe.

Mit all diesen feinen Sachen wird die griechische Tafel beim ersten Gang vollgeladen, immer jeweils kleine Schälchen, dazu kommen *patátas,* fritierte Kartoffeln (nicht zu verwechseln mit unseren matschigen ›Pommes‹), oder Salate. Bis schließlich ein richtiges kaltes Büfett zusammengekommen ist. Wie bei diesem ist freie Selbstbedienung erwünscht: Man angelt mit der Gabel mal hier, mal dort, nascht, probiert – alles aber nur ganz beiläufig.

Typische Gerichte

Und auch bei den Hauptgerichten gibt es neben den üblichen Grilltellern einiges zu entdecken. Beliebt sind vor allem mit Reis und Gewürzen gefüllte Gemüse wie Tomaten, Paprika oder Auberginen, *gemistés* (sprich ›jemistés‹) genannt. Lecker ist auch das *mpriám* (sprich ›briám‹), ein Gemüseauflauf mit Schafskäse; eine neuere Entwicklung sind frittierte Kroketten aus verschiedenen Gemüsen.

Standardgerichte der traditionellen Küche sind weiterhin das beliebte *giouvétsi* (sprich ›juvétsi‹), mit Tomatensauce und Reisnudeln *(kritharáki)* im Ofen gebackenes Lamm- oder Kalbfleisch, das durch eine Prise Nelken seine leicht orientalische Note bekommt. Oder das *stifadó,* ein deftiges Kalbsgulasch mit ganzen Zwiebeln geschmort. Nicht zu vergessen das beliebte *moussáka*, der Auberginenauflauf, der überall je nach Hausrezept unterschiedlich schmeckt.

Als Spezialität des Dodekanes kann das *mpekri meze* (sprich ›bekri mese‹) bezeichnet werden, ein scharf-würziges, in Wein gekochtes Schweinegulasch mit Pakrika, Zwiebeln und mitgeschmorten Kartoffeln.

Mein Tipp

Günstiger essen
Die Restaurants in der Altstadt von Rhodos, in Líndos und auch an sonstigen touristischen Topmeilen sind oft ziemlich teuer. Eine wunderbare Alternative sind die Grillrestaurants im versteckten Innenhof der **Néa Agorá** (s. S. 128), wo man für wenig Geld ziemlich lecker essen kann. Dort wird ein deftiges, original-griechisches Gyros vom Spieß gesäbelt und auf den Karten stehen auch Traditionsgerichte wie Pastitsio oder Moussaka. Dazu gibt es Bier in Halbliterkrügen oder Retsina in den typischen Alukrügen aus alter Zeit.

Fisch
In den Top-Restaurants werden oft frische Mittelmeerfische in einer Vitrine auf Eis ausgelegt. Das sieht beeindruckend aus, doch sollte man bedenken, dass Fisch relativ teuer ist. Die Preise werden nach Sorte und Gewicht berechnet. Der Fisch wird fast immer gegrillt, wobei aber große Unterschiede in der Kunstfertigkeit bestehen. Ausgewiesene Fischrestaurant grillen den Fisch über Holzkohle hochkant stehend, also sehr sanft, andere werfen ihn wie die Sardellen einfach in eine Fritteuse.

Zumeist handelt es sich um Fangfisch, weit verbreitet ist aber inzwischen auch Ware aus Fischzuchtbetrieben. Aus der Tiefkühltruhe kommen immer Schwert- und Thunfisch sowie Calamares.

Frühstück
Griechen trinken zum Frühstück meist nur einen Kaffee, gegen 10 Uhr gibt es dann eine Teigtasche wie *tyrópitta,* mit Schafskäse, oder *bugátsa,* mit Grießpudding gefüllt. In den Hotels gibt es das Frühstück zumeist vom Büffet, was neben Weißbrot, Marmelade, Wurst und Käse auch Müsli, Joghurt mit Honig, verschiedene Obstsorten, Blätterteigteilchen und Sandkuchen umfasst. Dazu kommen oft auch Spiegeleier oder Rühreier mit gebratenem Schinken oder Würstchen.

Getränke

Traditionell bekommt man in der Taverne oder zum Kaffee stets gekühltes **Wasser** *(néro)* aus der Leitung auf den Tisch gestellt. Heute ist es üblich, Flaschenwasser zu bestellen, doch wenn man darum bittet, wird kostenlos Leitungswasser in der Karaffe gebracht. Wünscht man Sprudelwasser, bestellt man nicht *mineral water,* das wäre stilles Wasser, sondern *sóda.*

Kaffee
Eine besondere Spezialität ist der griechische **Kaffee** *(kafés ellinikós),* der als starker Mokka mitsamt dem Kaffeesatz serviert wird. Schon bei der Bestellung muss man angeben, ob man ihn *glikó* (süß), *métrio* (mittel) oder *skétto* (ohne Zucker) will. Filterkaffee *(kafés fíltro)* gibt es nur in den besseren Hotels und manchen Touristenbars, meist bekommt man löslichen Kaffee, der hier einfach *nes* genannt wird, wahlweise mit Milch *(me gála)* oder ohne Milch *(chóris gála).*

Ein sehr verbreitetes Modegetränk der griechischen Jugend ist der *frappé:* schaumig geschlagener Instantkaffee, der kalt mit Eiswürfeln serviert wird. Neuerdings sind in den modernen Lounge-Cafés auch kalte Kaffees sehr beliebt, z. B. Cappuccino freddo oder Latte Macchiato freddo.

Bier und Wein

Es gibt inzwischen zwar auch wieder griechisches **Bier,** das Mythos und das Alpha, sehr verbreitet auf Rhodos sind aber Biere deutscher Brauereien. Aus Flaschen und teils sogar vom Fass wird fast alles zwischen Jever und Franziskaner kredenzt.

Anders als früher sind die griechischen **Weine** heute in der Regel nicht mehr übermäßig süß, sondern geschmacklich den italienischen zu vergleichen. Rhodos ist eine durchaus bekannte griechische Weinregion mit den beiden Kellereien CAIR (einem Großbetrieb bei Rhodos-Stadt) und Emery (einem Betrieb beim Bergdorf Émbona, s. S. 232). Diese beiden Kellereien haben sogar einen ordentlichen Sekt im Programm. In den Tavernen ist das Angebot jedoch in der Regel begrenzt (und auch recht teuer), in den Supermärkten findet man aber eine große Auswahl zu guten Preisen.

Der am meisten getrunkene Wein ist aber immer noch der **Retsína,** der typische geharzte Weißwein (s. S. 234). Neulinge können sich an den herben Geschmack oft nur schwer gewöhnen, doch mit etwas Wasser verdünnt ist er ein sehr bekömmliches Getränk zur traditionellen Küche.

Soúma aus Siána

Das Bergdorf Siána an der südlichen Westküste ist bekannt für den rhodischen *Soúma,* einen von den Weinbauern selbst gebrannten Tresterschnaps ähnlich wie Grappa. In Siána kann man ihn in den Souvenirläden an der Kirche oder in der Taverne ›Village Place‹ kaufen, die Halbliterflasche für etwa 4 €. Aber auch in allen anderen Weinbauerndörfern rund um die Bergmassive Attavýros und Profítis Ilías ist Soúma erhältlich.

Ouzo und Soúma

Auch den bekannten Anisschnaps **Ouzo** trinkt man traditionell mit Wasser versetzt, er wird dann milchig und schön sanft, doch in Touristenlokalen ist das fast ganz in Vergessenheit geraten. Meist bekommt man ihn eisgekühlt aus dem Kühlschrank – dann kann man ihn auch nicht mehr mit Wasser versetzen, ohne dass das Anisöl sich absetzt.

Restaurantkultur

Was die Griechen zu einem guten Essen brauchen, ist eine nette Paréa und viel Zeit (s. S. 97).

In der Taverne

Während die Einrichtung traditioneller Tavernen meist ausgesprochen einfach ist, haben sich die modernen touristischen Lokale den international üblichen Standards weitgehend angepasst. Sogar die traditionellen Speisen werden nicht mehr wie früher üblich vom großen Warmhalteblech, sondern im Portionsschälchen brühheiß aus der Mikrowelle auf den Tisch gebracht. Und die Speisekarten sind nicht nur in allen europäischen Sprachen geschrieben, sondern auch mit Fotos der Gerichte versehen, damit man sich vorstellen kann, was geboten wird.

Wer die einstmals so gerühmte freundliche Herzlichkeit kennenlernen will, sollte eher die einfacheren Tavernen besuchen. Und nur dort kann man die ›echte‹ griechische Küche bekommen. Die Portionen sind eher klein, passend also, um verschiedene Speisen kombinieren zu können. Vielleicht werden die Gerichte aus dem Backofen nur lauwarm serviert. Dies ist eine alte Sitte aus der Zeit, als das ganze Dorf seine Speisen vom Bäcker garen ließ. Die Griechen legen auf heißes Essen

Das Kafenío

Das *kafenío* (Kaffeehaus) ist der traditionelle Treffpunkt der Männer, dort gibt es in der Regel nur etwas zu trinken, aber nichts zu essen. Allerdings sind viele *kafénia* auf Rhodos mittlerweile entweder zu Café-Bars oder zu Internet-Cafés mutiert – die Globalisierung ist eben nicht zu stoppen. Eine lohnende Adresse ist aber immer ein *zacharoplastío* (Konditorei), wo es das köstliche griechische Süßgebäck sowie Eis und auch Snacks gibt.

keinen Wert, sie halten es sogar für ungesund. Nur frisch Gegrilltes wird heiß serviert. Da aber viel Olivenöl verwendet wird, das nicht wie tierisches Fett aushärtet, bleiben die Speisen auch weniger heiß schmackhaft.

Die **Rechnung** macht der Kellner meist für die Paréa, die ganze Tischgemeinschaft. Unter Griechen wird um die Ehre, für alle zahlen zu dürfen, oft laut und hitzig gestritten; getrennt abzurechnen heißt hier die ›deutsche Art‹. In touristischen Zentren macht dies zwar keine Probleme, man sollte es dem Kellner aber bei der Bestellung sagen. Sonst kann man es halten wie die jüngeren Griechen: zusammenlegen, ohne auf den Euro zu schauen.

Ein **Trinkgeld** wird natürlich gern gesehen, doch muss man immer den griechischen Stolz berücksichtigen. Ein Trinkgeld unter 1 Euro wird eher als Beleidigung verstanden, da wäre es besser, wenn man gar keines gäbe. Auch die Besitzer kleiner Tavernen fühlen sich leicht beleidigt, wenn man Trinkgeld gibt und sie so als ›Kellner‹ behandelt.

Traditionelle Taverne auf der kleinen Ausflugsinsel Sými

Aktivurlaub, Sport und Wellness

Badesport

An allen Stränden mit ausgedehnter Hotelbebauung kann man verschiedene Boote leihen: Pedalos (Tretboote), Jet-Skis (eine Art Wasser-Vespas) und auch richtige Motorboote. Größere Wassersportstationen bieten auch Wasserski (1 Start ca. 30 €) oder Parasailing (Fallschirmfliegen gezogen vom Boot, pro Start ca. 50 €) an. Beim Banana Riding sitzt man zu mehreren auf einer gelben Gummiwurst, auf dem Ringo, einem großen Gummireifen, allein. Beide werden von einem Speedboot in Schleifen übers Wasser gezogen. Sieger ist, wer nicht baden geht!

Golf

Der Golfplatz in Afándou liegt direkt vor dem langen Kieselstrand. Er hat 18 Löcher, Par 73, und ist 6600 m lang. Die Green Fee für den ersten Tag liegt um ca. 35 € oder 175 € in der Woche. Das Lippia Golf Resort (s. S. 177) bieten Pauschalarrangements. Es gibt zwar lockeren Randbewuchs mit Oleander und Feigen, jedoch kaum Schatten, sodass ein Besuch eher im Frühjahr zu empfehlen ist.

Afandou Golf Course: Tel. 22410 5 14 51, Fax 22410 5 11 22, www.afandougolfcourse.com.

Radtouren

Das einsame Hinterland eignet sich gut für Touren mit dem Mountainbike – freilich nur im Frühjahr (März/April/Anfang Mai), danach ist es bis zum Ende der Saison viel zu heiß, um Touren zu fahren. Das hügelreiche Gelände stellt gewisse Anforderungen an die Kondition (s. auch Wandern!). MTB-Räder kann man in Urlaubsorten wie Íxia, Faliráki oder Kiotári leihen; man rechne ca. 15 € pro Tag.

Surfen

Für Anfänger ist die windstille Ostküste geeignet, etwa Faliráki, Lárdos Beach oder Kiotári, wo Grundkurse angeboten werden. Stärkere Winde verzeichnet die Westküste, dort gibt es vor allem in Ialyssós beim Hotel Blue Horizon und beim Hotel Blue Bay gute Surfstationen (s. S. 150). Dort wurde 2005 die Europameisterschaft im Windsurfen ausgetragen.

Ein international bekanntes Starkwindrevier ist der **Prasonísi Beach** ganz im Süden der Insel, wo das Hotel Light House als ein Treffpunkt der wahren Könner gilt (s. S. 218).

Ein dritter beliebter Spot ist **Fánes/Kalavárda** (s. S. 153) südlich von Kremastí mit dem Hotel Nautica Blue, der auch viel Wind bietet, aber noch nicht überlaufen ist.

Tauchen

Schnorcheln ist überall erlaubt, Scuba Diving (Tauchen mit Pressluftflasche) jedoch nur in Begleitung autorisierter Lehrer. Auf dem Meeresboden liegen nämlich noch viele antike Reste, und die Behörden nehmen das Bergungs- und Ausfuhrverbot sehr genau. Der beliebteste Tauchspot sind die Felsküste bei Kallithéa. Anfänger-Kurse (PADI oder CMSA) kann man am Mandráki-Hafen buchen und über einige

Die schönsten Strände

Grundsätzlich ist zu beachten, dass die Strände an der Ostküste an der windabgewandten Seite liegen und leicht glühend heiß werden, während an den Badeplätzen an der Westküste eine meist recht steife Brise herrscht und ganz im Süden einem schon mal das Badelaken davonflattern kann ... Quallen oder Seeigel sind aber eigentlich nirgendwo ein Problem. Fast überall werden Sonnenliegen vermietet (ca. 8 €/Tag für zwei Liegen plus Schirm).

Tsambíka (Ostküste, zwischen Kolýmbia und Archángelos): So idyllisch gibt sich Rhodos selten: langer feiner Sandstrand, klares hellgrünes Wasser, fantastisches Panorama, keine Hotelbauten. Dafür warten auf die Ausflügler nur einige einfache Tavernen, sogar Duschen sind installiert.

Líndos Beach (Ostküste; gute Busverbindung): Wenn auch völlig überlaufen, ist der Strand doch der schönste von Rhodos. In dem kreisrunden Naturhafen hat man eine tolle, flache, sandige Badebucht. Auch an Tavernen herrscht kein Mangel; es werden Pedalos vermietet und Wasserski angeboten.

Thérmes Kallithéa (Ostküste; nördlich von Faliráki): An der Felsküste südlich der Thermen gibt es die besten Schnorchelreviere von Rhodos. Beach Bars vermieten Sonnenliegen auf den Felsen, Leitern führen ins kühle Nass: sehr idyllisch und noch ganz ruhig.

Faliráki (Ostküste; 14 km von Rhodos; gute Busverbindungen): Blaue Bretterstege erschließen den flachen Sandstrand. Viele Aktivsportangebote und Surfschulen.

Rhodos-Stadt: Seit über 60 Jahren tummeln sich am Elli Beach die Badegäste, und zwischen dem alten Sprungturm und den jungen *kamáki,* den griechischen Papagalli, fühlt man sich wie am Strand von St. Tropez.

Foúrni (Westküste; 8 km von Monólithos): ›Ganz versteckt hinter den sieben Bergen‹ liegt dieser noch kaum bekannte Kieselstrand. Die Robinson-Idylle wird durch die dramatische Klippenlandschaft noch unterstrichen, und so lohnt sich auch die lange Anfahrt (83 km von Rhodos).

Die Bucht von Líndos zählt zu den schönsten Badeplätzen der Insel

große Hotels in Faliráki, Kiotári und Ialyssós. Renommierte Tauchschulen sind:
DiveMed: 33 Lisavonas, Rhodos-Stadt, Tel. 22410 6 11 15, Mob. 9323 1 90 40, www.divemedcollege.com
Waterhoppers: 29 Perikleous, Rhodos-Stadt, Tel. 22410 3 81 46, Mob. 6972 50 09 71, www.waterhoppers.com

Wandern

Geführte Wanderreisen mit der Alpin-Schule Innsbruck (www.asi.at) kann man z. B. bei Jahn und TUI buchen. Für Wanderungen sind eigentlich nur die Frühjahrsmonate April und Mai geeignet, doch auch dann sollte man an Sonnenhut, Schutzcreme und ausreichende Wasservorräte denken. Selbst in dichter bewaldeten Regionen geht man auf den modernen Forstwegen oft in praller Sonne. Spuren haben auch die großen Waldbrände seit den späten 1990er-Jahren hinterlassen. Feste Schuhe und lange Hosen schützen vor den vielen Disteln und auch vor Schlangen.

Regelrechte **Wanderkarten** gibt es leider nicht, die üblichen Rhodos-Karten geben die alten Eselpfade und auch die Forstwege nur sehr ungenau wieder. Nur wenige Wege sind regelgerecht markiert, auch wenn das in letzter Zeit verbessert worden ist. Nicht wenige Forstwege enden urplötzlich im Nichts oder vor schroffen Felshängen. Vorsicht auch bei den trockenen Flussbetten im Landesinneren: Bei Regen können sie sich in Minuten mit reißenden Wassermassen füllen.

Ein beliebter Pfad führt durch das üppig bewaldete **Profítis Ilías-Massiv:** vom Ort Sálakos steigt ein markierter Weg (zunächst ein teils recht steiler Pfad, dann eher einfache Forststraße) hoch zum Gipfel.

Hanspeter Weiß aus 47661 Issum verdanke ich folgende Wandertipps:

Ein gut markierter Weg führt vom Ort Ágios Isídoros auf den Gipfel des vollkommen kahlen **Attávyros** (1216 m). Der Pfad beginnt an der Straße von Laérma kommend unmittelbar am Ortseingangsschild rechter Hand und führt in großem Bogen über niedrigere Nebengipfel in rund 3 Std. zum Gipfel. Gekennzeichnet ist der 9 km lange Weg durch rote und blaue Ziffern als auch durch rote Pfeile. Auf dem Gipfel finden sich antike Ruinen, wohl Reste eines Apollon-Tempels. Für den Rückweg muss man ebenfalls 3 Std. rechnen; erforderlich sind also entsprechende Ausdauer und gutes Schuhwerk.

Ein Pfad nach **Épta Pigés** (›Sieben Quellen‹) beginnt auf Höhe des Ortes Archángelos rechts an der Hauptstraße Richtung Líndos. Auf den Beginn weist ein blaues Schild an einem Straßenabzweig hin; der Pfad selbst ist mit roten Punkten und Pfeilen markiert. Man geht meist durch lichte Ölbaumhaine, teils auch ein Stück Trampelpfad, und erreicht in 90 Min. den lauschigen Quellteich im Wald.

Reisen mit Kindern

Die Griechen sind sprichwörtlich kinderfreundlich und sehr tolerant. Griechische Kinder pflegen im Sommer bis spät in die Nacht auf Straßen und Plätzen herumzutollen – dafür müssen sie zwischen 13 und 16 Uhr ins Bett. Angesichts der Gefahren durch die intensive Sonneneinstrahlung (selbst durch T-Shirts hindurch kann Kinderhaut geschädigt werden) ist das ein durchaus nachahmenswertes Beispiel.

Die großen Luxusanlagen sind sehr auf Kinder eingestellt und bieten für die Kleinsten in der Regel viel Unter-

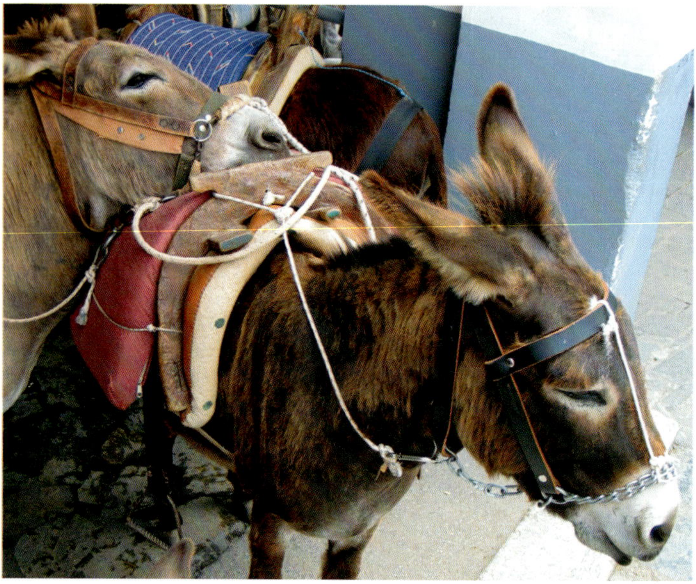

Durch die Gassen von Líndos und auf die Akropolis kann man mit Eseln reiten

haltung und Aktionen im Kinderclub. Die hektische Hauptstadt mit ihrem Großstadtverkehr ist für Kinder natürlich nicht so gut – besser wählt man z. B. Kolýmbia. Aber auch die privat vermieteten Apartments sind für Familien eine gute Wahl (s. S. 182).

Windeln und Kleinkindnahrung sind in allen Supermärkten erhältlich. Zwischen Mai und September sollte man **Moskito-Netze** mitnehmen, denn die Mücken von Rhodos hinterlassen Beulen so groß wie ein Fingernagel. Stets sollte man auch an **Sonnenschutzcreme** mit hohem Schutzfaktor denken; **Badeschuhe** sind für Kinder auch an Sandstränden vorteilhaft.

Für Kinder ab fünf Jahren bietet Rhodos viele **Ausflugsziele,** die eine abwechslungsreiche Natur und historische Entdeckungen verbinden: von den Pfauen von Épta Pigés (s. S. 184) bis zu Ritterburgen wie Monólithos (s. S. 236), von der Straußenfarm beim Schmetterlingstal Petaloúdes (s. S. 224) bis zu den geheimnisvollen antiken Gräbern im Rodiní-Tal bei Rhodos-Stadt (s. S. 141).

Einen ganzen Tag kann man allein am Strand von Líndos verbringen, dem kinderfreundlichsten und schönsten Badeplatz der Insel (s. S. 198). Auch der Eselritt hinauf zur Akropolis wird bestimmt zu einer bleibenden Erinnerung werden.

Etwas größere Kinder finden aber auch die Felsstrände rund um Thérmes Kallithéa (s. S. 167) spannend, wo man schnorcheln und viele Unterwasserentdeckungen machen kann. Die Tiere im Meer präsentiert auch das Aquarium in Rhodos-Stadt (s. S. 133), auch wenn es nicht gerade modernen Museumskonzeptionen entspricht.

Feste und Unterhaltung

Die großen Feste

Ostern

Im Festkalender ist Ostern *(páska)* das bedeutendste Ereignis, nicht Weihnachten wie bei uns. Fast alle Griechen fahren dann in ihre Heimatdörfer, selbst viele Auswanderer kehren heim. Es findet nicht zeitgleich mit unserem Osterfest statt, da die Orthodoxie den Tag nach dem Julianischen Kalender berechnet (Daten s. S. 41).

Am **Karfreitag** *(megáli paraskévi)* wird dem Tod Christi mit teils über fünfstündigen Gottesdiensten am Nachmittag gedacht; abends findet dann der Umzug mit dem Epitáfios-Tuch als symbolischem Grab Christi statt.

Die wichtigste Messe ist der lange Auferstehungsgottesdienst von Samstag auf Sonntag. Kurz vor Mitternacht werden alle Lichter gelöscht, der Priester entzündet eine Kerze und bestätigt mit dem Ruf: »Christus ist auferstanden« (Christós anésti) das Mysterium dieser Feier. Alle Gläubigen entzünden an diesem einen Licht ihre Kerzen und bestätigen »Wahrhaftig, er ist auferstanden« (Alithós anésti).

Am **Sonntag** finden prachtvolle Prozessionen der kirchlichen Würdenträger statt. Die Kinder bekommen Spielzeug, man isst rot gefärbte Eier (zur Erinnerung an das Blut Christi) und Mandelgebäck; mittags wird das Osterlamm am Spieß gebraten.

Kímissis

Das Fest zum Todestag Mariens am 15. August nennt man in Griechenland Kímisis tís Theotókou, ›Entschlafung der Muttergottes‹. Nach orthodoxer Vorstellung ist Maria nicht leibhaftig ›zum

Festkalender

22./23. April: Ágios Geórgios in Malóna
20./21. Mai: Ágios Konstántinos, ein großes, sehr religiöses Fest beim Kloster Moní Thárri
14./15. Juni: Profítis Ámos in Faliráki
16./17. Juli: Agía Marína in Koskinoú
19./20. Juli: Profítis Ilías in Sálakos
26./27. Juli: Ágios Pandélimonos in Siána
29./30. Juli: Ágios Soúlas bei Soroní (an der Straße nach Eleoúsa, großes Volksfest mit Tanz und Eselrennen
5./6. August: Metamórfosis in Kiotári, das größte Fest des südlichen Rhodos
14./15. August: Kímissis tís Theotókou u. a. in Afándou, Émbona; das größte in Kremastí
21./22. August: Panagía (›Allheilige‹ Maria) im Kloster Ipsenís bei Lárdos
7./8. September: Geníssi tís Theotókou (Mariä Geburt); große Wallfahrt nach Kýra Tsambíka und Fest im Kloster Tsambíka
13./14. September: Tímios Stávros (Heilig-Kreuz) in Kalythiés und Apóllona
17./18. Oktober: Ágios Loúkas in Afándou
7./8. November: Míchail Archángelos in Archángelos, Rhodos-Neustadt und in Panormítis auf der Insel Sými
14. November: Konstántinos Idréos, der Stadtpatron von Rhodos-Stadt. Zur Prozession erscheinen der Erzbischof und alle Bischöfe des Dodekanes.

Das Blumenfest
Sprichwörtlich ist der Blumenreichtum der ›Roseninsel‹ – so hat Rhodos-Stadt ein Blumenfest ins Leben gerufen, das alljährlich mit einer Parade blumengeschmückter Wagen gefeiert wird. Meist findet es sonntags um den 27. Mai statt, man achte auf die Ankündigungsplakate (auf Englisch).

Himmel gefahren‹, sondern wie ein jeder Mensch gestorben: Daher kann man in Griechenland nicht den katholischen Begriff ›Mariä Himmelfahrt‹ verwenden.

Kímissis ist das wichtigste Marienfest des Jahres und wird in vielen Orten mit besonders großen *panigíri* (Kirchweihfesten) gefeiert. Früher tanzte und feierte man in der warmen Sommernacht bis in den frühen Morgen, heute hat die Intensität aufgrund des Tourismus aber abgenommen: Viele junge Leute haben keine Zeit, sondern müssen ihren Job machen.

Panigíri (Heiligenfeste)

Eine besondere griechische Form sind die Panigíri, die Feste zu Ehren bedeutender Heiliger. Vor allem dörfliche Panigíri werden zu Ehren des örtlichen Kirchenheiligen als fröhliche Volksfeste mit Musik und Tanz begangen. Mit Kind und Kegel, Sack und Pack zieht man zur Kirche, oft auch zu einer etwas außerhalb im Wald gelegenen Kapelle. Dort wird dann gegrillt, getrunken, man singt Volkslieder, oft spielt auch eine kleine Truppe zum Tanz auf.

Man beachte aber: In der Regel findet das Hauptfest jeweils am Vorabend

Abends ziehen die Nachtschwärmer durch die Gassen der Altstadt von Rhodos

des Festtages statt und zieht sich bis spät in die Nacht. Am eigentlichen Festtag gibt es dann eine Prozession oder auch nur eine Messe.

Nationalfeiertage

Am **25. März** *(ikóssi pénde martíou)* gedenkt man des Beginns des Freiheitskampfes gegen die Osmanen im Jahr 1821.

Am 28. Oktober ist der **›Óchi‹-Tag** *(méra tu óchi)*, der an die Ablehnung eines Ultimatums von Mussolini auf die Öffnung von Stützpunkten für die italienische Armee im Jahr 1940 erinnert. Nach diesem ›Nein‹ (gr. óchi) marschierten die Italiener in Griechenland ein, das so in den Zweiten Weltkrieg hineingezogen wurde. Diese Nationalfeiertage werden mit Militärparaden und Gottesdiensten begangen. Auf der Platia Evdomis Martiou in Rhodos-Stadt gibt es große Paraden, an denen der Klerus im vollen Ornat, Polizei, Feuerwehr und Kinder in historischen Trachten oder ihren Schuluniformen teilnehmen.

Ähnlich ist das Programm am **Dodekanes-Feiertag** am 7. März, der an die Vereinigung der Inselgruppe mit Griechenland 1947 erinnert.

Ausgehen

Wenn man nicht in reinen Hotelstandorten wie Kolýmbia, Kiotári oder Vlícha wohnt, hat man auf Rhodos sehr viel Gelegenheit das Nachtleben zu genießen. Absolutes Zentrum des ›Clubbing‹ ist Faliráki, obwohl dort (um es ehrlich zu sagen) Twens der britischen Arbeiterschicht den Ton angeben. Etwas schicker und internationaler geht es abends in Líndos zu, wo ebenfalls eher jüngere Leute zu finden sind. Die Neustadt von Rhodos hat zwar einen schlechten Ruf, doch gibt es hier neben den Touristenbars zahlreiche nette Lokale der Studenten der Ägäis-Universität. Echte Discos sind aber auch dort selten, verbreiteter sind kleinere Music-Bars, wo ein DJ das Musikprogramm macht, wo aber nur selten getanzt wird.

Ansonsten bewegt sich das Nachtleben eher in bescheidenem Rahmen, man findet aber immer eine Bar, die bis Mitternacht geöffnet hat. Nicht verpassen sollte man die Altstadt von Rhodos, wo man bis spät abends zwischen guten Restaurants, lauschigen Bars und zahlreichen Boutiquen bummeln kann.

Mein Tipp

Griechische Nächte

Ein Eckpfeiler des rhodischen Nachtlebens sind die sogenannten ›Griechischen Nächte‹, die fast alle größeren Hotels mindestens einmal wöchentlich veranstalten. Da werden Folklore-Tänze, Sketche und allerhand Akrobatik präsentiert, zum Schluss kann man meist beim Sirtáki mittanzen. Da dies leider meist rund um den Pool stattfindet, ist an eine Nachtruhe vor 1 Uhr nicht zu denken. Als nützlich kann sich da die Mitnahme von Ohropax erweisen. Authentischer sind die Musiknächte der **Taverne Mimakos** kurz vor Afándou aus Richtung Faliráki (s. S. 180). Im großen Restaurant auf einem Hügel gibt es nicht nur gutes griechisches Essen, sondern auch sehenswerte Live-Shows mit Musik und Tanz. Auch viele Einheimische kommen an Wochenenden dorthin.

Reiseinfos von A bis Z

Adressen

In Griechenland werden die Hausnummern wie in Frankreich vor den Straßennamen gestellt. In Adressangaben entfällt häufig der Begriff ›Straße‹ (gr. *odós),* man gibt nur den Eigennamen an (z. B. 62 Omirou). In großen Städten wie z. B. Ródos (Rhodos-Stadt) gibt man immer auch den Stadtteil an, der häufig nach der lokalen Kirche benannt ist (z. B. Analypsi, Rodini, Old Town = Altstadt).

Ärztliche Versorgung

Die Ärzte sprechen gut Englisch, selten auch Deutsch. Im **Notfall** wendet man sich am besten an den Hotelier, der das nächste Erste-Hilfe-Zentrum *(Kentro Ygieias)* benachrichtigen kann. Alle kleinen Inseln wie Sými oder Chálki verfügen über ein solches Arztzentrum, wo man im Notfall kostenlos behandelt wird. Bei niedergelassenen Ärzten muss bar bezahlt werden; die Kassen erstatten die Kosten später gegen Vorlage der Quittung nach gültigen deutschen Sätzen. Eine Auslandskrankenversicherung wird empfohlen als Schutz vor hohen Kosten bei Unfall, Heimtransport oder Tod.

Ein gutes **Krankenhaus** gibt es nahe Rhodos-Stadt oberhalb von Ixiá (mit 24-Std.-Notdienst-Ambulanz). Anfahrt mit dem Auto von Rhodos-Stadt Richtung Akropolis, dann Richtung Pastída (ausgeschildert: Nosokomio). Von der Néa Agorá fahren die Stadtbusse Nr. 2 und Nr. 6. Tel. Zentrale: 22410 8 00 00.

Apotheken

Bei kleineren Malessen muss man nicht zum Arzt gehen, da hilft auch die Apotheke *(farmakíon,* gr. ΦΑΡΜΑΚΕΙΟΝ, mit grünem Kreuz gekennzeichnet), denn der Apotheker übernimmt auch beratende Aufgaben. Man erhält viele Medikamente (Pille, Viagra etc.) rezeptfrei zu günstigen Preisen. Geöffnet sind Apotheken Mo, Di, Do, Fr 8–13, 17–21 Uhr sowie Mi, Sa 8–14 Uhr; Notdienst-Adressen hängen jeweils im Fenster aus.

Diplomatische Vertretungen

... von Deutschland

Botschaft in Athen
3 Karaoli & Dimitriou
10675 Kolónaki
Tel. +30 210 7 28 51 11
Fax +30 210 7 28 53 35
info@athen.diplo.de

... von Österreich

Botschaft in Athen
4 Leoforos Vasileos Sofias
10674 Athen
Tel. +30 210 7 25 72 70
Fax +30 210 7 25 72 92
athen-ob@bmeia.gv.at

... der Schweiz

Botschaft in Athen
2 Odos Iassiou
11521 Athen
Tel. +30 210 7 23 03 64
Fax +30 210 7 24 92 09
ath.vertretung@eda.admin.ch

... von Griechenland

Botschaft in Deutschland
10117 Berlin, Jägerstr. 55
Tel. 030 20 62 60
Fax 030 20 62 64 44
www.griechische-botschaft.de

Botschaft in Österreich
1040 Wien, Argentinierstr. 17
Tel. +43 1 5 05 57 91
Fax +43 1 5 05 62 17
gremb@griechischebotschaft.at

Botschaft in der Schweiz
3005 Bern, Jungfraustr. 3, PF 246
Tel. +41 31 3 52 16 37
Fax +41 31 3 52 05 57
gremb.brn@mfa.gr

Elektrizität

Die Netzspannung beträgt 220 Volt. Flachstecker passen in der Regel, für Schukostecker benötigt man aber häufig einen Adapter.

Feiertage

An Feiertagen sind Geschäfte, Behörden und Museen geschlossen, Souvenirshops und Reisebüros bleiben aber geöffnet.
1. Januar: Neujahr *(protochrónia)*
6. Januar: Taufe Christi *(epiphanía)*, Wasserweihe an den Häfen, die Jungen tauchen nach einem Kreuz, das der Priester ins Wasser wirft.
Rosenmontag *(káthari déftera):* 2013 am 18. März; 2014 am 3. März. Viele Familien fahren zum Picknick aufs Land oder ans Meer.
7. März: Dodekanes-Feiertag. Jahrestag des Anschlusses des vorher italienischen Dodekanes an Griechenland.
25. März: Nationalfeiertag
Karfreitag *(megáli paraskévi)*
Ostersonntag *(páska):* 2013 am 5. Mai; 2014 am 20. April
1. Mai: Tag der Arbeit *(protomáia)*
Pfingstmontag *(Deftéra tis Pedokósti):* 2013 am 24. Juni; 2014 am 8. Juni
15. August: Kímissis tís Theotókou, Mariä Entschlafung. Die orthodoxe Kirche glaubt nicht an die leibliche Himmelfahrt Marias.
28. Oktober: Nationalfeiertag, ›Ochi-Tag‹. Ochi (Nein) sagte Griechenland zu Mussolinis Kapitulationsaufforderung 1940 und trat damit in den Zweiten Weltkrieg ein.
24. Dezember: Heiligabend *(paramóni christoujénnon),* Feiertag ab Mittag
25. Dezember: Weihnachten *(christoujénna)*
Silvester *(vrádi tis protochrónias),* Feiertag ab Mittag

FKK/oben ohne

Ein Paradies für textilfreies Sonnenbaden ist Rhodos nicht unbedingt. Griechische Familien sehen es nicht gern, dass ihre Kinder an die Strände ziehen, um dort blanke Busen zu begaffen. An den touristischen Stränden ist ›oben ohne‹ zwar möglich, doch wird es von den Gigolos oft als direkte Einladung verstanden. Ganz ›ohne‹ ist nur in einer Nacktbadezone bei Faliráki (eine Bucht Richtung Ládiko) gestattet.

Als beleidigend empfinden viele Griechen auch jene Urlauber, die in Strandkleidung durch ihre Dörfer flanieren.

Fotografieren

Absolutes **Fotografier- und Filmverbot** besteht in der Nähe aller militärischen Anlagen. In den Museen sind Fotografieren und Filmen erlaubt, mit Stativ und Blitzlicht jedoch nur gegen eine Sondergebühr. In Kirchen sollte man beim Gottesdienst auf den Schnappschuss verzichten. Filme und Zubehör für Digitalkameras sind in Fotoläden erhältlich, vielfach gibt es günstige Schnellentwicklungsangebote. Filme sind kaum noch zu bekommen.

Geld

In Griechenland gilt der Euro, der hier landessprachlich *evró* (oder englisch *juro)* genannt wird, der Cent heißt offiziell *lepta*. Devisen dürfen in unbegrenzter Höhe eingeführt werden, übersteigt der Wert mehr als 1000 US-$, sollte der Betrag beim Zoll deklariert werden.

Bargeld erhält man mit der EC/ Maestro-Karte an Bankautomaten, die es in allen größeren Orten gibt. Allerdings hebt man besser einmal eine größere Summe ab, da die Gebühren pro Transaktion 8 € betragen. Über Kreditkarten rechnen die besseren Hotels und Restaurants, viele Modegeschäfte und natürlich die Mietwagenbüros ab.

Gesundheitsvorsorge

Stets Sonnencreme mit hohem Lichtschutzfaktor (20 bis 30) benutzen. Die häufigste Erkrankung von Urlaubern ist tatsächlich Sonnenbrand. Im Hochsommer ist die Mitnahme von Moskitonetzen (v. a. für Kinder!) empfehlenswert.

Um Durchfall zu vermeiden, sollten Sie nur mäßig kalte Getränke trinken und nicht zu viel Eis essen (aber: bei Temperaturen über 30 °C muss man täglich 2 Liter Flüssigkeit trinken!). Zumeist hilft eine leichte Diät mit Salzgebäck und Cola. Halten die Beschwerden länger als drei Tage an, sollte man sich in der Apotheke (s. S. 40) ein Medikament besorgen (Durchfall = *diárria).*

Kiosk

Im griechischen Kiosk bekommt man (fast) alles. Der *períptero* ist Mittelpunkt des Dorfes und beliebter Treffpunkt in der Stadt und vom Boden bis zur Decke voll gepropft mit all dem, was man im Alltag so braucht: Zigaretten, Süßigkeiten, Zeitungen, Schreibwaren, bis hin zu Kondomen (gr. *profilaktiká)* und Briefmarken.

Kirchenbesuche

Griechische **Kirchen** bergen oft wahre Schätze der byzantinischen Sakralkunst, gleichzeitig lassen sie ungebrochene Frömmigkeit der Orthodoxie erfahrbar werden. Entsprechend der Heiligkeit des Ortes sollte die Kleidung des Besuchers ausfallen. Knie, Schulter und Oberkörper müssen bedeckt sein. Am Eingang von häufig besuchten Kirchen werden dafür Tücher oder Röcke bereitgehalten.

Da viele einsame **Kapellen** von Ikonenräubern in der Vergangenheit regelrecht ausgeplündert wurden, sind heute die meisten Kirchen verschlossen. In der Regel verwahrt ein Anwohner in der Nachbarschaft den Schlüssel. Man fragt »Pjós échi to klidí, parakaló?« (Wer hat den Schlüssel, bitte?).

Der Verwalter oder der Priester, der Papa, erwartet für seine Mühe eine Spende an die Kirche, die man in das Sammelkästchen am Eingang wirft. Dort liegen meist auch dünne Kerzen aus, die gegen eine Spende entzündet werden dürfen.

Bei **Klosterbesuchen** ist eine Mittagsruhe von 13 bis 17 Uhr zu beachten. Frauen werden nur eingelassen, wenn sie einen Rock tragen, doch auch hier wird meist Kleidung verliehen. Eine Spende ist in den Klöstern ebenfalls gern gesehen, erst recht, wenn die Mönche den Gast geführt oder gar mit einer Kleinigkeit bewirtet haben.

Museen

Die Museen und Ausgrabungsstätten sind in der Regel recht teuer (bedeutende Stätten wie z. B. Líndos 6 € pro Person). Am Eingang werden oft ausführliche Infobroschüren verkauft. **Kernöffnungszeiten** sind Di bis So 8.30–15 Uhr, geschlossen jeweils montags. In der Hochsaison (Juli/August) gelten teilweise erweiterte Öffnungszeiten: Di bis So bis 20 Uhr, Mo bis 15 Uhr. Letzter Eintritt jeweils 30 Min. vor Schließzeit.

Günstiger ins Museum
Gegen Vorlage eines internationalen Studentenausweises (ISIC) zahlt man in Museen oft nur den halben Eintrittspreis. Im Winterhalbjahr muss man sonntags überhaupt keinen Eintritt zahlen.

Notruf

Feuerwehr/Ambulanz/Polizei: 112 (kostenfrei an allen Telefonzellen)
Handy-Notruf: 112
Notarzt: Am besten bittet man einen Griechen (Taxifahrer, Hotelier) um Hilfe.

Öffnungszeiten

Geschäfte: Mo–Sa 8.30–14.30 Uhr, Di, Do und Fr auch 18–21.30 Uhr. **Supermärkte** Mo–Fr 8–22 Uhr, Sa 8–18 Uhr, manche auch So 9–13 Uhr. **Souvenirshops** bis 23 Uhr.
Postämter: Hauptpost Rhodos-Neustadt, Mo–Sa 7–20 Uhr, Dorfbüros Mo–Fr 7.30–14.30 Uhr.
Restaurants meist tgl. 9.30–15.30 und 18–24 Uhr.
Museen: Meist Di–So 8–15 Uhr, in der Saison mitunter auch Mo.

Post (ELTA)

Briefmarken *(grammatósima)* gibt es auch am Kiosk und in Souvenirläden. Eine Postkarte oder ein Standardbrief bis 20 g in andere EU-Staaten kosten 70 Cent. Die Post nach Deutschland wird per Luftpost befördert und braucht etwa eine Woche.
Hauptpost Rhodos: Platia Eleftherias (gegenüber der Kirche Evangelísmos) Mo bis Fr 7.30–20 Uhr

Rauchen

In allen Büros und Geschäften, in Bussen und Taxis sowie in den öffentlichen Räumen von Hotels und in den geschlossenen Bereichen von Cafés und Tavernen ist das Rauchen verboten. Auf Schiffen darf nur an Deck geraucht werden. Allerdings wurde das Gesetz 2011 gelockert, sodass jetzt in Discos, Bars, Casinos und traditionellen Musikclubs wieder geraucht werden darf.

Reisekasse und Preise

Griechenland war vor dem EU-Beitritt ein sehr preiswertes Reiseziel, hat heute jedoch fast deutsches Niveau. Dazu ist es seit der Euro-Einführung in den touristischen Bereichen zu teils drastischen Preiserhöhungen gekommen – für zwei Liegen plus Schirm am Strand werden heute 8 € verlangt.

Privatzimmer kosten 30–70 € ohne Frühstück für zwei Personen, in den Hotels der Mittelklasse (s. S. 26) kommt man für 60–115 € unter. Die Preise einfacher Tavernen liegen unter denen deutscher Restaurants; in touristischen

Lokalen nicht selten sogar darüber. Vor allem bei Fischplatten kann man unliebsame Überraschungen erleben.

Reisen mit Handicap

Nur die Top-Hotels sind behindertengerecht gebaut. Ansonsten ist Rhodos ein sehr schwieriges Terrain, weder Busse noch Museen oder Restaurants sind gut auf Rollstuhlfahrer eingestellt. Behinderte sind auf jeden Fall auf eine Begleitperson angewiesen.

Sicherheit

Griechenland darf immer noch als das ungefährlichste Reiseland Europas gelten. Auch Betrügereien von Souvenirhändlern, Taxifahrern etc. sind sehr selten, nur zur Hochsaison in den Touristenzentren sollte man etwas mehr aufpassen. Kopien aller wichtigen Dokumente (Ausweise, Kfz-Papiere, Flugtickets) sind im Verlustfall hilfreich und sparen viel Zeit bei der Ausfertigung der Ersatzpapiere.

Die griechische Polizei ist – zumindest wenn es sich nicht um ernste Kriminalität wie z. B. Rauschgiftdelikte (!) handelt – sehr zurückhaltend. Polizei-Büros gibt es in Rhodos-Stadt, Líndos, Archángelos, Kremastí, Ialyssós und am Flughafen. Notruf: Tel. 100 oder 112 An die Touristenpolizei kann man sich bei ernsthaften Beschwerden und Betrugsangelegenheiten wenden.
Touristenpolizei Rhodos:
Alex. Papagou, Tel. 22410 2 74 23

Souvenirs

Rhodos-Stadt und Líndos sind die großen Souvenirmärkte auf Rhodos. Neben Kitsch und Massenware kann man auch sehr schönes Kunsthandwerk (Keramik, Schmuck, Holzschnitzereien, handgeknüpfte Teppiche) mit künstlerischem Anspruch finden.

In Rhodos-Stadt verkaufen zahlreiche Läden zudem Lederkleidung und Pelzmäntel. Darüber hinaus gibt es Kupfer- und Messingarbeiten sowie Schwämme, man kann Heiligen-Ikonen kaufen oder sich selbst von Malern in Farbe oder in Schwarzweiß porträtieren lassen.

In Líndos bieten die Frauen gestickte Decken an, in den Bergdörfern Siána und Émbona auch Webteppiche, die aber zumeist Fabrikware sind.

Mein Tipp

Echte Schwämme
Ein ganz besonderes Mitbringsel von Rhodos sind echte Schwämme – schließlich sind die Dodekanes-Inseln ein Zentrum der Schwammtaucherei. Man findet sie in Souvenirläden in den großen Touristenorten, besonders günstig aber kauft man von einem Boot am Kolóna-Hafen vor dem Marine-Tor von Rhodos-Stadt oder auf der Insel Sými.

Telefonieren

Von **Telefonzellen** kann man nur mittels Wertkarten *(tilekárta)* telefonieren, die bei der OTE, aber auch an Kiosken oder in Supermärkten erhältlich sind (zu 3 €, 6 € und 9 €). Für Gespräche vom Hotelzimmer zahlt man erhebliche Aufschläge (bis 200 %).
Hauptzentrale der OTE:
Odos Amerikis, tgl. 8–23 Uhr.

Handy

Mit dem eigenen **Mobiltelefon** kann man im GSM Roaming auf ganz Rhodos und auch auf den kleinen Nachbarinseln problemlos telefonieren. Die Tarife (innerhalb der Europazone) sind inzwischen relativ günstig, doch zahlt man für eingehende Anrufe die Verbindung aus dem Heimatland. Wer viel telefonieren will, kann eine Prepaid-Karte kaufen, z. B. vom Marktführer Cosmote oder von Vodafone. Dabei muss der Personalausweis vorgelegt werden.

Auch wenn man innerhalb Griechenlands mit einem deutschen Teilnehmer telefonieren will, muss man die internationale Vorwahl (+49) mitwählen. Bei griechischen Nummern ist das nicht nötig. Griechen ruft man übrigens besser auf dem Handy an als übers Festnetz, besonders zur Siesta zwischen 14 und 17 Uhr. Deutsche Handys suchen sich automatisch ein Partnernetz, aber Achtung bei der Netzwahl: Manche griechischen Betreiber (wie z. B. Panafon) setzen viele Werbe-SMS ab, die erhebliche Kosten verursachen können. Grundsätzlich sollte man auch die Mailboxfunktionen ausschalten, um unnötige Kosten zu vermeiden.

Internationale Vorwahlen

Griechenland: 00 (+) 30
Deutschland: 00 (+) 49
Schweiz: 00 (+) 41
Österreich: 00 (+) 43
Bei Gesprächen nach Griechenland ist anschließend die vollständige zehnstellige Rufnummer zu wählen. Bei Gesprächen nach A, CH, D entfällt die führende Null der Vorwahl.

Telefonieren im Land

Es gibt keine Ortsvorwahlen. Bei innergriechischen Gesprächen ist stets die zehnstellige Nummer zu wählen.

Bei den Angaben der **Telefonnummer** herrscht viel Durcheinander. Seit der Umstellung 2002 sind alle Nummern zehnstellig, doch werden auf Visitenkarten und Prospekten oft nur die letzten fünf Nummern, der eigentliche Anschluss, angegeben. Davor muss man immer wählen: 2 + die letzten drei Ziffern der alten Vorwahl + 0.

Toiletten

Der Standard griechischer Toiletten ist berüchtigt, oft fehlen die Sitzbrillen ganz. Auf Rhodos besitzen aber die meisten modernen Restaurants akzeptable ›stille Örtchen‹. Das Papier wirft man stets in einen nebenstehenden Eimer (damit es nicht im Meer wieder auftaucht). Toilettentüren sind durch die Aufschrift ΑΝΔΡΩΝ (Männer) oder ΓΥΝΑΙΚΩΝ (Frauen) oder durch Piktogramme gekennzeichnet.

Trinkgeld

In den touristischen und den modernen Lokalen und Kneipen ist Trinkgeld gern gesehen; man lässt es beim Gehen einfach auf dem Tisch liegen. Beträge unter 1 Euro wirken jedoch eher beleidigend – viel oder gar nicht lautet die Devise. In traditionellen Kafénia sind Trinkgelder, jedenfalls für den Wirt selbst, eher unüblich.

Auch Taxifahrer, Hotelboys und Reiseleiter erwarten ein Trinkgeld.

Zeit

Griechenland gehört zur osteuropäischen Zeitzone (OEZ). Man stellt die Uhr bei der Einreise also um eine Stunde vor. Auch in Griechenland gilt die EU-Sommerzeit-Regelung.

Panorama – Daten, Essays, Hintergründe

Als sei seit dem Mittelalter nichts verändert worden: die Ritterstraße in Rhodos-Stadt

Steckbrief Rhodos

Daten und Fakten

Fläche: Mit ca. 1400 km^2 ist Rhodos (gr. Ródos) die viertgrößte griechische Insel (nach Kreta, Evia und Lesbos).
Hauptstadt: Rhodos-Stadt, ca. 70 000 Einwohner (Schätzung 2010).
Sprachen: Griechisch, Englisch ist sehr verbreitet.
Landesvorwahl: 00 (oder +) 30
Zeitzone: OEZ = MEZ+1, es gilt die EU-Sommerzeit
Internationale Vorwahl: 00 (oder+) 33

Geografie und Natur

Etwa auf Höhe von Líndos überschreitet Rhodos den 36. Breitengrad, liegt damit auf gleicher Höhe wie Malta und Gibraltar, nördlicher aber als Kreta, dem es das Südende zukehrt. Die Nordspitze weist zum türkischen Festland, mit dem die Insel früher in enger Beziehung stand.

Durch die kaum 18 km breite Meerenge zwischen der Nordwestküste und dem kleinasiatischen Festland fuhren seit frühester Zeit die Handelsschiffe auf der Route nach Ägypten, was der Stadt Rhodos enorme strategische Bedeutung gab. Die Ostküste schaut aufs inselfreie Meer, das bald auf Tiefen über 4000 m abfällt, die Westküste ist der Inselgruppe des Dodekanes zugewandt. Der Name bedeutet auf Griechisch ›Zwölf Inseln‹; man bezeichnet damit die kleineren Inseln nahe der kleinasiatischen Küste. Rhodos gehört historisch nicht dazu, ist aber heute die Hauptstadt der Region Südliche Ägäis.

Die höchste Erhebung ist der Óros Attávyros mit 1216 m Höhe. Der Rest der Insel erscheint gemäßigt hügelig mit Höhen zwischen 400 und 600 m. Bis auf wenige Ausnahmen ist Rhodos sehr grün, ganz im Gegensatz zu den

anderen Dodekanes-Inseln, die wie andere Ägäis-Inseln aus weiten, kahlen Geröllflächen bestehen.

Geschichte und Kultur

In der Antike war die 408 v. Chr. gegründete Stadt Rhodos zusammen mit Athen die bedeutendste griechische Stadt, berühmt als Handelsmacht, für ihr künstlerisches Schaffen und den »Koloss von Rhodos«, eines der sieben Weltwunder.

Im Mittelalter war die Insel ab 1309 Sitz des autonomen Ritterordens der Hospitaller (Johanniter, später Malteser), der Rhodos-Stadt zu einer einzigartigen spätgotischen Festung ausbaute. Unter osmanischer Herrschaft seit 1522 siedelte sich eine große jüdische Gemeinde an, aus der im 19. Jh. bedeutende Bankhäuser hervorgingen. Die Griechen von Líndos beherrschten den Handel zwischen Venedig und Istanbul.

1912 besetzte Italien Rhodos und die Dodekanes-Inseln und betrieb bis 1943 eine sehr intensive Kolonisierungs- und Modernisierungspolitik. Erst nach dem Zweiten Weltkrieg kam Rhodos zu Griechenland.

Staat und Verwaltung

Griechenland ist mit der Verfassung von 1975 Republik geworden. Das

Land gliedert sich seit 2010 in 13 Regionalbezirke *(Periféria)*, diese sind zu 7 Direktionen *(Apokendoméni Diíkisi)* zusammengefasst. Rhodos bildet jetzt mit Sými, Tílos, Chálki und Kastellórizo einen Regionalbezirk innerhalb der Direktion Südägäis (gr. *Notio Aigaio)*. Die Regierung Griechenlands wird seit 11. November 2011 von einer aus mehreren Parteien bestehenden Übergangsregierung unter Ministerpräsident Loukas Papademos gestellt. Er löste Ministerpräsident Giorgos Papandreou ab, der sein Amt wegen der Schuldenkrise zur Verfügung gestellt hatte.

Wirtschaft und Tourismus

Nach offiziellen Zahlen erwirtschaftete Griechenland pro Einwohner ein Bruttoinlandsprodukt von ca. 29 600 US-$ (2009). Doch fast alle ökonomisch potenten Betriebe konzentrieren sich im Großraum Athen; die ländlichen und gebirgigen Regionen sind dagegen stark unterentwickelt. Wichtigster Devisenbringer ist der Tourismus mit 9–13 Mio. Besuchern per anno in den letzten Jahren. Größter Handelspartner ist Deutschland mit ca. 10 % des Exports wie des Imports. Der Agrarsektor schrumpft stark und macht nur noch 3,3 % des BIP aus, die Industrie erwirtschaftet 13,8 %. Aufgrund der Finanzkrise wird für die nächsten Jahre ein negatives Wachstum erwartet; die Staatsverschuldung liegt inzwischen bei 170 % des Inlandprodukts.

Bevölkerung

Der Regionalbezirk *(Periphéria)* Rhodos hat rund 120 000 Einwohner, davon leben allein etwa 70 000 in Rhodos-Stadt. Im Gegensatz zu den meisten anderen griechischen Inseln weist das ökonomisch sehr aktive Rhodos ein Bevölkerungswachstum auf (plus 15 000 in 10 Jahren). Von den 11 Mio. Einwohnern Griechenlands sind 98 % Griechen, daneben gibt es kleine albanische, bulgarische und türkische (u. a. auf Rhodos) Minderheiten. Über 6 Mio. Griechen leben im Ausland, hauptsächlich in den USA, Kanada und Australien.

Religion

Alle Griechen sind von Geburt an Mitglieder der griechisch-orthodoxen Kirche. Rhodos ist Sitz eines Metropoliten (Erzbischofs), der auch für die Inseln Sými, Chálki, Tílos und Níssyros zuständig ist. Die Metropolie untersteht jedoch nicht der griechischen Kirche, sondern dem Ökumenischen Patriarchen von Konstantinopel (Istanbul). Die türkischstämmigen Einwohner auf Rhodos bilden eine durch den Lausanner Vertrag von 1923 geschützte muslimische Minderheit – allerdings hat ihre Zahl seit dem Zypern-Konflikt 1974 durch Abwanderung in die Türkei und aktuell auch Überalterung sehr stark abgenommen.

Die Inseln des Dodekanes

Geschichte im Überblick

	Vorgeschichte
Ab 6000 v. Chr.	Erste nachgewiesene Besiedlung, von Kleinasien aus.
um 2000 v. Chr.	Auf den Inseln siedeln Karer; Kanaaniter und Phöniker unterhalten Handelsstützpunkte auf Rhodos; ihnen folgen ab 1700 die Minoer aus Kreta (mittelhelladische Kultur).
1450 v. Chr.	Die mykenischen Achäer vom Peloponnes, das Volk der homerischen Mythen, verdrängen die Minoer.
1000 v. Chr.	Die Dorer wandern über die Peloponnes-Halbinsel und Kreta nach Rhodos ein und gründen die Städte Líndos, Ialyssós und Kámiros.
	Archaische Periode (1000–500 v. Chr.)
8. Jh. v. Chr.	Die drei dorischen Städte von Rhodos schließen sich mit Kós, Knidos und Halikarnassos zum dorischen Sechsstädtebund (Hexapolis) zusammen.
690 v. Chr.	Rhodos unterhält Handelsbeziehungen im ganzen Mittelmeerraum und gründet Kolonien in Sizilien und an der Südküste Kleinasiens.
550 v. Chr.	Der Tyrann Kleoboulos, der zu den Sieben Weisen der Antike gezählt wird, lässt in Líndos den ersten steinernen Athena-Tempel errichten.
	Klassische Periode (500–336 v. Chr.)
480 v. Chr.	In den Perserkriegen steht Rhodos auf Seiten der Perser, nach deren Niederlage wird es ein Vasall Athens und gehört ab 477 v. Chr. dem Delisch-Attischen Seebund an.
430 v. Chr.	Beim Ausbruch des Peloponnesischen Krieges kommt es in Rhodos zum Bürgerkrieg, die Demokraten kämpfen für Athen, die Oligarchen mit den Spartanern.
408 v. Chr.	Gründung der neuen Stadt Rhodos, die bald zu einem bedeutenden Handelshafen aufsteigt.
357 v. Chr.	Rhodos wird durch den karischen Herrscher Maussollos aus Halikarnassos (heute Bodrum) in ein Bündnis mit den Persern und zum Abfall von Athen gezwungen.
	Hellenismus (336–42 v. Chr.)
334 v. Chr.	Das mit Persien verbündete Rhodos unterwirft sich Alexander dem Großen, kann seine Monopolstellung im Handel mit Ägypten jedoch halten.

305 v. Chr.	Demetrios, Sohn des kleinasiatischen Alexander-Nachfolgers Antigonos, belagert die Stadt Rhodos acht Monate erfolglos. Als Siegesmal errichten die Rhodier anschließend eine monumentale Helios-Statue am Hafen, den »Koloss von Rhodos«.
3. Jh. v. Chr.	Aufgrund des wirtschaftlichen Aufstiegs wird Rhodos ein Zentrum des hellenistischen Kunstschaffens (»Laokoon-Gruppe«, »Nike von Samothrake«).
227 v. Chr.	Ein Erdbeben stürzt den Koloss um; das Orakel zu Delphi bestärkt die Rhodier, die Trümmer einfach liegen zu lassen.
200 v. Chr.	Rhodos ruft die Römer gegen Makedonien zu Hilfe. Nach deren Sieg erhält es Gebiete auf dem kleinasiatischen Festland (Karien, Lykien).
167 v. Chr.	Rhodos verärgert die Römer durch mangelnde Unterstützung im Krieg gegen König Perseus von Makedonien. Rhodos verliert sein Handelsmonopol und auch die Festlandgebiete in Lykien und Karien.
	Römische Zeit (42 v. Chr.–395 n. Chr.)
42 v. Chr.	Im Bürgerkrieg nach der Ermordung Caesars plündert Cassius die Stadt Rhodos.
70	Kaiser Vespasian gliedert Rhodos als Teil der Provinz Asia Minor in das römische Reich ein.
155	Große Teile der antiken Stadt fallen einem Erdbeben zum Opfer. In der wirtschaftlichen Krise des Römischen Reichs im 3. Jh. beginnt die Verödung der einstigen Metropole.
	Oströmische (Byzantinische) Zeit (330–1309)
330	Kaiser Konstantin der Große verlegt die Hauptstadt in den Osten nach Konstatinopel und lässt Tausende Statuen aus Kleinasien dorthin schaffen. Rhodos verliert zahllose hellenistische Kunstwerke, aber auch die monumentale bronzene Athena-Statue von Líndos.
653/54	Während der arabischen Besetzung Kretas wird Rhodos wiederholt von den ›Sarazenen‹ (Arabern) geplündert, auch die Trümmer des Kolosses werden fortgeschafft.
	Johanniterzeit (1309–1522)
1309	Die Ritter des Ordens des hl. Johannes (die Johanniter), durch Saladin aus Palästina vertrieben, erobern Rhodos und errichten einen eigenen, nur dem Papst unterstellten Staat.

1444 Erfolglose Belagerung von Rhodos durch die muslimischen Mamluken aus Ägypten.

1453 Konstantinopel wird durch die türkischen Osmanen erobert, Ende des Byzantinischen Reichs.

1480 Zweite erfolglose Belagerung von Rhodos durch den Osmanen-Sultan Mehmed II. Fatih, den ›Eroberer‹ von Konstantinopel.

1522 Dritte Belagerung von Rhodos durch Sultan Süleyman; nach sechs Monaten muss der Orden Rhodos am 1. Januar 1523 verlassen.

Osmanische Zeit (1523–1912)

1523 Direkt nach Übernahme der Stadt Rhodos beginnen die Türken mit dem Bau der Süleyman-Moschee. In den folgenden Jahrhunderten bleibt das mittelalterliche Baubild fast unverändert bestehen, nur viele Moscheen entstehen neu.

1571 Nach der osmanischen Niederlage in der Seeschlacht von Lepanto versuchen die griechischen Rhodier den Aufstand. Die Verschwörung scheitert, der orthodoxe Metropolit wird gepfählt.

1832 Gründung des neugriechischen Staates unter König Otto I. von Bayern; Rhodos aber bleibt wie alle Inseln vor der Küste Kleinasiens weiterhin türkisch.

Osmanische Grabsteine auf dem türkischen Friedhof in Rhodos-Neustadt

Italienische Zeit (1912–1943)

1912 Die Italiener erobern Rhodos. Durch den Vertrag von Lausanne 1923, der den griechisch-türkischen Krieg beendet, fällt der Dodekanes an Italien unter Benito Mussolini.

1943 Nach dem Waffenstillstand der Italiener mit den Alliierten besetzen deutsche Truppen die Insel; sie kapitulieren auf Rhodos erst nach dem Fall von Berlin – am 8. Mai 1945.

Neugriechische Zeit

1947 Rhodos und die Dodekanes-Inseln fallen an Griechenland.

1967–1974 Militärdiktatur in Griechenland; brutale Verfolgung linksgerichteter Oppositioneller. Die Junta stürzt, nachdem sie einen Putsch auf Zypern angezettelt hat und ein Krieg mit der Türkei auszubrechen droht.

1975 Ende der griechischen Monarchie durch Volksabstimmung.

1981 Griechenland wird EG-Mitglied.

1999 Das älteste Luxushotel von Rhodos, das ›Hotel des Roses‹ (Grande Albergo delle Rose), erbaut in den 1930er-Jahren unter den Italienern, wird als Casino wiedereröffnet.

2001 Durch rigide Sparpolitik (und Buchungstricks) gelingt Griechenland nachträglich der Beitritt zur Europäischen Währungsunion.

2004 Griechenland gewinnt die Fußball-EM und richtet die Olympischen Spiele aus. Im Frühjahr gewinnt die konservative ND die Parlamentswahlen, Konstantinos Karamanlis übernimmt die Regierung.

2008 Die ND wird durch ihre Sparpolitik immer unpopulärer; Buchungstricks verschleiern die enorme Staatsverschuldung.

2009 Bei vorgezogenen Wahlen übernimmt PASOK die Regierung.

2010 Nach Offenlegung der tatsächlichen Staatsverschuldung kann Griechenland sich nicht mehr refinanzieren und erhält 110 Mrd. € als ›Rettungsschirm‹ von der EU.

2012 Das Staatsdefizit klettert auf 170 % des BIP, Griechenland befindet sich faktisch im Staatsbankrott. Zur Rettung des Euro zahlt die EU erneut 130 Mrd. €; im Gegenzug muss das Parlament weitere Sozialkürzungen beschließen.

Wie ein Delfin (mit Rhodos-Stadt auf der langen Schnauze, Líndos als Brust- und Monólithos als Rückenflosse) taucht die Insel aus dem Meer auf. Lang gestreckt schließt sie die Ägäis, das Meer der griechischen Inseln, gegen das offene Mittelmeer im Süden ab. Auf halber Länge, etwa auf Höhe von Líndos, quert Rhodos den 36. Breitengrad, liegt damit auf gleicher Höhe wie Malta und Gibraltar, nördlicher aber als Kreta, dem es das Südende zukehrt. Die Nordspitze weist zum türkischen Festland, mit dem die Insel in der Vergangenheit oft in enger Beziehung stand.

Insgesamt hat Rhodos keine so buchtenreichen Küsten wie die meisten anderen Inseln der Ägäis. Es überwiegen gerade, kilometerlange Küsten, die einzigen Naturhäfen liegen bei den alten Städten Rhodos und Líndos. An der dem Méltemi-Nordwind ausgesetzte Westküste überwiegen grobe Kiesel. Im Süden werden unerschlossene Kieselstrände von Steilfelsen unterbrochen, sandiger sind die Strände vor allem an der Ostküste.

Das Inselinnere wölbt sich hügelreich zu sanften, bewaldeten Kuppen, über die sich als höchster Berg der kahle Attávyros auf 1215 m erhebt. Neben diesem Brocken aus Granitgestein bestehen viele der Hügel aus quartären Sedimenten, also abgelagerten Sandmassen, durchsetzt von Meereskieseln und Muscheln. Diese geologische Struktur gab wohl Anlass zum Mythos von der von Göttervater Zeus aus dem Meer gehobenen Insel Rhodos (s. S. 58).

Rhodos – die grüne Insel

Durch die kaum 18 km breite Meerenge zwischen der Nordwestküste und dem kleinasiatischen Festland fuhren seit frühester Zeit die Handelsschiffe auf der Route nach Ägypten, was der Stadt Rhodos seit ihrer Gründung 408 v. Chr. enorme strategische Bedeutung gab. Die Ostküste schaut aufs inselfreie Meer, das bald auf Tiefen über 4000 m abfällt, die Westküste hingegen ist der Inselgruppe des Dodekanes zugewandt. Dieser Name bedeutet auf Griechisch ›Zwölf Inseln‹; man bezeichnet damit die kleineren Inseln nahe der kleinasiatischen Küste. Rhodos gehört historisch nicht dazu, ist aber die größte Stadt und ein Verkehrsknotenpunkt der Ägäischen Inseln.

Grüne Wälder, überragt vom Attavýros

Obwohl das Land fruchtbar ist, ist das Inland nur wenig besiedelt; die meisten Dörfer leiden unter Abwanderung. Mit zunehmender Entfernung zur Hauptstadt sinkt die Zahl der Einwohner (und Touristen) pro Quadratkilometer, bis sie zum Schluss, an der Südspitze, fast gegen Null tendiert. Seit dem Ausbau der Küstenstraße jedoch, die Rhodos asphaltiert einmal ganz umrundet, wird auch der Süden

Der Granatapfel
›Rhodos, die Roseninsel‹ – dieser werbeträchtige Slogan geht auf einen Irrtum zurück: *ródinos* ist das griechische Wort für ›rosa‹, aus dem Namen ›Die Rosige‹ wurde irgendwann ›Die Roseninsel‹, auch wenn es auf Rhodos kaum Rosen gibt. Der Wortstamm selbst ist aber viel älter: Eine Insel *rhod* taucht schon in Überlieferungen der Phöniker auf, in deren Sprache das Wort den Granatapfel *(Punica granatum)* bezeichnet. Dieser bis zu 5 m hohe Strauch trägt große, gefüllte rote Blüten mit gelben Staubfäden; im Herbst reifen die apfelförmigen Früchte mit süßsaurem Fruchtfleisch und dicken Kernen. In hellenistischer Zeit erscheinen Abbildungen seiner Blüte, die der der Rose sehr ähnlich sieht, auf rhodischen Münzen. Bis heute wächst der Granatapfel auf Rhodos in Vorgärten und an Wegrändern: Er ist eine uralte Symbolpflanze der Insel.

häufiger besucht. Doch während Küstenweiler wie Kiotári und Gennádi vom Hotelbau profitieren, dämmern die Orte im Landesinneren weiterhin im Dornröschenschlaf dahin – im Süden wie im Norden.

Eine grüne Insel

Die rhodische Landschaft erscheint grün und großzügig: Sie ist nicht von Terrassenmauern und kleinen Ackerparzellen geprägt wie die meisten Ägäis-Inseln. Zwar besitzt Rhodos wie alle griechischen Inseln keine ganzjährig wasserführenden Flüsse, aber doch zahlreiche Quellen, die noch im Sommer Wasser spenden. Statt felsigem Karstland herrscht eine üppige Pflanzenwelt vor. Die großen Waldzonen im wenig besiedelten Landesinneren haben ein für griechische Inseln ungewöhnlich grünes Gesamtbild zur Folge.

Typisch mediterran ist hingegen die Pflanzengesellschaft der Macchia, die den natürlichen Bewuchs von Ödlandflächen darstellt. Sie wird griechisch *frygána* genannt und traditionell als Weide für Ziegen und Schafe genutzt.

Pflanzen der Frygána

Die Frygána besteht aus ganz speziell an das Klima angepassten Arten. In der langen regenlosen Zeit des Mittelmeersommers können nur solche Pflanzen überdauern, die bestimmte Methoden der Anpassung entwickelt haben: Zwiebeln oder Knollen, um Wasser zu speichern (z. B. Iris, Orchideen), Blattformen wie Hartlaub oder Dornen, die wenig Wasser verdunsten lassen (z. B. Wacholder, Disteln).

An Wegesrändern sieht man häufig die **Dornbibernelle,** deren grüne Stengel mit roten Beeren neben blattlosen dornigen Seitenästen stehen. Dichte Polster bildet auch der würzig duftende **Thymian** und der wilde **Oregano.** Fast eine Charakterpflanze auf Rhodos ist der gelb blühende **Ginster,** der an den Straßenrändern oft riesige Polster bildet. Besonders hoch wachsende Arten der Frygána sind die bis zu 2 m hohe **Kermeseiche** mit dornig gezähnten Blättern und die sehr ähnliche **Steineiche.** Aus den hellrosa Früchten des bis zu 5 m hohen **Erdbeerbaums** mit langen, derben Blättern wird traditionell ein Likör hergestellt.

Kiefern und Oliven

An den Bergen Profítis Ilías und Psínthos stehen zumeist **Aleppokiefern,** ein bis zu 20 m hoher Nadelbaum mit lichter Krone und bis zu 15 cm langen Nadeln. Daneben sind **Edelkastanie** und **Zypresse** vertreten, Letztere ist auch häufig als heiliger Baum an Friedhöfen oder neben Kapellen zu finden. Wasserliebende Bäume wie **Platanen** und **Eukalyptus** sind vielfach in den Dörfern als Schattenspender angepflanzt worden.

Am häufigsten vertreten ist der **Olivenbaum,** der bis in etwa 400 m Höhe in großen Hainen angebaut wird. Die Ernte der Ölfrüchte erfordert größere Arbeitsleistungen nur von November bis März, zu einer Zeit also, wenn die Urlauber wieder fort sind. In der Tat sind viele Land besitzende Rhodier auf diese bequeme Nebenerwerbslandwirtschaft umgestiegen, seit es im Tourismus so viel Geld zu verdienen gibt.

Exoten am Wegesrand

Imposant ist die **Agave** mit ihrer Bodenrosette aus dickfleischigen wachsgrünlichen Blättern, die unter südlicher Sonne bis zu 2 m hoch werden. Nach etwa 10 Jahren bildet die aus Mittelamerika stammende Pflanze einen bis zu 8 m hohen Blütenstand (etwa an der Straße nach Triánda zu sehen), nach der Blüte stirbt sie ab.

Essbar, aber nur mit Vorsicht zu genießen, sind die süßen Früchte der **Opuntie,** des Feigenkaktus. Die kaktusähnliche, aus Mexiko stammende Pflanze kann bis zu 5 m hoch werden. Die Früchte sind süß und lecker, aber ebenso wie die dickfleischigen Blätter von Polstern winziger Stacheln mit Widerhaken besetzt, die schlimme Hautentzündungen verursachen können.

Inseln rings um Rhodos

Auch die Inseln rings um Rhodos haben durch den Tourismus einen deutlichen Aufschwung erlebt. Zur beliebtesten Ausflugsinsel hat sich dabei das mit seiner neoklassizistischen Architektur so reizvolle Sými gemausert. Aber auch die Vulkaninsel Níssyros im Norden wird gern besucht, während Chálki vor der Westküste oder Kastellórizo weit im Osten vor der türkischen Küste Refugien für sehr stille Urlaubstage sind.

Diese Inseln zeichnet im Gegensatz zu Rhodos die ökologische Mangelsituation aller ägäischen Inseln aus. Weit dehnen sich die Geröllhänge, auf denen man sich kaum eine Pflanze vorstellen kann, auf denen aber nach den Regenfällen des Winters eine farbenprächtige Blumendecke sprießt.

Karibik-Muscheln
Auf Rhodos werden oft prachtvolle Muscheln verkauft. Aber Achtung: Sie stammen zumeist aus der Karibik oder Südostasien, viele Sorten fallen unter die Bestimmungen des Washingtoner Artenschutzabkommens. Wenn man sie mitnimmt, kann es erhebliche Probleme mit dem Zoll geben.

Wo Helios die Nymphe Rode küsste – von Mythen und Göttern

Rhodos, die Sonneninsel – das ist nicht nur auf das gute Wetter gemünzt. Die Insel galt in mythischer Vorzeit als Besitz des Sonnengottes Helios, der bis in römische Zeit als oberster Gott der Insel verehrt wurde.

Folgt man geduldig den Spuren der bis ans Ende des zweiten Jahrtausends zurückreichenden Überlieferung, entwirrt die von den späteren Dichtern aufgezeichneten Götterstammbäume, dann fügt sich das Puzzle zu einem Nachhall frühester Geschichte zusammen: von erster Besiedlung, Kämpfen um Landgewinn, Städtegründungen.

Die ersten Götter von Rhodos – so überliefert Diodorus Siculus – waren die **Telchinen,** und zwar lange bevor Zeus als Göttervater auf dem Olymp residierte. Sie beherrschten geheime Künste und schmiedeten für den Titan Kronos, den Vater des Zeus, die gezackte Sichel, mit der ihn der Sohn später entmannte. Der Meeresgott Poseidon, der Bruder des Zeus, wuchs bei ihnen auf, und ihm gaben sie den Dreizack, mit dem er Quellen aus dem Felsen schlagen konnte.

Rhode

Auf Rhodos zeugte Poseidon mit Halia, einer Schwester der Telchinen, sechs Söhne und die Nymphe Rode, die der Insel ihren Namen gab. Nach dieser Überlieferung besaß Rhodos also eine kleinasiatische Urbevölkerung, die vor

Büste des Sonnengottes Helios im Archäologischen Museum

den griechischen Stämmen die Kunst der Metallverarbeitung beherrschte.

Die sechs Söhne des Poseidon scheinen ähnlich streitsüchtig wie ihr Vater gewesen zu sein. Als sie jedoch die Afrodite, ursprünglich eine zyprische Göttin , beleidigten, stürzte diese sie in den Wahnsinn, sodass sie sogar ihre eigene Mutter vergewaltigten. Darauf schickte Poseidon eine Flut, die die Unholde von der Insel Rhodos vertilgte. Nur Rode blieb als Erbin zurück.

Helios

Zu dieser Zeit spielt wohl die Geschichte, die der Dichter Pindar in seiner 7. Olympischen Ode überliefert. Da hatte Zeus gerade alle Länder unter den Göttern verteilt, Helios, der den Sonnenwagen über das Firmament lenkte, jedoch vergessen. Zeus wollte die Welt schon erneut aufteilen, doch Helios meinte, er habe auf seinem Wege ein neues Land gesehen, das gerade aus dem Meer aufsteige – dieses wolle er haben. Zeus erfüllte diesen Wunsch, und Helios heiratete die Nymphe Rode, die ihm sieben Söhne gebar.

Die **Heliaden** waren berühmt für ihre Fertigkeiten in der Astronomie und der Schifffahrt, was man als besondere Eigenschaften auch den Phönikern zusprechen kann, die auf der Insel bereits vor Ankuft der ersten Griechen Stützpunkte errichtet hatten.

Athena

Anspruch auf die Gründung der drei rhodischen Städte erheben zwar auch die Heliaden, doch muss auch noch von den **Danaiden** die Rede sein. Dies waren die Töchter des Danaos, die aus Libyen vor der Verfolgung des König Aigyptos fliehen mussten. Sie kamen zuerst nach Rhodos, wo sie ihrer Schutzgöttin Athena einen Tempel errichteten. Drei der Töchter, Linda, Kameira und Ialyssa starben auf Rhodos, nach ihnen sollen die drei rhodischen Städte der Antike benannt sein.

Tatsächlich könnte es sein, dass der Kult der Athene zusammen mit dem Ölbaum, ihrer heiligen Pflanze, aus Libyen nach Griechenland eingeführt wurde – so wie auch ihre Tracht, die Ägis, noch heute in libyschen Sahara-Oasen getragen wird. Der Athena-Tempel auf der Akropolis von Líndos wäre dann der erste Griechenlands. Damit ließe sich erklären, dass es auch der einzige war, in dem nur feuerlose Opfer dargebracht wurden.

Tlepolemos

Von der mykenischen Einwanderung von der Peloponnes nach Rhodos erzählt schließlich Homer. In der Ilias, dem Bericht des Kampfs um Troia, befindet sich unter den Griechen auch Tlepolemos, einer der Söhne des Herakles, der nach Rhodos gezogen war und dort als König herrschte: »Und Tlepolemos, der Heraklide, der tüchtige und große / Führte aus Rhodos neun Schiffe der Rhodier«. Vor Troia fällt er dann im Zweikampf gegen den lykischen Helden Sarpedon, einen Bruder des kretischen Königs Minos.

Pausanias überliefert im Nachgang eine kleine Anekdote über Tlepolemos' Frau Polyxo, die sich aus Trauer über den Tod ihres Gemahls an der Ursache ihres Leids, der schönen Helena, rächte. Helena soll nach der Zerstörung Troias nach Rhodos gekommen sein, um der Athena Lindia zu opfern. Dabei ließ Polyxo sie von ihren Dienerinnen ermorden.

Lange Nächte und eine kleine Freiheit – die Fischer

Jedes Mal, wenn die Fähre von Kálymnos nach Rhodos in Tílos Halt macht, steht Manoli am Anleger. Neben ihm stapeln sich flache Holzkisten, jede einzelne unter der schweren Plastikfolie voll mit dem, was das Meer nachts hergab.

Manoli ist Fischer, und mit ihm stehen auch die anderen Fischer von Tílos am Kai. Seit dem Morgen haben sie aus ihren Netzen die beste Ware aussortiert und mit Eis gepackt, zwei Kästen sind es diesmal gewesen. Wenn die Fähre beladen wird, schleppen Manolis und seine Kollegen die triefenden Kästen an Bord, vier Stunden später sind sie in Rhodos. Dort werden sie von einem Zwischenhändler in Empfang genommen, der den Wert der Ware berechnet. 6 Euro das Kilo erhält Manoli für einen guten Speisefisch wie etwa die Barboúnia, die rote Meerbarbe, für ca. 26 Euro das Kilo wird der Fisch dann im Restaurant verkauft.

Arme Teufel

Fischer werden »nur die armen Teufel, die Landlosen und die auch sonst keinen nahrhaften Beruf finden«, schrieb Johannes Gaitanides 1959 über den Beruf von Manoli; viel geändert hat sich bis heute nicht. Die Fischer sind gänzlich abhängig von Zwischenhändlern, die die Preise diktieren. Ihre Arbeit auf den kleinen Booten ist immer noch gefährlich und findet zu einer Zeit statt, wenn andere Leute längst schlafen. Frühestens gegen 21 Uhr, häufig aber erst um 2 Uhr morgens fahren die Fischer los. Vormittags müssen sie die Netze säubern, da bleibt nur eine lange Siesta zur Erholung, und dann geht es wieder raus. Dieser Arbeitsrhythmus trennt den Fischer vom Rest des Dorfes; schon der antike Philosoph Platon verspottete die ›Sklavenarbeit‹ auf dem Meer.

Viel hat sie noch nie eingebracht. Die Ägäis ist ein relativ fischarmes Meer; die jahrzehntelange Dynamitfischerei tat ein Übriges. Heute lohnt sich auch diese barbarische Methode nicht mehr, die sämtliche Fischbrut vernichtet und manchen Fischer verstümmelt hat. Aus dem früheren Volksnahrungsmittel wurde so ein Luxusartikel. So muss heute Fisch sogar importiert werden, z. B. aus Ägypten, bzw. in Aquafarmen gezüchtet werden. Allein für die Goldbrasse (Dorade, gr. *tsipóura)* wird derzeit das Verhältnis von Wildfang zu Zuchtfisch schon auf 1:3 geschätzt.

Der Mann und das Meer

Fischer sind heute meist Träumer, Leute, die nicht mittun wollen beim großen Run auf das Geld. So wie Yannis aus Kássos. Auf Léros ist er geboren, sagt er, aber dort sei es zu hektisch, Fisch gäbe es dort auch nicht mehr viel. So ist er nach Kássos gekommen, hat ein kleines Haus, ein Boot, Frau und Kinder – und viel Zeit. Yannis hat sich auf Hummerfang spezialisiert. Der *ástakos* bringt in Rhodos gutes Geld, um 10 Euro pro Stück, die Touristen in den großen Ferienzentren auf Rhodos, Kós oder Kreta zahlen zwischen 65 und 80 Euro. Yannis weiß die besten Plätze, wo er mit dem Grundschleppnetz in einer Nacht so viele Tiere fängt, dass es für eine Woche reicht.

Grundschleppnetze vernichten bei ihrer Fahrt über den Meeresboden zwar die Laichgründe der Fische und sind daher nur sechs Monate im Jahr erlaubt – allerdings ist das Meer groß und die Polizei weit weg.

Die meisten Fischer auf den Inseln fahren mit kleinen Motorbooten aufs Meer, gerade mal 3 x 8 m messend. Zwei oder drei Mann Besatzung reichen aus, um das nur 1,20 m breite, aber bis zu 500 m lange Schleppnetz zu Wasser zu lassen und nach zwei Stunden Fahrt wieder an Bord zu ziehen. Doch die Ausbeute, die die Männer auf der Rückfahrt aus dem Netz klauben, ist karg.

Das ist wohl auch der Grund, der Yannis nach Kássos verschlagen hat: »Was soll ich in Rhodos den Touristen nachlaufen und vor den Hotelbossen dort buckeln? Hier bin ich mein eigener Herr ...«, sagt er, angelt noch einen Happen gegrillten Oktopus vom Teller und lacht.

Der Oktopus
Der achtarmige Tintenfisch oder Krake, gr. *achtapódi,* kann leicht von Schnorcheltauchern gejagt werden und ist ebenso wie der Seeigel ein beliebter Bestandteil der Küche griechischer Familien am Meer. Sollte man mal probieren, wenn er in einer Taverne auf der Karte steht.

Oliven – das griechische Lebenselixier

Ende Oktober sind die meisten Rhodier ganz froh, dass nun fast alle Touristen wieder nach Hause gefahren sind. Denn im November beginnt die Olivenernte – das Öl der Oliven ist einer der bedeutendsten Verdienstzweige auf der Insel, die zu großen Teilen von Ölbäumen bedeckt ist.

Diese Bäume sind bis heute nicht in den Händen großer Grundbesitzer konzentriert – fast jede rhodische Familie besitzt einige Bäume, zum Teil an mehreren verschiedenen Stellen rund um das Dorf verstreut oder sogar weiter entfernt. Die Ernte beginnt nach den ersten Regenfällen Mitte November, denn die Früchte sollen sich noch einmal richtig vollsaugen können, und ist sehr mühsam: Sie vollzieht sich zumeist immer noch so, wie sie schon ein Vasenmaler im 6. Jh. v. Chr. dargestellt hat: Die einen schlagen die Früchte mit Stöcken von den Zweigen, die anderen sammeln sie mit gebeugtem Rücken auf. Wer einmal bei der Ernte helfen will, sollte sich das gut überlegen. Und den Bericht meines Freundes Hans-Georg lesen, der in einem Dorf auf Rhodos ein Haus gekauft hat – und natürlich ein Stück Land mit ein paar Olivenbäumen dazubekommen hat.

Ernte mit Schmerzen

»Heute waren wir den dritten Tag Olivenpflücken – man glaubt nicht, wie das auf den Rücken geht. Pflücken ist auch sowieso der falsche Ausdruck. Denn einer schlägt mit einem langen Stock oben im Baum gegen die Zweige, bis die Oliven herunterfallen, und das gemeine Fußvolk (also wir) kriecht auf allen Vieren im Acker herum und sammelt alles auf. Unter vielen Bäumen sprießen Gras und grüne Kräuter bis zu 30 cm hoch und die heruntergefallenen Oliven müssen dazwischen herausgesucht werden. Manchmal liegen die Oliven auch zwischen Steinen, manchmal auch noch in kleinen Dorngewächsen versteckt, die die Finger zerstechen. Aber ›unsere‹ Oliven haben wir nach zwei Tagen alle von den Bäumen: ca. 180 kg. Das soll so zwischen 45 und 50 Liter Öl geben.

Da unser griechischer Freund Giorgos geholfen hat, geht es aber weiter. Jetzt sind seine 80 Bäume dran ... Zunächst werden unter jedem Baum die heruntergefallenen Oliven aufgesammelt. Denn mindestens ein Drittel liegt schon unten. Dann werden große Netze ausgelegt, und Giorgos und Stergos bearbeiten mit langen Teleskopstangen, unten ein kleiner Elektromotor und oben eine rotierende Welle mit Plastikschnüren, jeden einzelnen Zweig. Das geht viel schneller als mit dem Holzstock – ist aber genau so mühsam.

Ob sich der ganze Aufwand lohnt? Mit fünf Personen sammelt man am Tag ungefähr 10 Kisten. Diese 250 kg Oliven bringen 60 Liter Öl. In der Olivenpresse bekommt man dafür 180 €. Den Stundenlohn für fünf Personen mit jeweils sechs Stunden rechnet man sich besser nicht aus. Zumal davon noch die Kosten für das Düngen, das Pflügen der Olivenhaine im Frühjahr und für das Zurückschneiden der Bäume im Januar den kargen Ertrag weiter schmälern.«

Oliven als Lebenselixier

Die Olivenernte ist auf Rhodos wohl mehr ein Hobby. Denkbar nur, wenn die Familie es allein macht. Doch wie sieht die Realität aus? Die Alten, die Rentner, die noch in den Dörfern wohnen, machen heute die Hauptarbeit. Die Kinder, wenn sie denn überhaupt noch auf Rhodos leben, helfen an wenigen Tagen – haben ihre Jobs in der Stadt und oft auch kein Interesse. Es steht zu befürchten, dass die landschaftsprägenden Olivenhaine nicht mehr lange bestehen werden. Und doch pflanzen die älteren Griechen, unbeeindruckt von dieser Entwicklung, wie seit Generationen, weiter und weiter neue, große Olivenhaine an.

Denn ohne Olivenöl ist der Grieche bzw. die Küche der Griechen undenkbar. Um die 16 kg verbraucht ein Griechen davon jährlich, und in bäuerlichen Gemeinden wird der Verbrauch noch viel höher liegen. Es ist ein echtes Lebensexilier, dessen gesundheitsfördernde Wirkung die Verfechter der Mittelmeerküche immer wieder herausstellen. In Griechenland gilt es zudem als eine Art Viagra des Bauern, ein Aphrodisiakum für Sie und Ihn. Frischverheirateten gibt man Brot mit dem allerbestem Öl, dem sogenannten Tropföl aus den ersten Sekunden der Pressung, mit in die Hochzeitsnacht.

Griechisches Olivenöl
Das Öl, das man auf Rhodos in den Dörfern kaufen kann, stammt aus den Olivenpressfabriken, in die die Bauern ihre Oliven bringen – ist aber 100 % pur Rhodos. Der Säuregehalt liegt bei 0,5 bis 0,7 mg/kg, also im Bereich »natives Olivenöl Extra«, die beste Sorte. Da die Produktion nicht in den Händen einiger großer Firmen ist, gibt es auch keinen Anlass, Ölpanscherei, wie sie in Italien bekannt wurde, zu befürchten.

Am Finanztropf Europas? Griechenland und die Brüsseler Politik

Dass Griechenland schon immer nur mit enormen Transferzahlungen aus den EU-Töpfen seine Wirtschaft stützen konnte, war eigentlich auch schon vor den ›Rettungsschirmen‹ der Jahre 2010 und 2011 klar. Nicht nur die Strukturbeihilfen von fast 10 Mrd. € pro Jahr, auch die in den griechischen Haushalt gepumpten Staatsanleihen kamen zu größten Teilen aus Europa.

Das Problem begann auch keinesfalls erst mit dem Beitritt Griechenlands zur Eurozone im Jahr 2001. Bereits Anfang der 1990er-Jahre war das Land für die EU Sorgenkind und Prügelknabe zugleich. Für Brüssel hatte sich das 10-Millionen-Volk seit dem EU-Beitritt finanziell als ein Fass ohne Boden erwiesen. Zwischen 1980 und 1993 kassierte das Land Netto-Einnahmen von 16 Mrd. Euro aus den verschiedenen Strukturhilfefonds, doch das Geld versickerte im Dickicht dunkler Kanäle von Ämterpatronage und bürokratischer Unfähigkeit. Das Land hielt sich als Schlusslicht in Europa und wurde in kurzer Zeit sogar von Portugal überholt.

Tricksen für Wohlstand

Nach 1996 griff Ministerpräsident Simitis, vom Internationalen Währungsfonds unter Druck gesetzt, in die Trickkiste: Mit einigen Sparreformen und einem sehr halbherzigen Subventionsabbau besänftigte er den Internationalen Währungsfond – und hinter den Kulissen ließ er die griechische Zentralbank mit gerissenen Buchungstricks die Zahlen frisieren. Schon damals lag die Quote der Staatsverschuldung bei ungeheuerlichen 110 % des Bruttoinlandprodukts – das Land hatte also mehr Schulden, als alle Griechen in einem Jahr an Werten erzeugten. Bei scheinbar verbesserten sonstigen Strukturdaten und einer Wachstumsrate von fast 4 % ließen sich die EU-Regierungschefs nicht lange bitten und beglückten auch Griechenland mit dem Euro. Pikanterweise war der Bruder von Ministerpräsident Simitis, Spíro Simitis, damals gerade Datenschutzbeauftragter in Hessen, eingesetzt noch von Hans Eichel – und der war als Finanzminister auf deutscher Seite für die Euro-Einführung zuständig und gut mit beiden Simitis-Brüdern befreundet.

Korruption und Nepotismus

Das ist ein schönes Beispiel für das, was man seit dem 19. Jh. schon als ›griechische Malaise‹ beschrieben hat. Beziehungen und Freundschaften sind Schmierstoffe für die eigene Karriere; man lässt die Reichen und Mächtigen gewähren, um auf ihre Hilfe hoffen zu können; Wahlstimmen werden in diesem System ebenso ›verkauft‹ wie Ämter, Jobs oder Genehmigungen. Die Ursprünge für dieses System – in Griechenland sagt man *rousféti,* Patronage – sind wohl im Osmanischen Reich zu suchen. Der Staat, das waren die anderen, die Muslime, die Christen mussten zusammenhalten. Ja, sogar ganz offiziell bildeten sie einen Staat im Staat, *millet* genannt und geführt von den Bischöfen. Da versucht man eben, mit allen Mitteln zu tricksen, spuckt sich gegenseitig nicht in die Suppe – und zahlt freiwillig möglichst gar nichts.

Und das im Kleinen wie im Großen: Da kassiert die Strandkneipe 8 € für zwei Sonnenliegen und gibt keine Kasenbons raus; am Jahresende hat man nur 9000 € verdient und zahlt keine Steuern. Da lassen Ärzte die Swimmingpools ihrer Villen (dafür wäre eine Luxussteuer fällig) mit Spezialfolien überdecken und melden auch die 5-Millionen-Euro Yacht im Hafen nicht an (spart wieder eine Luxussteuer); am Jahresende deklarieren sie 13 000 € Verdienst und zahlen auch keine Steuern. Auf 30 Mrd. € Verlust durch Steuerhinterziehung schätzt man den Schaden für die griechische Volkswirtschaft, auf 36 Mrd. € sogar die Höhe der nicht gezahlten Steuerschulden. Der Staat bekommt das Problem nicht in den Griff, weil niemand, auch kein Beamter, den Armen oder den Reichen schaden möchte.

Man möchte sagen, dass die Griechen, besser viele Griechen, noch nicht in der modernen Welt angekommen sind. Könnte aber auch sein, dass sie eine vorteilhaftere Umgehensweise mit einem globalisierten Finanzsystem haben, in dem binnen eines Jahres allein in Deutschland 120 000 000 000 € auf wundersame Weise einfach verschwinden.

Griechischer Ausverkauf

Die aktuelle Krise kann man wohl auch nur verstehen, wenn man etwas weiter zurückblickt. Denn letztlich ist die Wirtschaft Griechenlands schon durch den EU-Beitritt 1980 ruiniert worden. Das Land erlebte einen fulminanten Modernisierungsschub, durch den seine Märkte für ausländische Produkte geöffnet wurden. Zuerst eroberte ›Westware‹ den Zigarettenmarkt, dann brach der einheimische Biermarkt ein. 1987 meldete Fix, die letzte der traditionsreichen Bierbrauereien, die noch auf die Bayern im Gefolge des ersten Königs Otto zurückgingen, Konkurs an. Die wenigen leistungsfähigen Firmen wurden von ausländischen Investoren aufgekauft (z. B. die Metaxa-Werke, die inzwischen in der Hand der französischen Gruppe Rémy Cointreau sind).

Zum Schluss blieb nicht einmal der Nahrungsmittelsektor verschont. Unglaublich, aber wahr: Das Agrarland Griechenland führt billig holländische Tomaten, französisches Maisöl und dänischen ›Schafskäse‹ aus Kuhmilch ein, die eigenen Produkte werden teuer in Europa verkauft. Im Gegenzug kam ausländisches Kapital in gewaltigem Umfang ins Land, um Luxushotels zu bauen; große Flächen wurden mit Ferienvillen ins Ausland verkauft.

Export statt Selbstversorgung, Auslandsinvestition statt nachhaltigem Wachstum – letztlich hat dieses Standardrezept der EU Hellas an den Tropf der Finanzhilfen gebracht. Und da soll sich keiner wundern, wenn die Griechen nehmen, was sie kriegen können und nicht akzeptieren wollen, dass man ihnen jetzt die Sanierung des Euro aufbürden möchte.

Griechenland ohne den Euro

Hans-Georg Gross, aus Deutschland nach Rhodos gezogen, berichtet:

Den Euro braucht man gar nicht mehr, haben viele Griechen neuerdings entdeckt. Antonios (27 Jahre, studierter Bauingenieur) kündigte Anfang April seine Anstellung als Ingenieur, weil er schon vier Monate kein Geld mehr bekommen hatte. Bei der neuen Stelle ist sein Gehalt höher – allerdings hat er auch dort seit drei Monaten kein Geld bekommen. Ab und zu mal ein paar hundert Euro. Fest angestellt ist er sowieso nicht. Krankenkasse, Lebensmittel und das Benzin für die Fahrt zur Arbeit zahlen seine Eltern.

Die Stadt ›XY‹ hat beim Restaurant Panagiotis noch 2000 Euro an Schulden wegen eines opulenten Essens, die sie irgendwann mal zu bezahlen verspricht, und der Bautrupp, der im Dorf neue Wasserleitungen legt, hat seit zwei Wochen bei Panagiotis gegessen, ohne einen Euro zu bezahlen. Inzwischen hat der Bautrupp seine Arbeit aber eingestellt, da die Firma nur Subunternehmer ist und bisher auch kein Geld gesehen hat. Panagiotis lässt inzwischen schon beim Gemüsehändler anschreiben und die neue Schlafzimmereinrichtung wird frühestens nach dem Sommer bezahlt.

Man sieht – es geht auch ohne Euro...

Echt und ursprünglich – das orthodoxe Christentum

Die Orthodoxie repräsentiert in einer streng konservativen Form das frühe Christentum der spätantiken ökumenischen Konzilien. Die westlichen (lateinischen) Kirchen sind in ihren Augen häretische Abweichler vom wahren Glauben – Ketzer also.

Dabei beruft sich die orthodoxe Kirche auf das Zweite Nikäische Konzil aus dem Jahr 787, als die Bischöfe der gesamten Christenheit das letzte Mal versammelt waren. Ihr gilt alles, was danach im Westen an Glaubensneuerungen verkündet wurde, als ungültig. Politische Differenzen und der Filioque-Streit (die Frage, ob der Hl. Geist nur von Gott oder auch von Christus ausgeht) führten 1054 zur offenen Kirchenspaltung, dem ›Schisma‹. Diese ist bis heute nicht überwunden; eine Chance dafür bestünde wohl auch erst, wenn der Unfehlbarkeitsanspruch des lateinischen Papstes revidiert würde.

Was ist anders

Orthodoxe Christen erkennen weder die Führungsrolle des Papstes an, noch intellektuelle Zumutungen wie die unbefleckte Empfängnis, die Himmelfahrt, das Priesterzölibat oder das Fegefeuer. Das Abendmahl wird in beiderlei Gestalt (Brot und Wein als Leib und Blut Christi) gespendet, die Taufe durch dreimaliges vollständiges Untertauchen vollzogen.

Der wesentlichste Unterschied jedoch ist das Fehlen eschatologischer Vorstellungen: Statt eine Heilserlösung am Ende der Geschichte zu erhoffen, feiert der orthodoxe Christ in der Liturgie die Vergöttlichung der Welt,

In der Kirche

In einer orthodoxen Kirche darf man weder die Hände hinter dem Rücken verschränken noch die Arme vor der Brust übereinanderlegen. Männer dürfen keine Kopfbedeckung tragen, Frauen keine Hosen. Gläubige bekreuzen sich vor den Ikonen, jedoch anders als im Westen: von oben nach unten, dann von rechts nach links.

aufgrund der er in mystischer Weise Gott schauen und erkennen kann.

Die Orthodoxie ist daher nicht rational, aber auch nicht gewalttätig. Kreuzzüge und Mission sind ihr fremd, sie bietet nur eine Chance für das Mysterium der Erlösung.

Geheimnis der Ikonen

Als Ikonen bezeichet man die heiligen Bilder der orthodoxen Kirchen. Sie stellen geheiligte Personen oder biblische Szenen dar, und das in einer festen, seit über 1000 Jahren überlieferten Weise. Diese Bilder werden in den Kirchen und auch im Alltag intensiv verehrt, sollen sie doch die Gegenwart des Göttlichen in der Welt darstellen.

Um die Frage, ob die Ikone eine spirituelle Qualität habe und daher verehrt werden dürfe, tobte im 8. Jh. eine erbitterte Auseinandersetzung. Unter Hinweis auf das Bilderverbot des Alten Testaments verbot das 5. Konzil von Konstantinopel 754 die Bilderverehrung als Götzendienst. Das führte zum sogenannte Ikonoklasmus, der systematischen Zerstörung aller bildlichen Darstellungen in Kirchen und Klöstern. Auch die Bilderverehrer wurden verfolgt, teilweise mit blutigen Massakern. Erst 843 wurde der Bilderstreit zugunsten der Ikonenverehrung beendet und zugleich die radikal ikonoklastische Sekte der Paulikinaer vernichtet.

Die Ikone bzw. die Ausmalung von Kirchen wird bis heute nicht als ›Kunst‹ verstanden, sondern als Vergegenwärtigung einer ewigen Wahrheit – und folgt daher festen Darstellungsregeln. So lässt sich kein Unterschied ausmachen, ob eine Kirchenausmalung Hunderte von Jahren alt ist oder neueren Datums wie in der Kirche Ágios Nektários im Wald bei Kolýmbia (s. S. 226).

Liturgie und Feste

Das wichtigste Fest der Orthodoxie ist das Osterfest (s. S. 37) als Fest der Auferstehung. Da der Termin nach dem antiken Julianischen Kalender berechnet wird, liegt es mitunter bis zu fünf Wochen nach dem westlichen Osterfest. Nachgeordnet folgen gleichranging die Feiern des Zwölf-Feste-Zyklus, der von Mariä Geburt (Génesis tis Theotokoú, 8. Sept.) über z.B. Weihnachten, Taufe Christi und Pfingsten bis zu Mariä Entschlafung (Kímisis tis Theotokoú, 15. Aug.) reicht.

Die Liturgie der Messfeiern ist geprägt von lang dauernden Gesängen, Vorlesungen sowie Gebeten und geht bis ins 4. Jh. zurück. An hohen Feiertagen wird die sogenannte. Basilius-Liturgie über zweieinhalb, an Ostern die Göttliche Liturgie über fünf Stunden gefeiert, sonst begnügt man sich mit der Chrysostomos-Liturgie über eineinhalb Stunden. Auch der Gesang gilt als Gebet, daher gibt es keine Instrumentalmusik in der orthodoxen Kirche, denn Dinge können nicht beten.

Große Kirche im Bergdorf Siána

ΕΝ ΕΚΚΛΗΣΙΑΙΣ ΕΥΛΟΓΕΙΤΕ ΤΟΝ ΘΕΟΝ
ΙΕΡΟΣ ΝΑΟΣ
ΑΓΙΟΥ ΠΑΝΤΕΛΕΗΜΟΝΟΣ

Die Ikone von Moní Skiádi

Jedes Jahr zu Beginn der Fastenzeit geht eine rhodische Marienikone auf Reisen: das uralte, heilige Bild der Gottesmutter von Moní Skiádi, einem Kloster in der Macchia-Einsamkeit des südlichen Rhodos. Die Gläubigen sind davon überzeugt, dass der Evangelist Lukas diese Ikone eigenhändig und mit Einwilligung Mariens malte.

Mehr noch – sie gilt wie viele andere Ikonen in der so wenig rationellen Welt der Orthodoxie auch als eine der drei Lukas-Ikonen, für die die Engel selbst ihm das Holz brachten. Drei Eremiten fanden die Ikone einst – wahrscheinlich im 9. oder 10. Jh. – an der Küste von Rhodos, nachdem sie mehrere Nächte lang von Ferne einen eigenartigen Lichtschein am Ufersaum gesehen hatten.

Sie nahmen sie mit in ihre Einsiedelei, doch die Ikone verschwand auf wundersame Weise wieder. Die frommen Männer machten sich auf die Suche und fanden sie dort wieder, wo heute das Kloster Skiádi in der Macchia-Einsamkeit des südlichen Rhodos steht.

Der größte Teil des Klosters entstand zwar erst 1861, doch der Altarraum ist deutlich älter und geht auf eine Kreuzkuppelkirche aus dem 13. Jh. zurück.

Maria unterwegs

Seit wann die Marienikone von Skiádi alljährlich in der Fasten- und Osterzeit auf Reisen geht, weiß niemand zu sagen – es dürfte sich aber um eine sehr alte Tradition handeln. Ihr erstes Ziel ist die kleine Nachbarinsel Chálki. Die Insulaner holen sie in der ersten Fastenwoche ab und dürfen sie bis Gründonnerstag behalten. Am nächsten Tag bringen sie sie ins Kloster zurück, wo sie am darauffolgenden Lazarus-Samstag von Priestern und Gläubigen aus Monólithos abgeholt wird. Jetzt wechselt sie fast jeden Tag den Ort, wird über Émbona und Ágios Isídoros weitergereicht nach Ístrio, Arnítha und Apolakkiá. Am Karsamstag kehrt sie kurz ins Kloster Skiádi zurück, verbringt aber schon die Nacht zum Ostersonntag in Kattaviá. Nach Ostern gelangt sie schließlich noch nach Váti, Asklipío, Lachaniá und Mesanagrós, wo sie rechtzeitig zum Panigíri des Dorfes am Thomas-Sonntag eintrifft. Am Montag nach dem Ostermontag endet ihre Reise schließlich wieder im Kloster Skiádi.

Gottesdienste finden selbstredend in jedem Dorf statt, wenn die Marienikone anwesend ist. In vielen Dörfern wird sie in einer Prozession von Haus zu Haus und zum Friedhof getragen. In manchen Dörfern übernachtet sie in der Kirche, in anderen wird das Recht, sie unter dem eigenen Dach aufnehmen zu dürfen, an den Meistbietenden versteigert.

Das große Fest

Ein besonders großes Fest zu Ehren der Gottesmutter von Skiádi wird am Thomas-Sonntag und dem Montag danach am kleinen Kirchlein Ágios Thomás unterhalb der Straße von Lachaniá nach Mesanagrós begangen. Die winzige Kapelle mit Freskenresten aus dem 14. oder 15. Jh. steht in einem schattigen Zypressenwald. Unter den Bäumen sind Bänke und Tische aufgestellt, aus einem Brunnen sprudelt glasklares Wasser. Zicklein und Lämmer werden gegrillt, Musik spielt auf. Auf dem kreisrunden, mit weißen Kringeln bemalten Vorplatz der Kapelle wird an beiden Tagen bis weit nach Mitternacht getanzt.

Man hat ja allen Grund zur Freude: Aus der geistigen Anwesenheit der Gottesmutter, die die Ikone garantiert, schöpft man Vertrauen in das kommende Jahr. Und sollte doch etwas schiefgehen, kann man immer noch zu Maria ins Kloster pilgern und sich von ihr ein Wunder erhoffen. Schließlich hat man durch die Gastfreundschaft, die man der Ikone erwies, ja ein persönliches Verhältnis zu ihr geschaffen, das im sozialen System Griechenlands viele Parallelen hat – Freunde helfen einander, Beziehungen sind alles.

Klaus Bötig

Die Ikone der Panagía Skiádi
Das heilige Bild ist fast völlig von einem Oklad, einer Platte aus getriebenem, teilweise vergoldetem Silber bedeckt, das im Relief die Zeichung des darunterliegenden Bildes wiedergibt. Nur die Gesichter von Maria und dem Christuskind blieben frei – sie sind vom Ruß der Jahrhunderte schon ganz geschwärzt. An der rechten Wange von Maria erkennt man aber einen Ritz – wie eine Wunde. Dieser soll entstanden sein, als ein türkischer Polizeioffizier die Wundertätigkeit der Ikone anzweifelte und mit seinem Schwert hineinstach. Der Offizier soll daraufhin schwer krank geworden sein und erst wieder genesen, als er zum Christentum konvertierte und die Ikone um Vergebung anflehte.

Mehr als nur Sirtáki – griechische Tänze und Musik

Wer denkt beim Thema griechischer Musik nicht an den Sirtáki und Alexis Zorbas? Doch tatsächlich soll es über 150 regional verschiedene Tänze geben. Obwohl fast alle Griechen noch die alten Tänze beherrschen, umfasst das Spektrum griechischer Musik heute auch internationale Strömungen von Dance-Pop bis Rap.

Griechischer Tanz

Bei allen ›Griechischen Nächten‹ in den Hotels ist der Part, wo man den Sirtáki mittanzen kann, der Höhepunkt der Show. Doch der Sirtáki ist nur eine Illusion der Traumfabrik Hollywood: Den Namen ›kleiner Sirtos‹ hat er vom *Sírtos,* dem nationalgriechischen Reigentanz, die Schritte vom *Chassápikos,* dem ›Metzgertanz‹ aus Kleinasien, und die Musik entstammt dem *Rembétes*-Milieu des Athener Subproletariats der 1920er-Jahre. Dieses Kunstprodukt, für Anthony Quinn zurechtgeschneidert von Mikis Theodorakis, ist seit der Uraufführung des Alexis Zorbas 1964 zum griechischen Tanz schlechthin geworden. Zwar lernen alle griechischen Kinder in der Schule ihre regionalen Volkstänze, doch wird der Sirtáki heute auch von den Griechen als Nationaltanz begriffen und auf Festen und bei Hochzeiten getanzt.

Ein bekannter traditioneller Tanz ist der *Kalamatianós,* ein Reihentanz im 7/8-Takt, der ursprünglich vom Peloponnes stammt. Die Tänzer fassen sich an den Schultern und bewegen sich in langer, an einer Seite geöffneter Reihe im Kreis. Schon der Grundschritt mit den typischen überkreuzten Schritten ist ziemlich kompliziert. Nach jeder

Runde löst sich der äußere Tänzer aus der Reihe, tanzt je nach Können ein längeres Solo und fügt sich auf der anderen Seite wieder in die Kette ein.

Ähnlich sind die typischen Tänze von Rhodos, die ebenfalls nur von Laute und der stets etwas klagenden Lyra begleitet werden. Dazu zählen der *Rodítikos Pidichtós*, ursprünglich aus Kreta stammend, der *Toúrtsikos* (›Türkentanz‹), der Hochzeitstanz *Spervéri* und der *Soústa*, auch *Stavratós* genannt, weil die Tänzer in der Reihe sich mit den gekreuzten Armen halten.

Volksmusik

Wie die Religion hat auch die griechische Volksmusik eine stark nationalistische Komponente und ist daher in der modernen Kultur überaus präsent. Auch bei der Jugend behauptet sie gegenüber US-amerikanischer Popmusik das Feld unangefochten. Bei Festen tanzen Jung und Alt gemeinsam, während die privaten Radiosender hauptsächlich griechische Musik spielen.

Die wichtigsten Instrumente der Volkslieder *(laikó tragoúdia)* sind die *bouzouki*, eine Langhalslaute mit drei

Tänze auf Rhodos
Eine gute Gelegenheit, alte Tänze von den Dodekanes-Inseln zu sehen, bietet Anfang Juli das Festival Kremastis mit Vorführungen im Kloster **Moní Agios Soúlas**. An einem Sonntag Ende Juli gibt es eine weitere Gelegenheit beim Fest des **Klosters Kimissiéos Agiás Annís** bei Kalavárda.

Doppelsaiten, und die *sandouri*, eine Art Hackbrett. In der traditionellen Musik spielen noch die *lyra,* die auf den Knien wie eine Geige gestrichen wird, und die *daouli,* eine große Basstrommel, eine Rolle. Dazu kommen heute natürlich auch Gitarren, Keyboard und Schlagzeug.

Die volkstümliche Musik hat ihre Wurzeln in der Antike und der byzantinischen Kultur. Man kann sie in drei Bereiche gliedern. Erstens die alten Volksweisen wie die Hirtenlieder oder die Stegreifdichtung der Mantinades.

Zum zweiten die Schlagermusik, die zum Teil auf Elementen des Rebétiko beruht, der Musik der entwurzelten Flüchtlinge aus Kleinasien seit 1923. Gassenhauer wie »O Dromos« von Manos Loizos, »Frangosyriani« von Syros Vamvakaris, »Stalia Stalia« von Giorgos Zambetas oder das unvermeidliche »Pou Nai Ta Xronia« von Stavros Kougoumtzis sind dafür gute Beispiele.

Der dritte Bereich ist die moderne Popmusik von heute, wo griechische Texte und Melodien mit den internationalen Musikstilen gemixt werden. Techno, House, HipHop, das alles können die Griechen auch, und sie machen es auch griechisch.

CD-Tipps

Traditionelle Musik, teils Rembetiko, teils Regionalmusik, präsentiert die CD »Panorama« von Marios & Julie. Einen Überblick über den griechischen Schlager gibt die Doppel-CD »Apo Kardias, Live at Zygos« von George (Yorgos) Dalaras, der seit den 1970er-Jahren zu den bekanntesten griechischen Sängern zählt. Beide Platten sind bei Amazon erhältlich. Auf Rhodos wird man bei Manuel's Music Center in Rhodos-Stadt (s. S. 136) fündig, wo es auch viele Sampler mit aktuellem Greek Pop gibt.

Mal reinhören

Eine besondere Rolle unter den Pop-Größen nimmt Sakis Rouvas (geb. 1972 auf Korfu) ein. In seiner Jugend gehörte er zum Leichtathlethik-Nationalteam, seit 1991 sorgt er mit Pop-Balladen für Hits in Griechenland und Zypern. In Europa kennt man den durchtrainierten Schönling, der es schon auf die Titelseite des griechischen Men's Health geschafft hat, von seinen ESC-Teilnahmen 2004 und 2009. Nach dem Sieg Griechenlands 2005 moderierte er die Show in Athen im nächsten Jahr. Der Einfluss seiner sexualisierten Tanzauftritte der 1990er-Jahre wird gern mit dem von Michael Jackson verglichen. Wichtiger war aber sein Friedenskonzert 1997 in Nicosia (Zypern), das ihm Morddrohungen einbrachte. Die damit entfachte gesellschaftliche Kontroverse trug aber zur Entspannung des griechisch-türkischen Verhältnisses zwei Jahre später bei.

Die 1957 auf Zypern geborene Ana Vissi gilt als erfolgreichste griechische Sängerin nach Haris Alexiou. Das Fitnesswunder – vergleichbar mit Madonna – nahm dreimal am ESC teil (seit 1980) und hatte großen Anteil an der Einführung westlicher Pop-Elemente in die griechische Laiko-Musik.

Der erfolgreichste griechische Sänger aller Zeiten aber ist George (Yorgos) Dalaras (geb. 1949 in Pireas), der seit 1969 die Musikszene mit mehr als 1 Mio. verkauften Alben beherrscht. Als Sohn eines Rembétiko-Sängers hatte er einigen Anteil an der Wiederbelebung des Genres in den 1980er-Jahren.

Das antike Florenz – rhodische Keramik und Skulptur

Die Insel Rhodos war in der Antike nicht nur politisch ein Schwergewicht, sondern auch künstlerisch. Neben einer kunsthistorisch bedeutenden Keramikproduktion brachte Rhodos vor allem fantastische Statuen hervor.

Rhodische Keramik

Die rhodische Keramik, heute ein beliebtes, wenn auch nicht immer stilechtes Souvenir, soll schon durch die Phönik er auf die Insel gebracht worden sein. Eine erste Blüte, von der zahlreiche Vasen aus Grabhöhlen bei Triánda und Exóchi (nahe Lárdos) geborgen werden konnten, erlebte die Keramikproduktion in der mykenischen Epoche (1450–1200 v. Chr.). Im Archäologischen Museum sind schöne Henkelkannen zu sehen, oft mit stilisierten Meerestieren wie dem Oktopus geschmückt.

Nach den *dark ages,* den dunklen Jahrhunderten, die dem Ende der mykenischen Kultur folgten, gewann die rhodische Keramik wieder in der geometrischen Epoche im 9./8. Jh. v. Chr. an Bedeutung. Es herrschten Verzierungen mit rechtwinkligen Mäanderbändern vor, die schon früher als im übrigen Hellas von Tier- und auch Menschendarstellungen des orientalisierenden Stils aufgelockert wurden.

Im 7. Jh. brachte der Handel mit den orientalischen Hochkulturen auch künstlerische Einflüsse nach Rhodos. Hier entwickelte sich eine eigenständige Form des orientalisierenden Stils, der durch die Motivfülle der phönikischen und ägyptischen Kunst beeinflusst ist. Vom 7. bis 6. Jh. v. Chr. tau-

Die Athena von Líndos
Aus dem Byzanz des 10. Jh. kennen wir eine Beschreibung der Statue: Die Göttin war ganz aus Bronze, gekleidet in ein Faltengewand. Der Kopf unter einem Kriegshelm mit Pferdeschwanz blickte schräg zur Seite, in die auch die ausgestreckte Rechte wies. Vor der Brust trug sie eine Gorgonenmaske, das bodenlange Gewand in der Taille eng gegürtet, das Haar als Zopf. 1203 wurde sie von einem christlichen Mob zerstört.

chen Tiermotive auf, häufig Steinböcke und Damhirsche.

Nachdem der orientalisierende Stil in der Fikellura-Phase mit vorherrschenden Palmetten- und Lotusmotiven ausklang, büßte Rhodos seine künstlerische Sonderstellung ein. Seit dem 5. Jh. wurde schwarz- und rotfigurige Keramik aus Attika nach Rhodos exportiert und kopiert.

Die Laokoon-Gruppe

Während der hellenistischen Epoche, als der künstlerische Horizont der Griechen sich durch die Eroberungen Alexanders des Großen erweiterte und das erbliche Königtum der Diadochen die Stadtstaaterei ablöste, blieb Rhodos der einzige griechische Freistaat. Im 3. Jh. v. Chr. beherrschten Rhodier den gesamten Handel im östlichen Mittelmeer. Rhodos brachte nicht nur eine eigene Bildhauerschule hervor, sondern auch führende Wissenschaftler und Philosophen.

Der Rhodier Deinokrates wurde Architekt Alexanders (sein Plan, den Athos-Berg als gigantische Alexanderbüste zu modellieren, scheiterte jedoch). Der Rhodier Chares, ein Schüler des Lysippos, des Michelangelo dieser Zeit, entwarf die riesige Helios-Statue, den ›Koloss‹ (s. S. 77). Rhodische Bildhauer schufen monumentale Statuengruppen, in denen die realistische Darstellung zu einer geradezu fiktionalen Abbildungsschärfe übersteigert wird: Die »Nike von Samothrake« (heute im Louvre), der »Farnesische Stier« (Neapel) und die »Laokoon-Gruppe« (Vatikan) überschreiten in ihrer fantasmagorischen Dramatik jede Realität.

Die »Laokoon-Gruppe«, deren Original 1506 im Palast Neros in Rom wiederentdeckt wurde, ist im Großmeisterpalast von Rhodos-Stadt als Kopie zu sehen. Ihre Schöpfer waren die Rhodier Hagesandros, Polydoros, Athanodoros. Dargestellt wird der Tod des Laokoon und seiner Söhne. Laokoon, Apollonpriester in Troia, warnt die Troianer davor, das hölzerne Pferd des Odysseus in die Stadt zu holen. Athena, die auf Seiten der Griechen steht, lässt ihn daraufhin durch Schlangen töten: eine Szene menschlicher Ohnmacht, die hier in fast voyeuristischer Art präsentiert wird.

Das 1. Jh. v. Chr., in dem diese Statue entstand, kann auch als das ›römische‹ der rhodischen Geschichte gelten. Cicero, Pompeius, Caesar und der spätere Kaiser Tiberius wählen Rhodos wie viele andere vornehme Römer als Urlaubsziel und besuchen die rhetorische Universität. 3000 Statuen sollen die Stadt damals verschönert haben. Geblieben ist von dieser Pracht nichts. Erst Cassius (s. S. 51) ließ die schönsten Stücke nach Rom schaffen, dann raffte Konstantin der Große den Rest zusammen, darunter die altehrwürdige Athena-Statue aus Líndos, um damit seine neue Hauptstadt Konstantinopel zu schmücken.

Ein Weltwunder der Antike – der Koloss von Rhodos

In der von Antipatros von Sidon (2. Jh. v. Chr.) überlieferten Aufzählung der sieben Weltwunder war neben bis heute unvergänglichen Monumenten wie den Pyramiden auch ein Wunderwerk verzeichnet, das es schon damals gar nicht mehr gab – die Riesenstatue des Gottes Helios auf Rhodos.

Dieses Meisterstück der antiken Bildhauerkunst, die größte Bronzestatue des Altertums, stand kaum mehr als 60 Jahre lang aufrecht, scheint aber eindrucksvoll genug gewesen zu sein, den Dichter selbst vom Hörensagen zu fesseln. Es war ein Siegesmal, mit dem die freie Republik Rhodos ihren erfolgreichen Kampf gegen den Makedonen Demetrios feierte, dem die Zeitgenossen den Beinamen Poliorketes gaben: ›Städtebelagerer‹.

Man schrieb das Jahr 305 v. Chr. Alexander der Große war vor 18 Jahren gestorben, seine Nachfolger, die Diadochen, kämpften um das Erbe. Antigonos Monophtalmos, der älteste General Alexanders, herrschte als König in Kleinasien, Ptolemaios in Ägypten. So war es unvermeidlich, dass die Rhodier, deren wichtigster Handelspartner Ägypten war, zwischen die Fronten gerieten. Ihr oberster Grundsatz hieß Neutralität, beharrlich lehnten sie es ab, Antigonos gegen Ptolemaios zu unterstützen. Schließlich erschien des Antigonos Sohn Demetrios mit 370 Schiffen vor Rhodos.

Es wurde ein spektakulärer Kampf, eine Belagerung, bei der überlegene Technik gegen Überlebenswillen und List schließlich den Kürzeren zog. Demetrios ließ eine gigantische Maschine bauen, Helepolis, ›Städtebezwingerin‹, genannt. Das Ungetüm maß 22 m im Quadrat und war 9 Stockwerke (über 30 m) hoch. Dieser ›Koloss‹ mit Katapulten, Zugbrücken und Schießscharten, durch ein Bewässerungssystem gegen Brandpfeile geschützt, benötigte 3400 Mann Besatzung. Es besaß einen 55 m langen Rammbock, der von allein 1000 Mann bedient werden musste.

Als das Ungeheuer vorrückte, begriffen die Rhodier, dass dies das Ende wäre, wenn ... ja, wenn ihr Stadtbaumeister Diognetes nicht die ebenso einfache wie geniale Idee gehabt hätte, das gesamte Kloakensystem der Stadt umzuleiten, genau in den Weg des Ungetüms. Der Angriff scheiterte also, drastisch gesagt, in der Scheiße, Demetrios musste Rhodos seine Neutralität lassen und zog unverrichteter Dinge wieder ab.

Die Rhodier hingegen beschlossen, aus Anlass dieses Sieges eine Statue zu errichten, die dem Koloss, den sie bezwangen, ebenbürtig war. Bei Chares von Líndos, Schüler des berühmten Bildhauers Lysipp, gaben sie eine gewaltige Bronzestatue zu Ehren ihres obersten Stadtgottes Helios in Auftrag. Der Bau dauerte 12 Jahre (bis 292 v. Chr.) und verschlang 300 Talente, umgerechnet etwa 600 000 Euro. 36 m soll das Werk hoch gewesen sein (zum Vergleich: die Freiheitsstatue in New York misst 41 m). Der Koloss stand jedoch nur wenig länger als zwei Generationen. Schon 227 v. Chr. (oder 226) wurde er durch ein Erdbeben umgestürzt. Als die Rhodier planten, ihn wieder aufzubauen, hinderte sie der Spruch des Orakels zu Delphi: »Was gut ruht, soll man nicht bewegen.« So geschah es, die Trümmer blieben liegen und konnten daher von Plinius beschrieben werden: die Finger von der Größe mannshoher Statuen, die Daumen, die kaum ein Mann allein umfassen konnte. Noch einmal Jahrhunderte später, während der Eroberung von Rhodos durch die Araber im Jahre 654, kaufte ein syrischer Jude den Metallschrott und ließ ihn auf 900 Kamelen abtransportieren und einschmelzen.

Wie der Koloss tatsächlich ausgesehen und wo er gestanden hat, ist nicht überliefert. So wie ihn der Wiener Hofarchitekt Fischer von Erlach 1721 in seiner Kupferstichsammlung dargestellt hat, breitbeinig über der Hafeneinfahrt, mit einer Fackel in der hoch erhobenen Rechten, sah die Statue bestimmt nicht aus. Eine solche Konstruktion wäre viel zu instabil gewesen. Die Forscher gehen daher von einer dritten Stütze aus, wahrscheinlich ein Umhang, der über den Arm fallend bis zur Erde reichte. Ein später Besucher der Trümmer, der frühbyzantinische Geschichtsschreiber Philon, berichtete von Marmorblöcken, die im Inneren der Figur für Stabilität sorgten. Diese Blöcke werden aber nur bis zu den Knien gereicht haben, darüber dürfte sich ein Eisengerüst erhoben haben, an dem die Bronzeplatten befestigt waren. Tatsächlich soll der Koloss beim Einsturz an den Knien abgeknickt sein – nicht an den Knöcheln, der eigentlich instabilsten Stelle.

Wo stand der Koloss?
Als Standort wurde der Mandráki-Hafen lange angezweifelt. Neuere archäologische Untersuchungen am Außenkai des Nikolaus-Forts (Ágios Nikólaos-Kastell) haben jetzt aber hellenistische Baureste nachgewiesen, die für den Unterbau des Kolosses gehalten werden. Die Position an der Hafeneinfahrt dürfte also eine Funktion als Leuchtturm untermauern.

Der Ritterorden des hl. Johannes

Der Ritterorden, der das Gesicht und die Geschichte von Rhodos nachhaltig beeinflusste, ging nach dem ersten Kreuzzug aus einer Krankenpflegebruderschaft in Jerusalem hervor. Der ›Orden vom Hospital des hl. Johannes zu Jerusalem‹ herrschte zwar nur zwei Jahrhunderte, von 1309 bis Neujahr 1523, auf der Insel, doch sind seine Festungsbauten, meist am Ende des 15. Jh. errichtet, die beeindruckendsten Attraktionen von Rhodos.

Die Gründungszeit

Nach der Eroberung Jerusalems während des Ersten Kreuzzugs und der Errichtung eines christlichen Königreichs in Palästina schwoll der Strom der Pilger zu den heiligen Stätten an, die häufig Strapazen und Kosten unterschätzten. Um kranken oder in Not geratenen Pilgern zu helfen, gründete der französische Benediktinermönch Gérard ein Hospiz nahe der Grabeskirche, das Johannes dem Täufer geweiht wurde. Dieses Hospital übernahm rasch auch organisatorische Aufgaben – als eine Art mittelalterliche Touristeninformation.

Erst unter dem zweiten Ordensmeister, dem Franzosen Raymond du Puy (1120–1160), engagierten sich die Hospitaller, wie sie damals genannt wurden, auch im militärischen Kampf gegen die ›Ungläubigen‹. Spätestens jetzt wird der Orden auch eigene Schiffe ausgerüstet haben, die Pilger und Nachschub für die Stützpunkte in ›Outremer‹ überschifften. Der Orden baute Dependencen in allen wichtigen Mittelmeerhäfen auf, warb um Kundschaft, stellte

Bürgen – und übernahm dann sogar Kreditorenfunktionen zur Finanzierung des Aufenthalts der Pilger.

Doch offiziell machte erst eine päpstliche Bulle des Jahres 1154 aus der Bruderschaft einen Ritterorden mit verbindlichem Gelübde. Im Verlauf des 13. Jh. wandelten sich die Hospitaller in einen adeligen Kampforden. Immer mehr verarmte Landadelige, Zweitgeborene oder illegitime Söhne strömten ihm zu, Ritter, die »als Söldner höherer Ordnung eine gesicherte Existenz suchten« (Hans Prutz). Bald besaß der Orden des hl. Johannes mehr Festungen als alle anderen Ritterorden in den Kreuzfahrerstaaten. Militärisch hingegen gerieten die Christen gegenüber den islamischen Reichen ins Hintertreffen. Ende des 12. Jh. war Jerusalem beim Angriff der Araber unter Saladin gefallen, bis 1275 gingen auch die meisten anderen Festungen in Palästina und Syrien verloren. 1291 eroberten die Mamluken schließlich Akkon, den letzten Stützpunkt der Christen im Heiligen Land; die Johanniter mussten sich auf ihre Stützpunkte auf Zypern zurückziehen, wo sie unter den fränkischen Königen größere Kommenden (Landwirtschaftsgüter) besaßen.

Unter päpstlicher Protektion schloss Großmeister Fulques de Villaret (1305–1319) mit dem genuesischen Adeligen Vignolo dei Vignoli, der als Pirat und Sklavenhändler in der Ägäis sein Glück suchte, ein Bündnis zur Eroberung der Insel Rhodos. Diese wurde seit dem Jahr 1300 von dem türkischen Stammesführer Mençe Bey beherrscht, stand offiziell aber noch unter der Lehnsherrschaft des byzantinischen Kaisers. Der Kriegszug gegen die ›schismatischen Griechen‹ (so sagte die päpstliche Rechtfertigung, die den Hospitallern bereits die lehensunabhängige Herrschaft über die Insel zusicherte) begann 1306 mit der Eroberung der Burg Feráklos und endete nach dreijähriger Belagerung mit der Einnahme der befestigten Stadt Rhodos. Die Ritter vom Hospital zu Jerusalem konnten auf ihrer eigenen Insel nun einen souveränen Staat aufbauen, zumal da Vignolo ohne Nachkommen starb und der Orden rasch auch alle näheren Inseln des Dodekanes in seinen Besitz bringen konnte.

Die Struktur

Schon auf Zypern hatte sich der Johanniterorden eine Struktur gegeben, die ihn von den anderen Ritterorden unterschied. Um die Ritter aus den unterschiedlichen Herkunftsländern zu organisieren, entwickelte sich die Struktur der ›Zungen‹ (frz. *langue).* Damit sind Sprachgruppen gemeint, die gleichzeitig – zu einer Zeit, als der Begriff Nationalstaat noch nicht existierte – eine Organisationsform darstellten, die die lehnsherrschaftliche Struktur der europäischen Ländereien widerspiegelte.

Dieses Prinzip lässt sich an den französischen Rittern gut verdeutlichen. So gab es seit den Anfängen drei französischsprachige Zungen: die älteste und mächtigste war die Zunge der Provence, denn dort besaß der Orden besonders große Ländereien. Diese Zunge war selbstständig gegenüber der Zunge von Frankreich, weil die Provence damals unabhängig von der französischen (›fränkischen‹) Krone war. Gleiches gilt für die Zunge der Auvergne, die lehensrechtlich zum selbstständigen Fürstentum Aquitanien gehörte. Eine ähnliche Zersplitterung betraf die iberischen Zungen, wo einmal Kastilien und einmal das alte Aragón vertreten war, auch als beide Reiche schon längst vereint waren. Daneben waren Deutsche, Dänen, Böhmen und Polen in der kleinen und wenig bedeutenden Zunge von Deutschland zusammengefasst.

Aber nicht nur politisch, auch militärisch war der Orden streng hierarchisch strukturiert. Oberster Würdenträger war der Magnus Magister (Großmeister), der auf Lebenszeit aus der Kapitelversammlung gewählt wurde. Unter ihm gab es verschiedene Ämter, z. B. den Magnus Comendator (Großkommandant), der für die Finanzen zuständig war. Große Bedeutung hatte auch das Amt des Admiratus, des obersten Flottenkommandanten, das traditionell einem Italiener zustand. Denn besonders seit der Eroberung des Inselstützpunktes Rhodos waren die Ritter auf eine schlagkräftige Galeerenflotte angewiesen, zumal sich der Kampf gegen die ›Ungläubigen‹ mehr und mehr aufs Wasser verlagerte. Oder um es weniger vornehm auszudrücken: Der Orden spezialisierte sich unter dem Deckmantel des Glaubenskrieges auf die Piraterie und lebte nicht schlecht davon.

Die Johanniter auf Rhodos

Gleich nach der Eroberung von Rhodos begann der Ausbau der alten byzantinischen Stadt, von der nach 200 Jahren wechselvoller Kämpfe zwischen Sarazenen und Christen wenig mehr als einige Kirchen erhalten geblieben waren. Die Mauern wurden neu errichtet, der Großmeisterpalast ausgebaut, das Hafenbecken befestigt.

Im Schutz der mächtigen Johanniter-Festung etablierte sich ein großer Markt – ein Warenumschlagsplatz zwischen Italien und den Orientländern.

Wie im Mittelalter: die Ritterstraße in der Altstadt von Rhodos

Genuesische und Florentiner Handelshäuser richteten Niederlassungen ein; im Hafen stapelten sich Holz aus Kleinarmenien, Stoffballen von Seide und Kamelhaar, Zucker aus Zypern, Korallen aus dem Indischen Ozean sowie exotische Gewürze wie Pfeffer und Safran für die Küchen der europäischen Fürsten.

Aber auch ihre eigentliche Bestimmung, die Pflege der Pilger, vernachlässigten die Ritter nicht. Großmeister Roger de Pins ließ schon um 1350 ein großes Krankenhaus, das heutige Alte Hospital, errichten.

Während die ›Rhodiser‹ im 14. Jh. noch etliche Festungen an der kleinasiatischen Seite erwarben (Bodrum, Smyrna), gerieten sie durch das Erstarken der islamischen Reiche der ägyptischen Mamluken in Ägypten und der türkischen Osmanen im 15. Jh. wieder unter Druck. 1441 musste eine große Belagerung der Mamluken abgewehrt werden. Aber erst nach der furchtbaren Belagerung von 1480 begann der fieberhafte Ausbau der Stadt zu dem heutigen Bild. Damals war Sultan Mehmet II., der Eroberer von Konstantinopel, mit 70 000 Männern vergeblich gegen die Mauern angerannt.

Aber es war klar, dass sie wiederkommen würden; der Orden rief sofort die besten Architekten nach Rhodos. Aus den letzten 40 Jahren der Ordensherrschaft stammen daher nahezu alle wichtigen Bauten, die heute erhalten sind. Der tatkräftige Großmeister d'Aubusson organisierte enorme Geldspenden, mit denen nicht nur die Mauern, sondern auch die von der türkischen Artillerie zerschossenen Paläste erneuert wurden.

Dass Rhodos dann doch verloren ging, hing mit den politischen Wirren in Europa zusammen. Als 1520 ein weiterer Angriff drohte, sah Frankreich in den Osmanen bereits einen Verbündeten gegen das Habsburger-Reich Karls V., Italien war durch die Kriegszüge der Franzosen ausgeblutet. Die Ritter standen allein einer türkischen Übermacht gegenüber.

Nach der Belagerung und darauffolgendem Abzug (s. S. 85) erhielt der Orden 1530 die Insel Malta südlich von Sizilien als Lehen. Die Ritter nannten sich fortan auch Malteser – und kämpften weiterhin gegen die Türken und die Korsaren, bis 1798, als Napoleon sie wieder einmal vertrieb. Damals brach der Orden, inzwischen nur noch ein Relikt des Mittelalters, gänzlich zusammen. Erst 1860 kam es auf Veranlassung des Papstes zu einer Wiederbelebung unter der alten Idee der Krankenpflege.

Heute ist es das pflegerische Wirken, das den altehrwürdigen Orden am Leben hält. Der katholische Malteser-Hilfsdienst und die evangelische Johanniter-Unfallhilfe sind die letzten Sprösslinge dieses Kreuzritter-Ordens, der nicht nur auf Rhodos ein bedeutender historischer Faktor war. Die Malteser beanspruchen sogar noch den Status eines unabhängigen Staates: Sie besitzen ein eigenterritoriales Gebiet beim Heiligen Stuhl (Vatikan-Stadt) und werden auch von etwa 30 Regierungen als souverän anerkannt.

Zum Weiterlesen

Eine gute Veröffentlichung über die Ritterzeit auf Rhodos ist im Archäologischen Museum von Rhodos erhältlich: Elias Kollias, »The City of Rhodes«, hrsg. vom griechischen Kulturministerium, 1988. Das Buch enthält auch viele historische Stiche, die Rhodos in türkischer Zeit zeigen.

Ein Kampf mit dem Drachen

Lindwürmer und Drachen – solche Bestien aus den Heldenliedern des Mittelalters hat der aufgeklärte Mensch von heute als Fantasterei abzutun sich angewöhnt. Und doch, ein Körnchen Wahrheit könnte ja dran sein. Einen ›Drachen‹ gab es immerhin, der hauste auf Rhodos und lebte nicht schlecht von Schafen, Hirten und frommen Pilgern, die in der Marienkirche von Filérimos beten wollten.

Die Geschichte trug sich Anfang des 14. Jh. zu, sie gelangte dann durch Jerusalem-Pilger nach Deutschland und wurde schließlich von Friedrich Schiller verewigt.

Was rennt das Volk, was wälzt sich dort
Die langen Gassen brausend fort?
Stürzt Rhodus unter Feuers Flammen?

So hebt die Ballade an. Nein, es ist der Ritter Dieudonné de Gozon, ein junger Novize aus der Provence. Er war aus Abenteuerlust in den Ritterorden eingetreten und hatte auf Rhodos von dem Untier erfahren, das das Landvolk in Furcht und Schrecken versetzte. Ein echter Drachen – und die Chance, ein Held zu werden, wird er sich gedacht haben. Doch seine Bitte, gegen das Mordtier kämpfen zu dürfen, lehnte der strenge Großmeister Foulques de

Grabplatte mit Drachen im Archäologischen Museum von Rhodos

Villaret ab – immerhin hatten schon fünf andere Ritter ihren Mut mit dem Leben büßen müssen.

Dieudonné aber gab keine Ruhe. Er ließ eine Drachenfigur bauen, gegen die er sein Pferd und zwei Kampfdoggen führte, um sie an den furchterregenden Anblick zu gewöhnen.

Lang strecket sich der Hals hervor,
und gräßlich, wie ein Höllenthor,
Eröffnet sich des Rachens Weite

Der Kampf

Nach dreimonatigem Training geht es frischgemut dem Lindwurm entgegen, auch ohne die Zustimmung des Großmeisters. Doch vor dem echten Drachen scheuen Doggen und Pferd, der Ritter stürzt zu Boden – *Schon seh ich seinen Rachen gähnen, / Es haut nach mir mit grimmen Zähnen* – aber der forsche Held kann dem Untier sein Schwert in die Seite bohren: *Hin sinkt es und begräbt im Falle / Mich mit des Leibes Riesenhalle.*

Das Schreckenstier ist tot, das Volk jubelt, der Großmeister aber zürnt ob der Eigenmächtigkeit des Novizen: *Muth zeiget auch der Mameluck, Gehorsam ist des Christen Schmuck.* Erst als Dieudonné den Orden verlassen will, rehabilitiert ihn der Großmeister. Dieudonné de Gozons Karriere war nach diesem Husarenstück fast vorprogrammiert: 1346, gut 30 Jahre später, wurde er selbst zum Großmeister des Ordens gewählt.

Was für ein Tier da auf Rhodos wütete, auch darüber lässt sich etwas erfahren. So heißt es über den Einzug des Drachentöters in der Stadt:

Bringt man geschleppt ein Ungeheuer,
Ein Drache scheint es von Gestalt,
Mit weitem Krokodilesrachen.

Wie aber kommt ein Krokodil nach Rhodos? Die wahrscheinlichste Lösung ist wohl die, dass ein ägyptisches Mamlukenschiff ein Jungtier aus dem Nildelta entweder als blinden Passagier oder als Maskottchen mitbrachte und, als es immer gefräßiger wurde, vor der Küste von Rhodos ins Wasser warf.

Ungefähr bei Filérimos muss das Tier die Insel erreicht haben und sich dann in eine feucht-kühle Schlucht unterhalb des Klosters zurückgezogen haben. Dort wuchs es weiter, sonnte sich auf den Felsen und griff arglose Passanten und Pilger an:

So hielt er, wie der Höllendrache,
Am Fuß des Gotteshauses Wache,
Und kam der Pilgrim hergewallt
Und lenkte in die Unglücksstraße,
Hervorbrach aus dem Hinterhalt
Der Feind und trug ihn fort zum Fraße.

Die Darstellung, die der Franzose Rottiers noch im Jahr 1826 auf einem Fresko in einem Ritterpalast sah, beeindruckte ihn vor allem durch die Größe des gefräßigen Reptils. Doch tatsächlich können Nil-Krokodile – gute Ernährung vorausgesetzt – eine Länge von bis zu 6 m erreichen.

Extinctor Draconis
Der junge Ritter de Gozon wurde später selbst Großmeister und starb 1353, geehrt mit dem Beinamen ›Extinctor Draconis‹, Drachentöter. Der Kopf des Untiers soll bis zum Untergang des Ritterstaates an einem der Stadttore von Rhodos-Stadt gehangen haben.

Die Belagerung von Rhodos 1522

Als am 13. Juni 1522 ein türkisches Schiff in den Hafen von Rhodos segelte, da wusste jeder in der Stadt, jeder Ritter, jeder Bürger, jedes Kind, dass es nun auf Leben und Tod ging. Das Schiff trug die Flagge des Sultans Süleyman, des gerade 28 Jahre alten Osmanen, der seit zwei Jahren über das größte Reich der alten Welt herrschte.

Die Botschaft, die es überbrachte, lautete kurz und bündig, der Großmeister möge Rhodos dem Sultan übergeben, andernfalls würde die gesamte Einwohnerschaft, ›ob Groß, ob Klein, über die Klinge springen‹. Natürlich schickte Großmeister Philippe Villiers de l'Isle Adam den Emissär mit einer kühlen Antwort wieder zurück, doch realistisch betrachtet war seine Position aussichtslos. Süleymans Vater, Selim der Gestrenge, hatte Syrien, Arabien und Ägypten erobert; ihm selbst war ein Jahr zuvor die Einnahme von Belgrad gelungen. Sein Herrschaftsgebiet reichte jetzt rund um das östliche Mittelmeer – und da störte ihn der Johanniterstaat, der die Schifffahrtslinie zwischen Istanbul und Alexandria gefährdete. Der Angriff auf Rhodos war eine wichtige Etappe seiner Eroberungspläne, die ihn 1529 bis vor Wien und 1534 bis nach Algier führten.

Der Angriff beginnt

Der Orden konnte zur Verteidigung nur etwa 600 Ritter und 4500 griechische und genuesische Söldner aufbringen. Am 24. Juni kreuzte die türkische Armada von etwa 300 Schiffen vor Rhodos auf. Mehr als zwei Wochen

Mein Tipp

Zu Fuß entlang der und über die Mauern
Die Mauern, vor denen sich das Gemetzel vollzog, stehen allesamt noch so wie damals, die Osmanen besserten sie wieder aus, die Italiener schlugen nur einige Breschen für neue Autostraßen. So kann man die Stadt im Wallgraben zu Fuß umrunden, vorbei an Haufen von steinernen Kugeln (manche stecken sogar noch in den Wällen), an Vorwerken und Ausfallpforten (s. S. 115). Auch über die Mauer kann man gehen, vom Großmeisterpalast entlang der Nordseite mit der englischen Bastion bis zum Koskinoú-Tor (s. S. 116). Bis zu 10 m breit ist die Mauerkrone und bietet tolle Blicke in die Stadt und über die Festungsanlagen, die zu den stärksten Europas zählten.

brauchte der Oberbefehlshaber Mustafa Pascha, um seine 140 000 Mann starke Truppe mitsamt der schweren Artillerie auszuladen und in Stellung gehen zu lassen. »Die hand ghan 3 gwaltigy leger und das gschütz an 4 orten«, berichtet der Chronist. Am 12. Juli begann dann die Kanonade, wobei vor allem die schweren Basilisken mit ihren mehr als 100 Pfund schweren Steinkugeln die erst vor einigen Jahren fertiggestellten Bastionen furchtbar erschütterten.

Der Beschuss traf die Stadt von allen Seiten. Erstes Ziel der türkischen Kanoniere war der Turm der Johannes-Kirche, der höchste Beobachtungsposten der Stadt, der am 10. August zusammenstürzte. Als nächstes ließ der Sultan die Kanonen gegen das Nikolaus-Fort auf der Mühlenmole richten, das den Mandráki-Hafen schützte. Allein bis Ende August verschossen die Türken nach Schätzungen etwa 3000 Steinkugeln und über 7000 eiserne Kugeln. Doch der Sturm auf das strategisch wichtige Hafenfort schlug fehl – so konnten später immer wieder Schiffe den Hafen erreichen.

Sturm auf die Mauern

Am 4. September begannen die Janitscharen einen großen Angriff gegen die englische Bastion. Die Mauern dort waren durch unterirdisch vorgetriebene Stollen schon zur Hälfte eingestürzt. So wäre der Einbruch in die Stadt fast gelungen, doch das Deckungsfeuer von der Koskinoú-Bastion konnte diesen Angriff zurückschlagen. Auch ein Sturm am 9. September scheiterte – insgesamt verloren die Türken bei diesen ersten Angriffen etwa 12 000 Mann, der Orden lediglich 250, darunter acht Ritter.

Nach diesen Misserfolgen änderte Mustafa Pascha, der um seinen Kopf zu fürchten begann, die Taktik und befahl für den 24. September einen Sturm auf alle Bastionen zur gleichen Zeit. Im türkischen Heer wurde die Parole ausgegeben, »Stein und Grund dem Padischa, Blut und Gut den Siegern zur Beute«. Fünf Stunden dauerte das Gemetzel, und an den Bastionen

Das Marine-Tor am Hafen ist eines der mächtigsten der Stadt

der Engländer und der Spanier standen die Türken schon auf den Mauern. Doch mit dem Mut der Verzweiflung konnten die Ritter und 500 kampferprobte Kreter sie wieder abwehren. Diesmal belief sich der Blutzoll der Türken auf 15 000 Mann – und Mustafa Pascha soll sogar überlegt haben, sich vor dem Zorn seines Sultans ins Lager der Feinde zu retten.

Verrat und Verzweiflung

Den ganzen Oktober ging der Artilleriebeschuss weiter, doch konnten die Ritter einen Angriff nach dem nächsten erfolgreich abwehren. Aber auch aus den eigenen Reihen drohte Gefahr. Am 28. Oktober wurde ein Diener gefasst, als er mit einem Pfeil einen Brief zu den Türken schießen wollte. Die Nachricht trug die Handschrift des Ordenskanzlers Andrea d'Amaral, der den Türken gegen Zahlung von 6000 Goldstücken eine Pforte in der Mauer öffnen wollte. Trotz der bedrängten Lage fanden die Ritter Zeit genug, den kastilischen Ritter noch feierlich all seiner Ämter zu entheben, ehe er am 5. November enthauptet, sein Leib gevierteilt und die Stücke in jeder Himmelsrichtung auf die Mauer gespießt wurden.

Als aber am 30. November ein Schiff die Nachricht brachte, vom venezianischen Kreta sei keine weitere Hilfe zu erwarten, verließ die Verteidiger jeder Mut. Wahrscheinlich hat der Sultan von der schlechten Stimmung erfahren, jedenfalls schickte er am 7. Dezember einen Griechen mit einem Friedensangebot vor die Mauern. »Da ward er mit einer kartanen zu stucken geschossen, das man weder brief noch ihn gantz fand«, heißt es lakonisch in den Chroniken.

Doch am 9. Dezember verfassten die rhodischen Bürger eine Bittschrift an den Großmeister, die Lage sei aussichtslos, er möge Verhandlungen aufnehmen. Einen Tag später wurde Waffenruhe vereinbart. Der Sultan nutzte sie dazu, sein Angebot zur ehrenvollen Übergabe der Festung mit Pfeilen in die Stadt zu schießen. Andernfalls, drohte er, würde ›alles, bis zu den Katzen, in Stücke gehauen‹. Doch der Großmeister willigte erst ein, als deutlich wurde, dass die Pulvervorräte aufgebraucht waren und die Stadt noch einen Sturm nicht überstehen könnte.

Am 20. Dezember unterzeichnete de l'Isle Adam die Kapitulation, allerdings zu wirklich guten Bedingungen: freier Abzug, Schutz der Kirchen, keine Plünderung. Zum Abschluss des Kampfes um Rhodos, der mindestens 50 000 Menschenleben gekostet hatte, empfing der Sultan den Großmeister zum Abendessen und tröstete ihn mit dem Satz, es sei das Schicksal der Mächtigen, Völker und Reiche zu gewinnen – oder zu verlieren. Am 1. Januar 1523 verließen die 180 überlebenden Ritter mit etwa 4000 Italienern und Griechen die Stadt. Von einer 215 Jahre währenden Epoche waren nur rauchende Trümmer geblieben.

Wie die Johanniter zu Maltesern wurden
Auch nach dem Abzug ging die Geschichte des Ordens weiter: Unter den Brüdern, die mit dem Leben davonkamen, war auch ein junger Novize namens Jean de la Valette. Er wurde später Großmeister des Ordens und verteidigte 1565 die Insel Malta erfolgreich gegen denselben Mann, der ihm nun freien Abzug gewährt hatte.

Ein ganz normales Heldenleben – Alexandros Diakos

Wie wird man ein Held? In Griechenland, wo militärische Tradition und nationales Pathos bis heute ungebrochen blieben, sind Helden noch weniger abstrakt. Wie etwa Alexandros Diakos, dem am Mandráki-Hafen in Rhodos-Stadt ein Denkmal errichtet ist und dessen Name eine Straße in der Neustadt trägt. Auch auf Chálki begegnet man dem Namen wieder – der große Platz am Anleger ist nach ihm benannt. Dort steht eine Büste, die Alexandros in der griechischen Uniform zeigt.

Geboren wurde der dort so martialisch erscheinende Mann 1908 auf Chálki, in dem Haus, in dem heute sein Neffe Alex Sakellaridis die Pension ›Captain's House‹ betreibt. Der jedoch macht wenig Aufhebens um seinen berühmten Onkel – dann erzählt er doch, von einer ganz normalen Lebensgeschichte, die oben in den balkanischen Bergen endete. Alexandros ging zuerst auf Chálki zur Schule, dann in Rhodos, wo sich inzwischen die Italiener etabliert hatten. 1923 wird für den damals 15-Jährigen die Massenflucht der Griechen vom kleinasiatischen Festland zum prägenden Erlebnis, das Elend der Durchgangslager auf Rhodos, die Ohnmacht der griechischen Armee.

Mit 26 Jahren meldet sich Alexandros zum griechischen Militär. Dass dabei nicht nur Vaterlandsliebe eine Rolle spielte, dürfte klar sein, die beruflichen Chancen gut ausgebildeter Griechen waren unter den Italienern fast gleich Null – und wer nicht nur Fischer oder Bauer sein wollte, musste damals die Heimat verlassen. Dann kommt das Jahr 1939, und im fernen Europa beginnt der Krieg. Griechenland ist in Südeuropa in der Rolle Polens, unverhohlen zielt die italienische Politik auf die Annexion griechischen Territoriums. Als Widerpart Mussolinis agiert Ioannis Metaxas, der zwar selbst als Diktator das Königreich regiert, aber eher auf der Seite der westlichen Demokratien Bündnisse sucht.

1940 nehmen die Provokationen zu. Der Gouverneur von Rhodos, Cesare Maria de Vecchi, verbietet aus Schikane die griechischen Osterprozessionen auf dem Dodekanes. Am 15. August wird der Kreuzer Elli während der Marienprozession vor Tílos von einem italienischen U-Boot versenkt. Am 28. Oktober schließlich kommt es zu dem berühmten griechischen ›Nein‹: Mussolini lässt Metaxas nachts um 3 Uhr auffordern, den Italienern Militärstützpunkte in Griechenland abzutreten, was dieser unverzüglich zurückweist. Das bedeutete Krieg.

Doch erstmals in diesem Krieg siegt die ›Achse‹ nicht. Die Griechen bringen die Italiener am Pindos-Gebirge zum Stehen und können im November 1940 sogar zu einer Gegenoffensive übergehen. Da aber lebt Alexandros Diakos schon nicht mehr. Er gehörte einer vorgeschobenen Einheit an, die als erste Feindberührung hatte. Der Trupp von 30 Mann schaffte es, den Vormarsch der Italiener an strategisch wichtiger Stelle aufzuhalten, bis Verstärkung eintraf. Alexandros starb Ende Oktober 1940 mit 32 Jahren als erster Grieche im Krieg gegen die Italiener.

Rhodos als deutsche Militärbasis

Rhodos und alle Dodekanes-Inseln waren italienisches Staatsgebiet, die deutsche Wehrmacht hielt Griechenland und Kreta besetzt. Sofort nach dem Sturz Mussolinis und dem Kriegsausscheiden Italiens versuchten die Briten, die Inseln zu besetzen. Sie stießen jedoch auf breiten deutschen Widerstand, sodass die Inseln bis auf Kastellórizo und Sými von der Wehrmacht übernommen wurden. Obwohl die italienischen Offiziere Widerstand organisierten, konnten 7500 deutsche Soldaten der ›Sturmdivision Rhodos‹ das 40 000 Mann starke italienische Kontingent entwaffnen. Jede Gegenwehr und vor allem Beteiligungen an Partisanenaktionen wurden mit der sofortigen Exekution bestraft. Als letzter Italiener wurde am 26. Dez. 1943 Pietro Carboni gefangen genommen und als Partisan hingerichtet. Als die Rumänien-Front dann im Juni 1944 vor dem Zusammenbruch stand und die Wehrmachtoffiziere sich mit ihren Truppen ›heim ins Reich‹ absetzen wollten, übernahm Otto Wagener das Kommando auf Rhodos. Dies war ein Nazi der ersten Stunde, der 1933 als Wirtschaftsminister im Gespräch war, dann aber seinen Einfluss bei Hitler verlor. Als Generalmajor errichtete Wagener ein Schreckensregiment auf Rhodos, war verantwortlich für die Deportation der rhodischen Juden, für über 1000 Todesurteile in 10 Monaten, die Errichtung des ›KZ Calitea‹, in dem bei zunehmend knapper werdenden Nahrungsvorräten fast 2000 Menschen schon wegen geringfügiger Vergehen wie Gemüsediebstahl dem Hungertod überlassen wurden. Wagener wollte zum Schluss Rhodos zur letzten Bastion der NS-Ideologie ausbauen, kapitulierte dann aber doch zum 9. Mai 1945. In Italien wurde er zu 15 Jahren Gefängnis verurteilt, kam aber bereits 1951 auf Intervention von Konrad Adenauer wieder frei.

Verfeindete Brüder – Griechen und Türken

Nur wenige Kilometer östlich von Rhodos zieht sich eine der heikelsten Grenzlinien der Welt durch die Ägäis. Bereits mehrfach seit den 1970er-Jahren standen Griechenland und die Türkei am Rande eines Krieges. Seit 1999 hat sich die Lage jedoch deutlich entspannt. Heute kommen sogar Griechen und Türken zum Besuch ›nach drüben‹.

Die ›Erbfeindschaft‹ zwischen Griechen und Türken ist alt, viel älter noch als die Staaten, in denen sie heute leben. In der Geschichte dieser beiden kulturell so ähnlichen Völker gibt es historisch weit zurückreichende Wurzeln dieses kollektiven ›Frontsyndroms‹.

Im 14. Jh. begann die Eroberung des griechischen Reiches von Byzanz durch das türkische Osmanenreich, die schließlich mit der vollständigen Besetzung Griechenlands und der Eroberung der Hauptstadt Konstantinopel (heute Istanbul) endete.

Alte Konflikte

Unter türkischer Fremdherrschaft ging es den Griechen zwar nicht unbedingt schlecht, doch wurde der Hass durch die ›Knabenlese‹ geschürt: Tausende von jungen Griechen wurden für das Janitscharen-Korps zwangsrekrutiert und erhielten eine islamische Eliteausbildung. Dass muslimische Griechen an der Hohen Pforte bald einflussreichste Positionen innehatten, erbitterte nicht nur die Türken, auch die orthodoxen Griechen fürchteten um den Bestand ihrer christlichen Volkstradition.

Das Motto ›Wer nicht für uns ist, ist gegen uns‹ legte die Grundlage für

Kulturrevolution mit YouTube und Facebook
Die Medien des Web 2.0 eignen sich als Kampfplatz, können aber auch Grenzen sprengen und Menschen verbinden. 2007 etwa begann auf Facebook ein virtueller Krieg, in dem Griechen und Türken sich mit allen erdenklichen Beleidigungen überzogen – dafür eignet sich das Medium ja hervorragend. Als man dem türkischen Nationalhelden Atatürk schließlich vorwarf, er sei schwul gewesen, sperrte die Türkei YouTube 2008 kurzerhand komplett. Zwar ging der www-Krieg über Proxy-Server munter weiter, doch mit der Brechstange des Urheberrechts konnten die Clips 2010 doch gelöscht werden. Inzwischen lässt sich jedoch auch ein neuer Trend beobachten: ein wachsendes Interesse auf beiden Seiten an der Musik des Nachbarlandes. »Ich wusste gar nicht, dass wir uns so ähnlich sind«, posten neuerdings türkische User auf griechische Popclips. Man möchte hoffen, dass über diese Wege – unkontrolliert von ewiggestrigen Nationalisten – eine neue Sichtweise auf den so ähnlichen Nachbarn möglich wird.

den verlustreichen Kampf, den die Griechen ab 1824 um ihre Befreiung – und nach der Staatsgründung 1832 um die Ausweitung ihres Territoriums führten. Über 100 Jahre zog sich die Kette der Aufstände, Kriege, Vergeltungsschläge und Unterdrückungsaktionen hin, sehr ähnlich übrigens den ›ethnischen Säuberungen‹ der 1990er-Jahre auf dem Balkan.

Die ›kleinasiatische Katastrophe‹

Bis schließlich Eleftherios Venizelos, der griechische Bismarck, für Kreta und Nordgriechenland (1913), Westthrakien und die Nordägäischen Inseln (1923) die ›Enossis‹ erreicht hatte, den Anschluss an das Mutterland. Für die Griechen reichte die politische Doktrin der ›Megali Idea‹, der ›Großen Vorstellung‹ von der Wiederherstellung des Byzantinischen Reichs, aber noch weiter. Doch griechische Truppen erlebten 1922 eine furchtbare Niederlage bei dem Versuch, die anatolische Küste zu besetzen. Diese ›kleinasiatische Katastrophe‹ endete mit einem ›Bevölkerungsaustausch‹, wie man die Vertreibung von ca. 1,3 Mio. Griechen und 400 000 Türken aus ihren alten Siedlungsgebieten diplomatisch nannte.

Der Zypernkonflikt

Ihren vorläufig letzten Ausbruch fand die Tragödie im Zypern-Konflikt, der seit dem Abzug der Briten 1955 schwelte, 1974 zur offenen militärischen Konfrontation und fast auch zu einem Krieg zwischen Griechenland und der Türkei führte – und bis heute nicht beigelegt ist. Wer den Konflikt dort verfolgt, weiß, dass ein friedlicher Ausgleich auf Zypern ähnlich schwierig ist wie der zwischen Israelis und Palästinensern.

Beim Krieg 1974 verließen jedenfalls auch die meisten türkischstämmigen Einwohner von Rhodos, das mit den anderen Dodekanes-Inseln 1947 nach dem Weltkrieg an Griechenland gefallen war, ihre Heimat und flohen in die Türkei. Ihre Häuser wurden gern von Griechen von der Nachbarinsel Kárpathos übernommen, die seit den 1980er-Jahren sehr aktiv im touristischen Geschäft als Tavernen- oder Pensionswirte waren. Inzwischen machen dort immer mehr schicke Lounge-Bars für die Studenten der Ägäis-Universität auf.

Überwindung der Spaltung

Seit Anfang der 1980er-Jahre erleben Griechenland ebenso wie die Türkei einen fulminanten Tourismus-Boom, und der verträgt sich mit allzu martialischem Geklingel nicht. Der Konflikt schwelte aber auf unterster Ebene weiter. Bis heute streitet man über die Exploration von mutmaßlichen Erdölreserven in der Ägäis, über das Recht der Luftraumsicherung, über die 12-Meilen-Grenze der Hoheitsgewässer, und ganz unauffällig halten die Militärs ihre Geschützbunker Richtung Osten in Schuss.

Die Situation ist um so heikler, als beide Staaten der NATO angehören und beide wirtschaftlich stark mit der EU verflochten sind: Griechenland als EU-Mitglied, die Türkei in Assoziationsverträgen, wobei gerade die Griechen die Beitrittsverhandlungen mit der Türkei jahrelang verhinderten.

Die Dekade nach dem Jahr 2000 erlebte eine zunehmende Entspannung. Nach Jahrzehnten kam es wieder zu gegenseitigen Staatsbesuchen, auf Zypern wurden neue Übergänge in der letzten Mauer Europas geöffnet und auch der kleine Grenzverkehr zwischen den Ägäisinseln und der Türkei boomte. Erstmals seit 80 Jahren kamen wieder Griechen in die Türkei, knüpften die Menschen von beiden Seiten Kontakte – auch geschäftliche.

Zwar haben die Finanzkrise und auch das langsame Abrücken der Türkei von der EU manche Fronten wieder verhärtet, vor allem nach der Ankündigung Griechenlands im Jahr 2011, an der Festlandsgrenze einen Grenzzaun zu bauen. Doch die Leute an den sich oft in Sichtweite gegenüberliegenden Küsten sind fast alle genervt von der übersteigert nationalistischen Politik und würden ihr Glück lieber im offenen Grenzverkehr suchen. Offene Grenzen aber könnten der Region in der Tat ganz neue Impulse geben, nicht nur in touristischer Hinsicht.

Kultur der Ägäis
Ein Deutscher, der mal beim Griechen, mal beim Türken isst, der mal nach Rhodos, mal nach Marmaris fährt, weiß es längst: Hüben wie drüben ähnelt sich vieles bis aufs Haar, nicht nur der griechische Kaffee, der auch ein türkischer Mokka ist. Musikalisch bewies das die Griechin Natalia Dousopoulou, die im Duett mit dem Türken Mustafa Sandal die Charts stürmte und anschließend mit ihrem Soloalbum »You're my Music« Erfolge in beiden Ländern feierte. Neuester Trend: Die Wiederentdeckung der Wasserpfeife in der Türkei ist inzwischen auch in die Jugendszene Griechenlands übergesprungen.

Rhodier unter sich – Alltagsleben

Seinen Besuchern mutet Rhodos mitunter einen echten Zeitsprung zu, denn das Gefälle zwischen dem modernen Norden und dem rückständigen Süden ist enorm. Während Rhodos-Stadt eine dynamische, moderne Stadt mit einer lebenslustigen studentischen Jugend ist, kann man unten im Süden mitunter noch Esel und Frauen in den traditionellen schwarzen Kleidern und weißen Kopftüchern sehen.

Neben dem Tourismus hat vor allem der Aufbau der Humanwissenschaftlichen Fakultät der Universität der Ägäis in Rhodos seit Mitte der 1990er-Jahre für einen neuen Entwicklungsschub gesorgt. Sie umfasst Pädagogen, Archäologen, Politologen und Linguisten und brachte zahlreiche junge Griechen in die Stadt, die zuvor fast völlig vom Tourismus der Nordeuropäer geprägt war. So entstanden typisch griechische Imbisslokale an der Odos Alexandrou Diakou, schicke Lounge-Bars an der Odos 25. Martiou und Party-Locations an der Platia Arionos in der Altstadt. Ihr Einfluss reicht bis tief in den Süden, wo heute am Strand von Gennádi Sundance Partys gefeiert werden, die an Ibiza erinnern (s. S. 213).

Dagegen leiden die Dörfer im Bergland des Inselinneren, aber auch an den untouristischen Küsten erheblich unter Abwanderung. Die jungen Leute ziehen nach Rhodos-Stadt oder weiter nach Athen, die mittlere Generation versucht ein kleines Geschäft mit den wenigen Touristen, die auf individuellen Touren die Insel erkunden. Nur die Alten versuchen, die Traditionen aufrechtzuerhalten. Doch keiner möchte mehr in den alten Einraumhäusern wohnen, die immer mehr als Ruinen zerfallen. Auch die traditionellen Kafénia verlieren zunehmend an Kundschaft, die jüngeren Griechen treffen sich lieber im Internet-Café, das es jetzt in fast jedem Dorf gibt. Der modernste Ort der Insel ist Archángelos – an der zentralen Dorfstraße, an der früher nur einige Tavernen lagen, reihen sich heute Bars und echte Clubs. Diese Gasse dürfte inzwischen die wichtigste Single-Börse der Insel sein.

Zwischen den Dörfern gibt es darüber hinaus gewaltige Unterschiede. Manche sind sehr wohlhabend, wie z. B. Kalythiés, auf dessen Gebiet die Ferienstadt Faliráki steht, oder Ialyssós mit seinen großen Hotelzonen. Alle Einwohner profitieren von der »Euroschwemme«, selbst die (wenigen), die kein eigenes Hotel besitzen. Dörfer im Landesinneren oder an der touristisch bedeutungslosen südlichen Westküste sind auf die wenigen Ausflügler angewiesen, die aus Zufall anhalten. Ihre Einwohner schauen neidisch auf den Reichtum der anderen – erst recht in dramatischen Zeiten wie derzeit.

Für den Außenstehenden kaum zu erkennen, aber doch ein enormes soziales Problem ist die Trennung zwischen den echten Rhodiern und den ›Gastarbeitern‹ des Tourismus, also all den vielen Servicekräften, die nur für die Saison aus Athen, Pátra oder Thessaloníki nach Rhodos kommen. Auch Albaner, Serben und Bulgaren versuchten zu Zeiten der üppigen Eurozahlungen vor allem im Bausektor Arbeit auf Rhodos zu finden; heute sind es eher weniger. Zu den ›Fremden‹ zählen aber auch die großen Investoren, die an den Stränden ein Großhotel nach dem anderen hochziehen. Sie werden mit Ressentiments gesehen, weil sie den Tourismus kontrollieren, während die Einheimischen mit ihren kleinen Apartmenthäusern zunehmend Probleme haben Gäste zu finden.

Dazu gibt es aus der Zeit der Zugehörigkeit von Rhodos zum Osmanischen Reich eine muslimische Minderheit. Sie ist relativ gut integriert, obwohl die Mehrheit der einst 2000 Menschen schon in den 1980er-Jahren in die Türkei ausgewandert ist und ihre Häuser (v. a. in der Altstadt von Rhodos) an Griechen zumeist von der Nachbarinsel Kárpathos verkauft hat.

Von Stolz und Ehre

Das Motto »Ich bin mein eigener Herr, und tue, was ich will« ist das bedeutendste Prinzip der griechischen Volksseele. Dabei wird Stolz zu reiner Selbststilisierung: Ohne die *philótimo,* was als ›Ehrliebe‹ oder besser ›Ehrsucht‹ zu übersetzen ist, kann man heute Griechenland, seine Politiker, seine Wirtschaftsbosse und seine Männer nicht verstehen. Die laute Diskussion im Kafenío, der überzogene Preis für die Taxifahrt, die Fopperei in der Motorradclique, der trickreich hochgezogene Neubau im Naturschutzgebiet, jedes Mal geht es nicht nur um den eigenen Vorteil, sondern auch darum, zu beweisen, was für ein ›toller Kerl‹ man ist.

Im Kafenío erlebt man solch eine ›Männlichkeit‹ zwischen aufgeblasener Selbstinszenierung und orientalischer Lethargie immer wieder. Die Frauen, so heißt das Klischee, sitzen zu Hause und haben nichts zu sagen. Tatsächlich sind griechische Frauen selbstbewusster, als man vermutet. Gerade die jüngere Generation lässt sich nicht mehr auf die alten Rollenmuster ein. Ihre Position zwischen Tradition und Liberalisierung wird dabei leicht zu einem schwierigen Balanceakt.

Trotz der Familienrechtsreform der PASOK ist es für eine Tochter weiterhin notwendig, ihre *príka* zu bekommen, wenn sie heiraten will: Die Mitgift bestand früher aus einem Haus, für das sich der Vater und die Söhne abschuften mussten; heute reicht auch eine Apartmentwohnung, die, frühzeitig hochgezogen, bis zur Heirat an Touristen vermietet wird. Auf der anderen Seite haben die Abtreibungszahlen in Griechenland Werte wie in den Niederlanden erreicht. Die Frauen von heute machen wie früher einen Bogen um das Kafenío der alten Männer – und fahren lieber auf den Mopeds der Jungen in die Disco.

Alltagsleben

Diese Touren – immer die Hauptstraße rauf und runter – gehören heute zur traditionellen *vólta,* der abendlichen Promenade, dem ›Sehen und gesehen werden‹. Das ist die Zeit, wenn es dunkelt um 19 Uhr, wenn es kühl genug ist, um aus dem Haus zu gehen, aber noch zu heiß, um zu essen. Dann ziehen Alte und Junge, Eltern mit den Kindern, die Mädchen- und Jungencliquen – kurz, alles, was Beine hat, auf die Promenade, man trifft Bekannte, schwatzt hier, tratscht dort …

Erst viel später, so gegen 21 Uhr, pflegen Griechen mit dem Abendessen zu beginnen, das sich leicht bis Mitternacht hinziehen kann. Dafür hat man seine Arbeiten schon früh morgens erledigt – nach der ›Siesta‹, die bis 16 Uhr, im Sommer bis 17 Uhr dauert, arbeitet so richtig keiner mehr: Es ist die Zeit, im Kafenío die Freunde zu treffen.

Als Fremder ist man dort immer willkommen, auch wenn die von der Fremdenverkehrswerbung angepriesene *philoxénia,* die traditionelle griechische Gastfreundschaft, kaum mehr zu finden ist. Der *xénos* (= Fremde), der früher gleichzeitig auch immer ein Gast war (für beide gibt es im Griechischen nur ein Wort) ist heute – im Massentourismus – ein *pelátos* geworden: ein Kunde. Doch sehr herzlich sind die Griechen zumeist auch heute noch, erst recht, wenn man sie nicht nur als Servicepersonal behandelt.

Jedes Geschäft ist, wie die Philoxénia, schließlich auch eine Sache der Ehre: In vielen Fällen reagieren Griechen dann sehr schroff, wenn die Urlauber die griechischen Ehrregeln verletzen – während wir nicht einmal wissen, dass wir uns gerade falsch benommen haben. So wäre es nicht schlecht, sich immer vor Augen zu halten, dass vieles ganz anders funktioniert in Griechenland und bei den Griechen – auch wenn es auf den ersten Blick so aussieht wie bei uns.

Griechische Zeit

Wer erst um 11 Uhr das Hotel verlässt, hat kaum eine Chance, griechisches Alltagsleben mitzubekommen. Das beginnt spätestens um 6 Uhr morgens. In der Morgenkühle werden Besorgungen gemacht und alle schweren Arbeiten erledigt. Um 13 Uhr beginnt die Siesta, dann ist in den Bergdörfern kein Mensch mehr auf den Straßen zu sehen. Erst nach 17 Uhr beginnt das Leben wieder. Dieses Prinzip gilt zum Teil sogar in den Touristenorten, obwohl die Minimärkte natürlich geöffnet haben.

Essen in guter Gesellschaft – die Paréa

Allein geht kein Grieche essen – allein reicht auch ein Sesamkringel. Wenn schon in die Taverne, dann zu mehreren, zu vielen, mit viel Zeit, guter Laune und üppigen Speisen. Diese gute Gesellschaft nennt man in Griechenland Paréa.

Eine *paréa* ist leicht erklärt: Das ist die Gruppe, mit der man loszieht – gleichgültig, ob es die Großfamilie ist, die Freunde von der PASOK (oder der Néa Demokratía) oder die Clique der Gleichaltrigen – nur mehr als drei müssen es sein.

Was die Griechen unter viel Zeit verstehen, ist schon schwieriger zu erklären. Wenn am Nebentisch die dritte Touristengruppe gesättigt wieder gegangen ist und die griechische Paréa nebenan immer noch bei den Vorspeisen sitzt, dann kann man es vielleicht erahnen.

Bezahlen ist Ehrensache

In der Paréa bestellt nicht jeder für sich. Man ordert zusammen jede Menge Vorspeisen *(mezedes),* dazu frittierte Kartoffeln und verschiedene Fleischsorten vom Grill, Fisch oder Schmorgerichte. Davon kann dann jeder nehmen wie er mag, fehlt etwas, wird es nachbestellt. Es sollte immer etwas übrig bleiben, damit jeder sieht, dass man es sich leisten kann. Zum Schluss entbrennt oft ein heißer Kampf um die Ehre bezahlen zu dürfen. Wer immer schließlich darf, die anderen wissen genau, dass sie sich demnächst revanchieren können.

Je größer die Tischrunde, desto mehr fühlt sich der Grieche zuhause

Unterwegs auf Rhodos

Über Líndos, dem schönsten Dorf von Rhodos, thront eine mächtige Akropolis-Burg

Das Beste auf einen Blick

Rhodos-Stadt

Highlight !

Die Altstadt von Rhodos: Die noch ganz von den Mauern der Ritterzeit geschützte Altstadt zählt zu den eindrucksvollsten Städten am Mittelmeer und gehört in ihrer Gesamtheit zum UNESCO-Welterbe. Die ehrwürdigen Bauten atmen Geschichte von 4000 Jahren, bieten heute aber die Kulisse für quirliges Urlaubsleben, Souvenirshops und trendige Bars. S. 103

Auf Entdeckungstour

Die Mauern von Rhodos: Die mittelalterlichen Wallanlagen kann man auf ihrer Krone und im Burggraben umrunden. S. 114

Jüdisches Rhodos: Die schön renovierte Synagoge verwahrt die Erinnerung an die lebendige jüdische Gemeinde von Rhodos. S. 124

Kultur & Sehenswertes

Volkskunstmuseum (Decorative Art Museum): Volkskunst von allen Dodekanes-Inseln. 3 S. 106

Großmeisterpalast (Palace of the Knights): Das Hauptquartier des Ritterordens der Johanniter. 7 S. 111

Kirche Ágios Fanoúrios: Die älteste Kirche der Stadt mit Fresken aus dem Mittelalter. 16 S. 120

Aktiv & Kreativ

Elli Beach: Der schönste Strand der Neustadt lockt mit Beach-Bars, Tavernen, Sprungturm, Beach-Volleyball. 1 S. 136

Bootstouren: Der Mandráki-Hafen ist die Drehscheibe der Bootstouren zu Stränden und Orten auf Rhodos, zu den umliegenden Inseln, zu Tauch-, Angel-, oder Discofahrten. 2 S. 136

Genießen & Atmosphäre

Sokrates-Straße: Diese marmorgepflasterte Straße ist die erste Einkaufsmeile der Insel – Souvenirs, Schmuck, griechische Produkte in Shops dicht an dicht. S. 117, 127

Néa Agorá: Der ›Neue Markt‹ ist nicht nur das schönste Gebäude der Neustadt, im Inneren reihen sich einfache, ursprüngliche Tavernen. 19 S. 128, 130

Abends & Nachts

Telxines: Die Altstadt ist abends eine einzige Kneipenmeile. Echte Partyjünger treffen sich aber in der Multilocation Telxines, wo es auch einen richtigen Club gibt. 5 S. 120

Koukos: Eine Musik-Kneipe in der Neustadt, die wie ein griechisches Dorfhaus aussieht und vor allem von jungen Griechen besucht wird. 9 S. 137

Zwischen den Mauern der Ritterzeit

Die mittelalterliche Festung Rhodos, militärisch nie eingenommen und immer noch nahezu unversehrt erhalten, lässt sich heute leicht erobern. Hier verschmelzen die Gotik der Ritterzeit, das orientalische Flair der türkischen Moscheen und die Weltoffenheit der Griechen, und jeder Spaziergang durch die engen Gassen wird zu einem Streifzug durch 2400 Jahre Geschichte.

Infobox

Reisekarte: ▶ S 8

Information

Tourist Information der Stadt: An der Platia Rimini gegenüber der Néa Agorá, in der Saison Mo–Sa 8–20, So 9–12 Uhr.

Büro der staatlichen EOT: Papagou/Ecke Makariou, Mo–Fr 8–14 Uhr, Tel. 22410 4 43 35, www.ando.gr/eot, Prospekte, Fahrpläne von Fähren, Bussen.

Hafenamt: Kai des Embórikos-Hafens, Tel. 22410 2 76 95

Im Internet: www.rhodes.gr, Website der Stadt Rhodos.

Anreise und Weiterkommen

Die Néa Agorá ist Start- und Zielpunkt aller Busverbindungen der Insel. Vom Mandráki-Hafen starten Ausflugsboote, am Embórikos-Hafen Fähren und Katamarane. Haupthaltestelle der Stadtbusse in die Außenbezirke liegt zwischen Néa Agorá und Mandráki. Auch einen Taxistand gibt es nahe der Néa Agorá.

Halbkreisförmig umschließt die 4 km lange Stadtmauer die Altstadt von Rhodos, die sich selbst schützend um den Embórikos-Hafen legt. Ganz dem Meer zugewandt, präsentiert sich das mittelalterliche Rhodos an den Landseiten wehrhaft abweisend. Die moderne Bebauung, im Norden das Hotel- und Einkaufsviertel, im Westen und Süden die Wohnviertel der Griechen, hält achtungsvoll Abstand, getrennt von der Ritterstadt durch den lichten Grüngürtel auf den alten Schanzenanlagen.

Mit dem antiken Rhodos, das einst bis zu 80 000 Menschen beherbergte, hat die heutige Stadtstruktur nur noch wenig gemein. Im Mittelalter war die Einwohnerzahl auf etwa 10 000 gesunken. Selbst heute leben hier nur rund 60 000 Griechen – und das auch nur im Sommer. Doch während die Neustadt von der Urlaubskultur aller Mittelmeerküsten geprägt ist, hat sich die Altstadt seit Jahrhunderten kaum verändert. Aber die Häuser dienen jetzt zumeist als Pensionen; in viele Handwerksläden von einst sind nun schicke Bars eingezogen.

Die Neustadt von Rhodos auf der Nordspitze der Insel setzt den Kontrapunkt zur mittelalterlichen Stadt. Sie war einst ein Vorzeigeprojekt des italienischen Tourismus, heute stellt sie eines der wichtigsten Ferienzentren Griechenlands dar. Doch das bringt auch Nachteile: den täglichen Verkehrsinfarkt und Auswüchse des Massentourismus. Dabei zeigt diese Hotelstadt nicht die uniforme Gesichtslosigkeit wie etwa Faliráki, sondern gewinnt durch die vielen Bauten aus der Italienerzeit durchaus einen besonderen Charme. Probleme bereiten

Auf der Sokrates-Straße trifft sich ganz Rhodos

der Stadtverwaltung allerdings vor allem die Hotelbauten der 1960er-Jahre: Keiner will dort mehr wohnen, abreißen ist zu teuer, und so stehen sie einfach leer und verfallen. Auf der anderen Seite gewinnt Rhodos auch ein besonderes Flair als Sitz der großen Ägäis-Universität; so leben hier für Griechenland überdurchschnittlich viele junge Leute.

Die Altstadt !

Der Spaziergang durch die mittelalterliche Altstadt von Rhodos mit ihren verwinkelten, romantischen Gassen zählt zu den schönsten Erlebnissen auf Rhodos. Man kann sich treiben lassen, es gibt an jeder Ecke etwas zu entdecken. Und auch wenn die Orientierung schwer fällt und man sich mehr als einmal verirrt glaubt, unerwartet führt die nächste Gasse doch wieder auf die Hauptachsen: die Sokrates-Straße (Odos Sokratous), die Orfeus-Straße (Odos Orféos) oder den Hippokrates-Platz (Platia Ippokratous).

Alle Inselbusse halten bei der Néa Agorá am Mandráki-Hafen (s. S. 128). Bis vor 100 Jahren noch war das ganze Gebiet vor der Altstadt unbebaut, bis die Italiener in den 1920er-Jahren diesen großen Marktkomplex in ihrem typischen orientalisierenden Kolonialstil errichteten.

Platia Symis

Vom Mandráki-Hafen betritt man die Altstadt durch das **Eleftherias-Tor,** das erst unter italienischer Verwaltung in die Stadtmauer gebrochen wurde. Das **Paulus-Tor** links ist aber ein Original und stammt vom Ende des 15. Jh. Dahinter liegen die Ágios Pávlos-Bastion und die kleine Halbinsel, auf der früher

Stadtbusse
Mandráki-Hafen
RODA
Néa Agorá
Platia Alexandrias
Papagou
Platia Rimini
KTEL
Eingang zum Stadtgraben
Paulus-Tor
Eleftherias-Tor
Sound & Light
Pl. Symis
Arsenal-Tor
Amboise-Tor
Altes Hospital
Herberge der Auvergne
Dimokratias
Aufgang
St. Antonius-Tor
Herberge der Provence
Herberge der Franzosen
Herberge der Italiener
Pl. Moussiou
Ippoton
Pl. Kleovoulou
Herberge der Spanier
Lachitos
Hospital-Tor
Ierokleous
Orfeos
Panetiou
Ipparchou
Collachio-Mauer
Apelou
Ágios Markos
Theofiliskou
Agisandrou
Marine-Tor
Protogenou
Polidorou
Efdimou
Ermou
Ágios Geórgios-Bastion
Apollonion
Sokratous
Kafeníon Karakusu
Palio Sistio
Agha-Moschee
Pl. Ippokratous
Timokreontos
Menekleous
Themi
Xenofontos
Archelaou
Platonos
Alkeou
Pl. Arionos
Alexandrou
Ag. Spirídon
Simonidou
Eschilou
Pythagora
Antifanou
Andronikou
Ag. Fanouriou
Aristofanous
Türkischer Palast
Spanische Bastion
Ippodamou
Sofokleous
Pl. Dorieos
Pl. Konti
Omirou
Agora?
Aristidou
Epicharmou
Ifestou
Timachida
Windmühle
Aegean University
Irodotou
Arch.
Ágios Athanásios-Tor
Marien-Bastion
Koskinoú-Tor
Kominon
Aufgang
Gymnasio Rodou
Filellinon
Ágios Ioánnis-Bastion
St. Francis
Agias Lavras
Ag. Anargyron
Pavlidi
Air Force Club
Diagora Stadio
Líndos
Taxi

Rhodos-Altstadt

Sehenswert

1 Afrodite-Tempel
2 Municipal Art Galery
3 Decorative Art Museum
4 Kirche Panagía tou Kastroú
5 Archäologisches Museum
6 Ritterstraße
7 Großmeisterpalast
8 Uhrturm
9 Süleyman-Moschee
10 Osmanische Bibliothek
11 Center of Contemporary Art
12 Kirche Panagía tou Bourgoú
13 Katharinen-Hospiz
14 Ibrahim-Moschee
15 Redjab-Moschee
16 Kirche Ágios Fanoúrios
17 Türkisches Bad (Hamam)
18 Mustafa-Moschee
19 Kirche Míchail Archángelos
20 Synagoge Kahal Shalom

Übernachten

1 Attiki
2 Domus
3 Olympos
4 Sophia
5 Spirit of the Knights

Essen & Trinken

1 Alexis
2 Hatzikeli
3 Ippotikon
4 Lefteras
5 Ntinos
6 Oasis
7 Philippos
8 Plaka
9 Romeo
10 Sea Star

Einkaufen

1 Astero Antiques
2 Art Line

Fortsetzung S. 106

der 1863 durch ein Erdbeben eingestürzte Naillac-Turm stand.

Durch das Eleftherias-Tor gelangt man auf die Platia Symis; gegenüber liegen die eingezäunten Überreste eines **Afrodite-Tempels** 1. Der Bau war im gedrungenen dorischen Stil gehalten, heute sind aber nur Fundamente, Säulentrommeln und Gebälkstücke zu erkennen. Dieser Tempel gehört zu den wenigen Bauresten aus der Antike, die in der Altstadt noch zu sehen sind. Dokumentiert, aber nicht zugänglich ist auch noch ein Dionysos-Tempel im Garten der Städtischen Gemäldegalerie auf der rechten Straßenseite. Die beiden Tempel geben Anlass zur Vermutung, dass hier einst die antike Staatsagora lag; erhöht Richtung Großmeisterpalast dürfte auch der Helios-Tempel für den Hauptgott der Insel gestanden haben.

Die alte **Municipal Art Galery** 2 (Di–Fr 9–15, 18–21, Sa 10–15 Uhr, Eintritt 3 €) zeigt nach der Eröffnung des Kunstmuseums in der Neustadt (s. S. 133) nur noch Werkschauen und Bilder aus den 1950er/60er-Jahren mit idyllischen Motiven der Vor-Tourismus-Zeit.

Etwas höher liegt das **Alte Ordenshospital,** das um 1350 erbaut wurde. In einem Seitentrakt ist heute das Volkskunstmuseum untergebracht (s. u.). Am Brunnen vor dem Hospital, der aus einem Taufbecken und einer Säule aus einer frühchristlichen Kirche bei Arnítha zusammengesetzt wurde, erkennt man das achtspitzige Kreuz der Ritter des hl. Johannes, des späteren Malteserordens. Das große Gebäude gegenüber dem Alten Hospital mit einer Säulenloggia war die Herberge der Ritter der Auvergne, deren Haupteingang auf die Platia Moussiou weist.

Decorative Art Museum 3

Platia Argirokastrou, Di–So 8.30–14.40 Uhr, Eintritt 2 €

In dem hübschen Volkskunstmuseum werden volkstümliche Möbel, Hausrat und Trachten aus rhodischen Dörfern und von einigen umliegenden Inseln gezeigt. Neben geschnitzten Schränken, Soúfa-Podesten (s. S. 165) und der typisch kräftigfarbigen Webware von Rhodos ist vor allem die große Sammlung an Keramiktellern interessant.

Es sind nicht nur rhodische Eigenproduktionen, sondern Stücke, die von weither zusammengetragen wurden: türkische Ware aus Iznik, venezianische Stücke, spanische Fayencen und italienische Majolika. Im 19. Jh. waren die Teller das beliebteste Mitbringsel der Seefahrer von Líndos.

Platia Moussio

Mit der Platia Moussio beginnt der **Collachio,** das alte Ritterviertel, das früher durch Mauern vom Rest der Stadt abgetrennt war. Griechen und Juden konnten diese ›Stadt in der Stadt‹ nur ausnahmsweise betreten, die Ritter hingegen durften sie nur zu zweit und auch nur hoch zu Ross verlassen – anscheinend wollte man so einem allzu engen Kontakt zu den Griechenmädchen vorbeugen.

Rings um den Platz stehen ehrwürdige Paläste: rechts das Neue Ordenshospital mit dem Archäologischen Museum (s. u.), gegenüber die gotische Kirche Panagía tou Kastroú (oder Virgin of the Castle, s. unten), daneben die Herberge der Engländer. Mit den Spirituosenhändlern in den Handelskontoren des Hospitals beginnt schon das geschäftige Rhodos der Souvenirhändler, die sich geradeaus entlang der Odos Apelou aneinanderreihen.

Kirche Panagía tou Kastroú 4

Derzeit geschlossen, Renovierung in Planung

Die große Kirche gegenüber dem Archäologischen Museum, die ›Allheilige Maria in der Burg‹, wurde im 11. Jh. begründet und im 14. Jh. unter dem Johanniterorden im gotischen Stil umgebaut. Von der Ausmalung im 14. Jh. ist eine Darstellung der hl. Lucia mit Krone und Heiligenkranz an der Westwand erhalten, die einem toskanischen Meister zugeschrieben wird.

Aus früherer Zeit stammen zwei weibliche Heiligenfiguren sowie eine Muttergottes mit dem Kind an den nordwestlichen Pfeilern, die der sog. kreto-venezianischen Schule zugerechnet werden. Diese Stilrichtung entstand aus der Verschmelzung abendländischer und byzantinischer Traditionen vor allem unter dem Einfluss der Venezianer, die damals Kreta beherrschten.

Archäologisches Museum 5

Juli/Aug. Di–So 8–19.40, Mo 13.30–19.40 Uhr, je nach Saison verkürzte Zeiten, Sept. bis Mai Mo geschl.; Eintritt 6 €

Das Antiken-Museum von Rhodos zählt zu den bedeutendsten in Griechenland. Die Sammlung mit Exponaten aus der Antike wie aus dem Mittelalter ist im Neuen Hospital am Beginn der Ritterstraße untergebracht. Der mächtige Bau des Ritterhospitals mit seinem 51 m langen, über 5 m hohen Krankensaal wurde 1489 in Betrieb genommen und löste das alte Krankenhaus an der Platia Symis ab. Das Relief über dem Eingang zeigt das Wappen des Großmeisters Fluvian, unter dem der Bau begonnen wurde. Dieses Hospital war damals eines der modernsten des Abendlandes. Der Orden des hl. Johannes war ja als Krankenpflegebruderschaft gegründet worden und beschäftigte sich Zeit seines Bestehens intensiv mit medizinischer Forschung (s. S. 79).

Der **Innenhof** ist von zweistöckigen, Schatten spendenden Arkaden umgeben. In der Mitte sieht man ein Mosaik

Mein Tipp

Die Altstadt erleben

Wer aus den Badeorten anreist, sollte am frühen Vormittag kommen, dann kann man noch das Archäologische Museum (s. o.) und den Großmeisterpalast (s. S. 111) besuchen, bevor man in einer Taverne essen geht (außer in der Hochsaison schließen die beiden Museen um 15 Uhr). Am besten kommt man in der Woche, da sonntags viele Läden der Neustadt und montags die meisten Museen geschlossen sind.

Am schönsten ist die Altstadt aber am frühen Abend, wenn die Sonne schräg durch die Gassen fällt, das typische Kieselsteinpflaster zum Glitzern bringt und die Mauern mit warmem Glanz überzieht. Dann geben sich hier die Nachtbummler ein Stelldichein, die das großartige Restaurantangebot nutzen. Auch zum Shopping ist dies keine schlechte Zeit, geöffnet ist nämlich fast bis Mitternacht.

Klassizistische Löwenskulptur im Hof des Archäologischen Museums

aus der frühchristlichen Kirche von Arkássa auf Kárpathos und die schon sehr verwitterte Figur eines Löwen, der an einem Stierkopf nagt – sie stammt vom Ende der archaischen Epoche, spätes 6. Jh. v. Chr.

Im zweiten Stock erstreckt sich der große **Krankensaal (I)** über die ganze Breite der Hauptfassade. Aufgrund seiner Höhe war er auch im Sommer kühl, in den kleinen Verliesen an seinen Seiten lagen die Aborte. Heute werden hier Grabsteine und Wappen aus der Ritterzeit gezeigt. Eine Grabplatte zeigt z. B. einen Ritter in der Mönchstracht aus dem frühen 15. Jh. Eine zweite Grabplatte, die des Pierre de la Pymorage, stammt von 1402 und zeigt einen Ritter in voller Rüstung.

In den Räumen, die sich im Südwesten an den Saal anschließen, sind römische und hellenistische Skulpturen ausgestellt, die alle von den Dodekanes-Inseln stammen. Besonders berühmt ist die **»Kauernde Afrodite«** in Saal IV. Die Marmorkopie einer Bronze des 3. Jh., die 1928 im Hafenbecken von Rhodos gefunden worden war,

zeigt die Göttin der Sinnlichkeit und der Schönheit, wie sie dem Bad entsteigt. Überrascht hebt sie die Haare empor, um sich nach einem Beobachter umzuschauen. Dieser ›rhodische Typ‹ der Afrodite war einer Abwandlung eines Originals des pergamenischen (oder bithynischen) Bildhauers Doidalses, dessen Entwurf bis in römische Zeit vielfach kopiert wurde.

Afrodite als Mutter der Nymphe Rode, der die Insel ihren Namen verdankt, ist zudem in der lebensgroßen Figur einer **»Großen Afrodite«** vertreten (Saal VI). Es handelt sich um eine abgewandelte Form der Venus von Milo mit nach hinten geflochtenen Haaren und bis unter die Scham heruntergelassenem Gewand. Diese ›unzüchtige‹ Statue versenkten die Gesandten des christlichen Kaisers Konstantin lieber im Meer, als sie die antiken Statuen von Rhodos nach Konstantinopel bringen sollten. 16 Jahrhunderte lang scheuerten dann die Kiesel der Brandungszone an ihr, bis sie 1929 aus dem Meer beim Hotel des Roses geborgen wurde.

Im gleichen Raum wird ein **Kopf des Helios** gezeigt, einst der Hauptgott von Rhodos und Gatte der mythischen Nymphe Rode (s. S. 58). Das Skulpturwerk stammt aus der 1. Hälfte des 2. Jh. v. Chr. und gehörte wahrscheinlich zum Fries am Haupttempel der Stadt.

Am Hinterkopf scheint ein vergoldeter Strahlenkranz aus Metall befestigt gewesen zu sein. Man hat vermutet, dass es sich um die Kopie des Kopfes des Kolosses handelte. Gute Gründe sprechen auch dafür, dass er einem Alexander-Porträt von Lysipp nachgebildet war: der typische Haarwirbel in der Kopfmitte, die leichte Linksneigung des Kopfes und die (nach Plutarch) »sehnsuchtsvolle Schwermut« des Blicks.

Die eindrucksvolle **Grabstele der Timarista und Krito** in Saal III, der früheren Küche des Hospitals, wurde geschaffen in der Mitte des 5. Jh. v. Chr. und in der Nekropole von Kámiros gefunden. Mutter und Tochter nehmen Abschied voneinander: Links Krito, die zur Mutter die rechte Hand hebt, als wollte sie sie festhalten, der Kopf ist in Trauer gesenkt. Rechts Timarista, die Verstorbene, sie hat wie tröstend den Arm auf die Schulter der Tochter gelegt, doch der Fuß ist schon auswärts gestellt – sie muss gehen.

Dieses Relief ist sehr ungewöhnlich. Zum einen wurden auf antiken Grä-

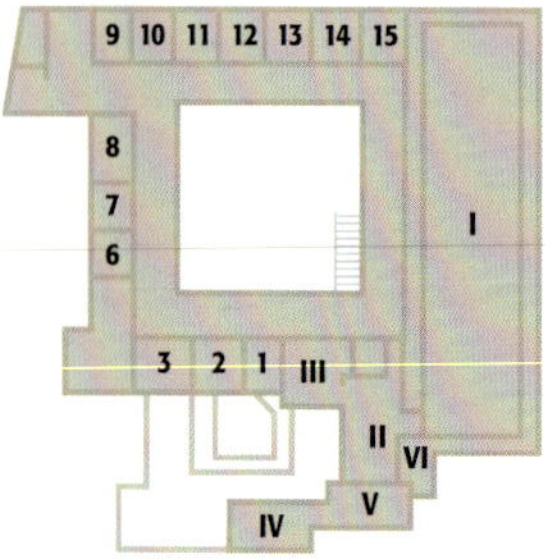

Archäologisches Museum: Obergeschoss

bern eher Totenbett-Szenen dargestellt, die die Toten beim letzten Mahl zeigen, zum anderen waren es fast immer Männer, ergraute Patriarchen oder junge Krieger, die so aufwendig geehrt wurden. Bemerkenswert ist auch, dass die Gewänder der Frauen nicht dorisch sind, sondern dem ionischen Kulturkreis entstammen. So könnte es sich hier um eine bewusste Anlehnung an die Tradition der Sappho von Lesbos handeln, die nicht nur die erste Dichterin der Griechen war, sondern auch Schulen für Mädchen führte, in denen die empfindsame Dichtung gelehrt wurde.

Die **Kouros-Statuen** aus dem 6. Jh. v. Chr. gegenüber im selben Saal wurden ebenfalls in Kámiros gefunden. Die strengen Jünglingsstatuen sind typisch für die noch sehr statische Kunst der archaischen Epoche, die noch nicht zu den lebendigen Bewegungsformen der Klassik gefunden hatte. Ihre Haartracht ähnelte ägyptischen Vorbildern und weist auf die intensiven Kontakte zwischen Griechenland und dem Pharaonen-Reich in dieser Zeit hin.

Von Saal III ziehen sich 15 weitere Ausstellungsräume rund um den Innenhof, die **Funde aus den Nekropolen** und aus den Weihedepots von Ialysos und Kamiros verwahren. Vor allem Letztere belegen durch Opfergaben, die aus Ländern zwischen Italien, Ägypten und dem Iran stammen, die weitgespannten Reisekontakte von Rhodos vom 9. bis zum 4. Jh. v. Chr.

Besonders bemerkenswert erscheinen die bemalten Amphoren im sogenannten rhodischen Fikellura-Stil, die schon um 500 v. Chr. Hirsche und Pfauen zeigen – bis heute die Wappentiere der Insel.

Ritterstraße 6

Die Odos Ippoton, die Ritterstraße, führt von der Platia Moussio hinauf zum Großmeisterpalast. Seit 400 Jahren scheint sich hier nichts verändert zu haben, nicht eine einzige Reklametafel verschandelt die ockerfarbenen Bruchsteinmauern. Unter italienischer Verwaltung wurden die türkischen Holzanbauten wieder entfernt und die historischen Paläste in alter Form renoviert. Da eine Besichtigung der ›Herbergen‹ des Ordens, die als Verwaltungssitze dienen, zumeist nicht möglich ist, bleibt nur, die Fassaden mit den aufwendigen Wappenschildern der Ritter von Rhodos zu betrachten.

Fast alle Gebäude, darunter viele der ›Herbergen‹ des multinationalen Ordens des hl. Johannes, stammen aus den letzten 50 Jahren vor seiner Vertreibung. Die sogenannten Herbergen

Das antike Rhodos: Die antike Akropolis, einst das heilige Zentrum der Stadt, kann man vom Archäologischen Museum auf einem interessanten Spaziergang zu Fuß erreichen, wenn man über die Ritterstraße und schließlich die Voriou Ipirou auf den Stadthügel wandert (ca. 45 Min., s. S. 138).

(Auberges) waren die Hauptgebäude der einzelnen Landsmannschaften der Ritter, die aus allen europäischen Regionen stammten und ›Zungen‹ (Langues) genannt wurden. Die Funktion der Herbergen wird aus einer Ordensregel deutlich: *Frates nostri per nationes una comediunt et congregantur* (»Unsere Brüder speisen und versammeln sich nach Nationen getrennt«). Die Herbergen dienten zugleich als Quartiere für die Pilger nach Jerusalem, die hier auf Rhodos häufig Station machten.

Gegenüber dem Neuen Ordenshospital mit dem Archäologischen Museum steht als erstes die **Herberge der Italiener,** über deren winziger Hauptpforte das Wappen des Großmeisters del Carretto zu sehen ist. Direkt daneben folgt der **Palast der französischen Großmeister**; man erkennt das Wappen von d'Amboise und von de l'Isle Adam, jenes unglücklichen Ritters, der Rhodos den Türken übergeben musste.

Daran schließt sich die **Herberge der Franzosen** an, deren mächtige Gewölberäume mit Bogenportalen als Kontore dienten. Über dem Eingang das Wappen des Großmeisters d'Amboise, darüber folgt das Lilienwappen der französischen Könige und das mit einem Kardinalshut geschmückte Wappen von Pierre d'Aubusson, unter dem der Bau fertiggestellt wurde.

Hinter der Herberge biegt eine kleine Gasse ab, die meist verschlossen ist. Sie führt zum **Haus des Djem,** das ein sehr schönes Portal im – auf Rhodos seltenen – Stil der Renaissance besitzt und wohl erst nach 1511 erbaut wurde. Djem war ein türkischer Prinz, Bruder des Sultans Beyazıd, der diesem in den Nachfolgekämpfen unterlag und 1481 nach Rhodos flüchtete. Die Ritter empfingen ihn mit offenen Armen – und benutzten ihn als Geisel gegen die Türken. Schon 1489 wurde er an den Papst ausgeliefert, dann fiel er als Kriegsbeute an Karl VIII. von Frankreich, in dessen Feldlager er um 1504 starb. Ob Djem jemals dieses Haus betrat, ist also mehr als fraglich.

Gegenüber der Herberge der Franzosen steht der **Villaragut-Palast** von 1489 im Stil der katalanischen Gotik mit einem hübschen türkischen Brunnen im Hof. Kurz vor dem ersten Gewölbe, das die Ippoton überspannt, folgt rechts die **Kirche Agía Triáda** mit einem gotischen Baldachinerker. Sie stammt aus der Zeit um 1370. An der Fassade sind die Wappen der Großmeister de Villeneuve und de Gozon (des Drachentöters, S. 83) zu erkennen.

Der Gewölbetrakt über der Straße gehört schon zur **Herberge der Spanier,** die auf der linken Seite anschließt und mit dem Wappen des Großmeisters Fluvian zwischen 1421 und 1437 datiert.

Gegenüber steht dann als letzte die **Herberge der Provence,** die zuletzt 1518, vier Jahre vor dem Fall der Stadt, erneuert wurde. Über dem Eingang erkennt man die Wappen des französischen Königs, das Ordenswappen, das des Großmeisters del Carretto und des Provenzalen de Flota, der die Erneuerung wahrscheinlich bezahlt hat.

Die Ritterstraße mündet dann in eine hohe gotische Wandelhalle. Diesen Gang, der vom Großmeisterpalast rechts (s. unten) zur heute zerstörten Johannes-Kirche führte, haben die Italiener ebenfalls gänzlich neu gebaut.

Großmeisterpalast 7

Di–So 8–15, Juni–Sept. 8–19.40 und Mo 13.30–19.40 Uhr, Eintritt 6 €, Kinder frei

Der Großmeisterpalast (Palace of the Knights) war das Machtzentrum des Johanniterordens. Eine erste Festung wurde schon im 8. Jh. während des Arabersturms errichtet, im 14. Jh. bau-

Die Süleyman-Moschee erinnert an die einst große muslimische Gemeinde der Stadt

ten die Kreuzritter sie dann als Zitadelle aus. Doch das originale Gebäude wurde 1856 bei der Explosion des türkischen Pulvermagazins in der Johannes-Kirche stark beschädigt.. Die Kirche lag auf der anderen Seite des Platzes, dort wo heute das klassizistische Schulgebäude steht. Der italienische Gouverneur de Vecchi begann 1937 mit dem Wiederaufbau. Um historische Treue ging es aber nicht; schließlich sollte der Palast der Repräsentation des faschistischen Italien dienen. Mussolini plante sogar, hier seine Sommerresidenz einzurichten. 1940 waren die Arbeiten beendet, aber wenig später mussten die Italiener ihre Großmachtträume schon begraben.

Der Haupteingang mit seinen mächtigen gebauchten Türmen gehört zu den wenigen erhaltenen Originalteilen des von den Italienern neu gebauten Palastes. In den Nischen des weiten Innenhofs stehen lebensgroße römische Statuen aus dem 2. und 1. Jh. v. Chr. Sie wurden von der Insel Kós hierher gebracht und sind in bemerkenswert gutem Erhaltungszustand.

Im Erdgeschoss wird eine Mittelalter-Ausstellung zur Ordensherrschaft gezeigt. Hier sind auch die bedeutendsten Ikonen der Insel zu sehen, etwa doppelseitige Prozessionsikonen aus dem 14. Jh., die u. a. eine Kreuzigung und eine sehr seltene Darstellung des Säulenheiligen Simon Stylites zeigen. Eine Antikenausstellung zeigt Skulpturen, dokumentiert aber auch die Stadtanlage im Altertum.

Die oberen Räume sind mit antiken Marmorteilen und Bodenmosaiken von der Insel Kós ausgestattet. Daneben sind aber auch alle Einrichtungsgegenstände aus der Zeit des italienischen Gouverneurs de Vecchi, darunter ein riesiger Schreibtisch mit geschnitzten barbusigen Putten, erhalten. Der zweite Saal wird von einer Kopie der Laokoon-Gruppe beherrscht, die rhodische Bildhauer im 1. Jh. v. Chr. schufen (s. S. 76). Die Mosaiken in den folgenden Räumen zeigen mythologische Gestalten, darunter den Kampf des Poseidon mit dem Giganten Polybotes (s. S. 268). Besonders schön das Mosaik mit den Porträts der neun Musen am Ende des Rundgangs, denen jeweils ein typischer Gegenstand beigefügt ist. Gut zu erkennen sind Thalia (komische Dichtung) mit einer lachenden Fratze, Polyhymnia (Mimik) mit einem Spiegel und Erato (lyrische Dichtung) mit einer Leier.

Orfeos-Straße

Hinter dem Großmeisterpalast kommt man auf die Orfeos, die nach rechts erst zum Antonius-Tor, dann zum **Amboise-Tor** führt, einem der mächtigsten Tore der Altstadt. Es entstand um 1512 unter Großmeister Emery d'Amboise und ist außen mit einem prächtigen Relief im französischen Flamboyant-Stil der Hochgotik versehen.

Nach links haltend gelangt man zum **Uhrturm** 8 (Roloj), der auf Fundamenten eines byzantinischen Festungsturms steht. Unter den Osmanen zeigt seine Glocke an, wann die Griechen die Stadt verlassen mussten, denn sie durften sie nur tagsüber betreten. Nach privater Restaurierung dient er heute als Café-Bar; von oben genießt man einen schönen Blick über die Stadt bis hin zur antiken Akropolis (Eintritt 5 €, bei Verzehr frei).

Süleyman-Moschee 9

Nur nach Gebetszeiten in Begleitung des Hodscha zugänglich

Die rosa getünchte Moschee mit dem markanten Minarett hat ein schönes Eingangsportal, das aus verschiedenen Reliefplatten im frühen Renaissancestil zusammengesetzt ist. Sie ist ein beherrschender Blickfang, erbaut gleich nach der Einnahme von Rhodos zu Ehren von Sultan Süleyman. Der heutige Bau stammt jedoch aus dem Jahr 1808, ist ebenfalls unter Verwendung ›christlicher‹ Bauteile errichtet worden, die teils aus einer byzantinischen Kirche (die Säulen des Vorhofs), teils aus Renaissancepalästen der Ritter (das Eingangsportal) stammen.

Die Moschee wird von den wenigen türkischstämmigen Muslimen in Rhodos noch genutzt, ist aber meist verschlossen. Wer die Moschee betritt, muss, wie in allen Moscheen üblich, die Schuhe ausziehen. Das Innere wirkt wie bei den meisten islamischen Gebetshäusern eher schlicht. Lediglich Teppiche bedecken den Boden, gegenüber dem Eingang liegt die nach Mekka ausgerichtete Gebetswand (Kibla), daneben steht als einziges Möbel die hölzerne Treppe, die zur Predigtkanzel (Minbar) hinaufführt. Schmuckverzierungen zeigen nur die Trompen, die zur Kuppel überleiten: Die stalaktitenartige Stuckatur ist ein in der islamischen Kunst häufig verwendetes Motiv (Mukarnas).

Osmanische Bibliothek 10

Mo–Sa, 9.30–15 Uhr, Eintritt frei

Die 1793 von Hafiz Ahmet Aga gestiftete Bibliothek, an der Sokratous gleich gegenüber der Süleyman-Moschee, wurde sehr schön restauriert. Im Vorsaal sind Faksimiles einiger alter Handschriften ausgestellt. Die kostbarsten Exemplare liegen heute jedoch im Banktresor. Sie waren Ende der 1990er-Jahre gestohlen und nur mit Glück wieder aufgefunden worden. Ursprünglich diente die Bibliothek als Medrese (Koranschule) für die Süleyman-Moschee.

Auf Entdeckungstour

Über Zinnen und Türme – die Mauern von Rhodos

Den eigentlichen Charme der Altstadt von Rhodos machen die nahezu vollständig im Zustand von 1522 erhaltenen Mauern aus. Die imposanten Verteidigungsanlagen der Ritterzeit kann man auf mehreren Wegen entdecken.

Planung: Juli/Aug. Di–So 8.30–13 Uhr, sonst ist nur Di u. Sa das Kanonentor im Hof des Großmeisterpalastes geöffnet, sodass man die Mauerkrone bis zum Koskinoú-Tor abgehen kann. Eintritt 2 €, Tickets im Großmeisterpalast.

Alternative: Ebenso eindrucksvoll ist der Weg durch den Graben, den man am Taxistand beim Sound & Light-Areal betreten kann. Er verläuft bis zum Akándia-Tor an der Alchadeff-Straße. Auch ein Spaziergang durch die Schanzenwäldchen auf der äußeren Seite des Grabens bietet schöne Blicke auf die Mauern und Tore von Rhodos.

Woher man auch kommt, immer muss man durch eines der mittelalterlichen Tore, beim Stadtbummel stößt man in jeder Richtung auf hochragende Wälle. Diese Anlagen entstanden nach der ersten Belagerung von 1480 unter Sultan Mehmet, deren Zerstörungswerk ein Erdbeben im folgenden Jahr vollendete. Danach begannen die Ritter in fieberhafter Eile die Mauern zu modernisieren, wobei ihnen Architekten aus Italien und Frankreich zu Hilfe kamen.

Modernster Festungsbau Europas

Um der Zerstörungskraft der immer stärkeren osmanischen Kanonen zu trotzen, wurden die Wälle auf bis zu 12 m verbreitert und mit geböschten Fundamenten sowie Rundtürmen versehen, an denen die Kugeln abprallen konnten – es waren damit die besten Anlagen ihrer Zeit. Auf den Mauerkronen standen nun nicht mehr Ritter mit Pecheimern und Bogen, sondern Geschütze, die die Schanzen und das von jeder Bebauung freigehaltene Gelände rund um die Stadt bestreichen konnten. In den auf über 50 m verbreiterten Gräben wurden 15 m hohe Terrepleins angelegt, isolierte Vorwerke, die mit einer eigenen Besatzung versehen waren.

Alle Nationen vereint

In der Ritterzeit waren die Stadtmauern in acht Abschnitte aufgeteilt, die jeweils von einer Landsmannschaft (›Zunge‹) des Ordens (s. S. 79) verteidigt und auch instand gehalten wurden. Auf dem Abschnitt vom **Naillac-Turm** am Hafen bis zum Großmeisterpalast kämpften die Franzosen, vom Amboise-Tor bis zur Ágios Geórgios-Bastion die Deutschen.

Die Bastionen beim **Amboise-Tor** mit den beiden charakteristischen Rundtürmen sind die aufwendigsten von Rhodos: Der Torweg knickt mehrfach ab und ist teilweise überdeckt, über 20 m ist allein die vordere Bastion stark. Zwischen dieser und dem Großmeisterpalast wurde ein zweiter Graben eingezogen, der allerdings nur mit schwächeren Mauern gesichert ist. Über dem bogenförmigen Außentor ist ein großes Wappenrelief angebracht: Ein Engel hält das Ordenswappen und das des Großmeister d'Am-

boise. Die **Georgsbastion,** die jüngste und stärkste Anlage, wurde erst kurz vor der Belagerung von 1522 fertiggestellt. Am viereckigen, hohen Turm ist ein Relief des hl. Georg als Drachentöter angebracht. Der Abschnitt von hier bis zum **Turm von Spanien** wurde von der Zunge der Auvergne verteidigt, ihnen folgten die Spanier bis zum **Marienturm.**

Durch das nahe **Ágios Athanásios-Tor** soll der siegreiche Sultan Süleyman am 1.1.1523 in die Stadt geritten sein, danach wurde es zugemauert und erst 1922 von den Italienern wieder geöffnet. Seine außergewöhnliche Form mit dem zweifach abknickenden Torweg erhielt die Anlage Anfang des 16. Jh. unter Großmeister d'Abusson, der vor dem Marienturm eine gewaltige Bastion bauen ließ.

Von der Mauer zur Bastion

Auf dem nächsten Abschnitt bis zum **Koskinoú-Tor** standen die englischen Ritter, dann kamen die Provenzalen bis zur Carretto-Bastion. Am nach Süden ausgerichteten Koskinoú-Tor, bis zum Bau der Neustadt das Haupttor der Stadt, kann man die einzelnen ›Ausbaustufen‹ am besten unterscheiden. Das Tor wird nach der kleinen Kapelle des Ágios Ioánnis Pródomos auch Johannes-Tor genannt. Die einzelnen Bauphasen lassen gut die fortlaufende Verstärkung der Bastionen gegen die zunehmende Bedrohung durch die türkische Kanonentechnik, damals die fortschrittlichste in Europa, erkennen. Vom Stadtinneren sieht man zuerst rechts den ältesten Teil, einen viereckigen Turm aus dem Jahr 1425. Dieser noch ganz mittelalterliche Bau wird umgürtet von einer spitzwinkligen Bastion mit Tor, die aus dem Jahr 1465 stammt und das Wappen des Großmeisters Raymond Zacosta über dem Außenportal trägt. Die Mauern sind zwar schon zum Graben hin geböscht, aber verglichen mit den folgenden noch relativ schwach.

Der Torweg verläuft jetzt mehrfach abknickend, über den ersten Graben, dann durch einen gedeckten Gang durch die gut 10 m breite zweite Bastion. Diese Anlage stammt aus dem Jahr 1482 und zeigt über dem Außenportal das Wappen des Großmeisters Pierre d'Aubusson und ein Relief des hl. Johannes im spätgotischen Flamboyant-Stil. Von der Brücke, die nun den Hauptgraben überquert, erkennt man, dass die Mauern durch eine ausgeprägte Böschung nach unten verstärkt sind. Auch die Rundung dieser Bastion, im Gegensatz zur eckigen Form der Ersteren, entsprach der neuesten Technik, denn sie bot Kanonenkugeln weniger Angriffsfläche.

Zwei Bastionen, zwei Gräben

Die italienische Zunge war für die Mauern bis zum **Katharinen-Tor** zuständig. Angelpunkt der Verteidigung war der Turm von Italien, heute meist nach dem Bauherrn **Del Carretto-Bastion** genannt. Bis zur Belagerung von 1480 diente sie als Stadttor, wurde dann aber zugemauert. Das geschah vor allem, weil den Türken hier beinahe der Durchbruch gelungen wäre. Aus diesem Grund wurde der gesamte Abschnitt bis zum Hafen mit einer riesigen vorgelagerten Verteidgungsinsel geschützt, sodass zwei Bastionen und zwei Gräben hintereinanderlagen.

Die Seemauern

Die inneren Hafenmauern verteidigten die Kastilier. Die Wälle waren bautechnisch deutlich schwächer, nur die Abschnitte am Collachio wurden etwas breiter angelegt. Von der Bedeutung des Hafens für die Stadt künden die zahlreichen Tore: Das **Katharinen-Tor** im Osten und das **Paulus-Tor** zum Mandráki schützten die Zugänge von Land. Das **Juderia-Tor** (auch Panagía-Tor nach der Marienkirche gegenüber genannt) führte ins Judenviertel, deren Bewohner vielfach als Schauerleute im Hafen arbeiteten. Das imposante **Marine-Tor** besteht aus zwei mächtigen Rundtürmen, dazwischen erkennt man ein Relief mit Maria, Johannes und Petrus (s. S. 87). Dies ist auch heute noch der Hauptzugang in die Stadt für die Besucher der Kreuzfahrtschiffe. Am **Hospital-Tor** gab es einen direkten Zugang vom Hafen zum Ordenshospital. Ein viertes Tor lag schließlich am Arsenal, der Schiffswerft auf der heutigen Platia Symis.

Center of Contemporary Art 11

179 Sokratous, beim Café Palio Sistio, Di–Sa 9–14 Uhr

Das Zentrum in der Altstadt zeigt wechselnde Ausstellungen zeitgenössischer Künstler in einer alten Kirche; jährlich im Oktober findet hier die Mo.Te.R statt, eine große Ausstellung von Künstlern aus ganz Griechenland.

Odos Sokratous

Die **Sokrates-Straße**, die hinunter zur Platia Ippokratous und zum Marine-Tor am Hafen führt, war schon in der Ritterzeit und vermutlich bereits in der Antike die Haupthandelsstraße. Heute noch ist sie die umsatzstärkste Einkaufsmeile der Stadt. Man kann sich treiben lassen und über das Angebot staunen: Pelze, Ledermäntel, Goldschmuck, Parfüm, all das ist (jedenfalls bislang noch) aufgrund der Steuervergünstigungen für die Präfektur Dodekanes billiger als auf dem Festland.

Aber auch hier gibt es noch etwas zu sehen. Etwa das alte **Kafenío Karakusu,** das noch so aussieht wie vor 80 Jahren, heute in der Hochsaison aber geschlossen ist. Oder die **Agha-Moschee** aus dem Jahr 1820, die man nur daran erkennt, dass sie so unvermittelt in die Straße hineinragt. Wie alle Moscheen, die ja nach Südosten, zur heiligen Stadt Mekka, hin erbaut wurden, stört sie den abendländisch geradlinigen Stadtplan.

Platia Ippokratous

Die Platia Ippokratous, wo die Sokratous endet, ist der beliebteste Treffpunkt in der Altstadt (s. Lieblingsort S. 118). Markant überragt den Platz das **Marine-Tor,** in seiner strengen Harmonie das schönste Tor von Rhodos. Dahinter liegt der Kolóna-Hafen, wo die Schnell-Fähren anlegen. Von der Platia verläuft die Aristotelous-Straße entlang der **Kastellania,** dem Handelsgericht und Sitz der Marktverwaltung in der Ritterzeit, in deren Gewölben heute ein Weinhändler residiert.

Platia Martyron Evreon

Der große Platz, akzentuiert von einem Brunnen mit drei bronzenen Seepferdchen, ist nach den Juden von Rhodos benannt, die noch kurz vor Kriegsende in die Konzentrationslager deportiert worden waren (s. S. 124).

Am Ende des lang gestreckten Platzes bietet die malerische Ruine der **Kirche Panagía tou Bourgoú** 12 aus dem 14. Jh., einst die größte Kirche der Stadt, ein romantisches Bild. Früher wurde sie von der Odos Alchadeff zerschnitten, heute ist sie teilrenoviert und Spielstätte für Klassikkonzerte zwischen Juni und August.

Katharinen-Hospiz 13

Pindarou, Di–Sa 8.30–14.30 Uhr, Juli/Aug bis 17 Uhr, Eintritt frei

Das Katharinen-Hospiz, eine Pilgerherberge aus der Ritterzeit, wurde vor einigen Jahren aufwendig restauriert. Rhodos war im Mittelalter eine beliebte Station der Pilger ins Heilige Land (zum Teil lebte der Orden auch davon, diese Fahrten zu organisieren, als ein mittelalterlicher Reiseveranstalter quasi). Besonders schön sind die Chochláki-Böden (Kieselmosaiken) in den Höfen und Sälen. Im Obergeschoss ist eine Dokumentation zur Grabung im antiken Hafen zu sehen, dessen Kai hinter dem Hospiz lag. Besonders spannend sind die Funde aus der antiken Müllkippe, die bei den Arbeiten entdeckt wurde. Zahlreiche Kleinfunde, darunter auch erotische Darstellungen, geben Auskunft über das Alltagsleben in der Antike.

Odos Pythagora

Nun ins türkische Viertel: Man beginnt an der Platia Ippokratous und geht die

GREEK STEAK HOUSE
ΠΛΑΚΑ
PLAKA entrance

Lieblingsort

Abends an der Platia Ippokratous

Sicher gibt es stillere und romantischere Ecken in der Altstadt von Rhodos, hier hat man aber am meisten zu gucken. An dem Platz mit dem Eulenbrunnen kommt jeder mindestens einmal vorbei, und fliegende Händler und die Kellner der Terrassencafés und Restaurants versuchen mit viel Tamtam, Kunden zu werben. Ich sitze gern auf der Freitreppe der Kastellania und genieße dieses große Theater.

Pythagora hoch. Hier ist vom Tourismus nur noch wenig zu spüren, doch in türkischer Zeit, vor dem Bau der Neustadt, war dies eine der Hauptstraßen der Stadt. Man erkennt es an der aufwendigen Pflasterung mit großen Steinplatten.

Bald sieht man rechts das schlanke Minarett der **Ibrahim-Moschee** 14. Das Bethaus wurde 1531 von einem Großwesir des Sultans Süleyman gestiftet und wird von der islamischen Minderheit von Rhodos bis heute genutzt, ist aber meist verschlossen. Nach dem Gebet kann man den Hodscha aber um eine Besichtigung bitten.

Dann unterquert man den klassizistischen, über die Straße gebauten Palast des osmanischen Statthalters (19. Jh.) und erreicht die **Platia Konti,** wo ein Stück der byzantinischen Befestigung freigelegt wurde. Die Mauer, in der antike Säulentrommeln verbaut wurden, liegt jetzt tief unter dem heutigen Straßenniveau. Sie stammt aus dem Jahrhundert des Arabersturms, als Rhodos mehrfach überfallen wurde und den größten Teil seiner Bevölkerung verlor.

Am Ende der Pythagora lohnt ein Abstecher zur Ágios Ioánnis- oder Koskinoú-Bastion (s. S. 116).

Mein Tipp

Bars auf dem Hamam Place

Die **Platia Arionos,** im Jargon meist nach dem türkischen Bad ›Hamam Place‹ genannt, war immer sehr still und abgelegen. Jetzt aber haben hier mehrere top-moderne (und nicht ganz leise) Music-Bars das Regiment übernommen, und nachts ist hier inzwischen der Hot Spot der Jugendszene. Größte Location ist hier das **Telxines** 5 (spr. *telchines)* mit Bar, Restaurant, Eiscafé und Music-Club: www.telxines.gr, tgl. ab 18.30 Uhr.

Omirou und Platia Dorieos

Von der Pythagora biegt die von zahlreichen Schwippbögen überspannte **Odos Omirou** ab. Sie führt zur hübschen Platia Dorieos mit der **Redjab-Moschee** 15**.** Die 1588 erbaute Moschee ist arg vernachlässigt und notdürftig mit Stützgerüsten vor dem Einsturz geschützt, sie soll aber mit ihren farbenprächtigen Iznik-Fliesen die schönste von Rhodos gewesen sein. Sie entstand als Stiftung eines osmanischen Statthalters, dessen Sarkophag in einer Türbe im Moscheegarten steht. Gut erhalten ist der überdachte Reinigungsbrunnen, der der von ausladenden Baumkronen beschatteten Platia Dorieos ein romantisches Flair verleiht – in den Tavernen dort kann man schön einkehren.

Kirche Ágios Fanoúrios 16

Agiou Fanouriou, Ecke Omirou, tgl. 9–12, 16–19 Uhr, Spende erwünscht

Schräg gegenüber der Moschee duckt sich unauffällig, kaum kopfhoch ein rot-weiß gestrichener Bau, der vermutlich die älteste noch bestehende Kirche von Rhodos-Stadt ist. Ebenso wie die sehr ähnliche Kirche Chostós in Líndos (s. S. 202) könnte sie aus dem 9. Jh. stammen. Bis auf den modernen Eingangstrakt an der Agiou Fanouriou liegt sie tief unter dem heutigen Bodenniveau, tiefer sogar als die Fundamente aus der Ritterzeit.

Uralte Fresken, gedunkelt vom Kerzenruß der Jahrhunderte, bedecken die Innenwände der Kirche. Die älteste der drei erhaltenen Freskenschichten wird in die letzten Jahre des 13. Jh. zurückdatiert. Die besterhaltene Darstel-

Nachts öffnen an der Platia Arionos die Music-Bars – tagsüber herrscht hier schläfrige Idylle

lung ist ein Stifterbildnis mit zwei Erwachsenen, von denen einer das Modell der Kirche hält, und zwei Kindern. Es stammt aus dem Jahr 1335/36 und ist in der rechten Nische des tonnengewölbten Westarms zu sehen, der zu dieser Zeit verlängert wurde. Erst damals muss die Kirche auch dem hl. Phanourios geweiht worden sein, der nur auf Rhodos und Kreta verehrt wird (seit Mitte des 14. Jh.).

In schlechterem Zustand sind die anderen Fresken. An den Tambourwänden des Kuppelraums sieht man die 16 Propheten, im Scheitel thront Christus als Pantókrator (Allesbeherrscher) mit dem Buch des Weltgerichts, darunter sind Engelsgestalten einer Auferstehungsszene zu erkennen. Das Tonnengewölbe und die Wände waren mit dem 12-Feste-Zyklus (Dodekaortón) sowie Szenen vom Jüngsten Gericht und aus dem Leben Johannes des Täufers verziert.

Platia Arionos

Durch die Agiou Fanouriou geht man bis zur Andronikou, die zum **Türkischen Bad (Hamam)** 17 führt. Das unter Sultan Selim II. (1566–1574) erbauten Bad mit mächtigen Kuppeln gilt als eines der größten im gesamten Osmanischen Reich. In jeweils jeweils abgesonderten Männer- und Frauentrakten kann man bis heute ganz stilecht auf orientalische Sitte baden. 2003 wurde die Anlage restauriert, baulich ist vieles aber noch im Originalzustand (Di–Sa 10.30–16.50 Uhr, Eintritt 5 €).

Die **Mustafa-Moschee** 18 gegenüber entstand während des Sultanats Mustafas III. (1754–1774). Am Portal mit einer arabischen Inschrift zur Lobpreisung Allahs sind Bauelemente der Renaissance zu finden. Auch byzantinische Bauteile sind zu erkennen, etwa am Reinigungsbrunnen, der aus reliefierten Marmorplatten zusammengesetzt ist.

Platia Athinas
Durch eine Gasse rechts hinter der Moschee erreicht man wieder die Agiou Fanouriou, an der einige einfache Tavernen liegen. An dem kleinen Straßenknick führt ein dunkler Durchgang zur Platia Athinas, einem großen unbebauten Gelände mit den Ruinen der spätbyzantinischen **Kirche Míchail Archángelos** 19. Wie die gesamte Bebauung ist auch die Kirche im Zweiten Weltkrieg einem Bombenangriff zum Opfer gefallen. Hinter der Kirchenruine erstreckt sich eine größere **Ausgrabung** des antiken Rhodos. Die Fundamente dieser Stadt liegen gut 3 m unterhalb des heutigen Straßenniveaus. Wenn Sie sich nun links halten, stehen Sie urplötzlich wieder auf der Sokrates Straße, mitten im hektischen Trubel dieser an unterschiedlichen Eindrücken so reichen Stadt.

Übernachten

Mittelalter-Charme – **Attiki** 1: Theofiliskous/Haritos, Tel. 22410 3 65 96, www.hotelattiki.com, DZ 54 € (NS) bis 95 (HS). Ruhig gelegenes Altstadthaus, mit Schriftstellerzitaten dekorierte Zimmer mit Mittelalterflair. AC, Kühlschrank, WLAN, Sauna und Leihfahrräder sind im Preis enthalten. Großer Garten mit Sonnenliegen.

Mitten drin – **Domus** 2: Platonos, Tel. 22410 2 59 65, www.domusrodos hotel. gr, DZ 44 € (NS) und 68 € (HS). Kleines Hotel mit 19 Zimmern an einem ruhigen, zentralen Platz, jedoch nur 20 m von der Sokratous-Straße entfernt. Rustikale Zimmer mit Du/WC, kürzlich renoviert, mit AC, Kühlschrank, WLAN.

Familiär – **Olympos** 3: 56 Ag. Fanouriou, Tel. 22410 33 567, www.pension-olympos.com, DZ 50 € (NS) u. 75 € (HS). Eine familiäre Pension an der verschwiegenen Fanouriou-Gasse, geführt von einer Familie von der Insel Kárpathos. Einfache Zimmer mit AC und Kühlschrank in einem verwinkelten Altstadthaus mit Garten, nette Wirtsfamilie.

Romantisch – **Pension Sophia** 4: 27 Aristofanous, Tel. 22410 3 09 90 und 22 410 3 61 81, DZ ab 45 € (NS) bis 70 € (HS). Hübsch renoviertes Altstadthaus nahe der Archangelos Michael-Kirche, sehr ruhig aber doch zentral gelegen. Romantisch eingerichtete Zimmer in gelb-orange mit AC und Kühlschrank, kleiner Garten.

Versteckt – **Spirit of the Knights** 5: 14 Alexandridou, Tel. 22410 39 765, www.rhodesluxuryhotel.com, DZ 105 € (min. NS) bis 350 (max HS). Sehr versteckt gelegenes Luxushaus, das das historische Flair als Gesamtkunstwerk pflegt. Sechs historisch eingerichtete Zimmer (mit WLAN), im Garten ein Pool ausgelegt mit Kieseln, des Weiteren Yoga-Kurse und Aromamassagen auf Anfrage.

Essen & Trinken

Traditionstaverne – **Alexis** 1: 18 Sokratous , Tel. 22410 2 93 47, tgl. 12–15, 19–24 Uhr, Vorspeisen ab 5–15 €, Hauptgerichte 11–27 €. Berühmteste Fischtaverne in der Altstadt, gegründet 1957 – sogar der legendäre Reeder Onassis war in dem mit Erinnerungen vollgehängten Innenraum schon zu Gast. Reservieren unbedingt erforderlich, es gibt nur exklusiv wenige Tische draußen!

Versteckt – **Hatzikeli** 2: 9 Alchadeff, Tel. 22402 72 15, tgl. 12–14.30, 18–23 Uhr, Vorspeisen ab 5–12 €, Hauptgerichte 9–25 €. Das Restaurant liegt etwas versteckt hinter der Kirchenruine und ist ein Geheimtipp unter (nicht ganz armen) Rhodiern. Durchaus mit Anspruch kredenzt man hier Fisch und

»100 traditionelle griechische Gerichte«, wie der Aushang verspricht. Und als Clou kann man sogar aus einem umfangreichen Angebot an Zigarren wählen.

Ritterpalast – **Ippotikon** 3: 5 Pl. Martiron Evreon, Tel. 22410 2 52 93, tgl. ab 10 Uhr, Vorspeisen 5–10 €, Stifado 9 €, Salate um 8 €. Sehr schön in einem alten Stadtpalast aus der Zeit der Ritter. Am besten sitzt man auf der Dachterrasse, innen mit romantischer historischer Einrichtung. Die Küche klassisch mit internationalem Standard, ab 21 Uhr Livemusik.

Fischerflair – **Lefteras** 4: Evdoxou 49, nahe Ag. Fanouriou, Tel. 22410 38 597, Vorspeisen ab 4 €, Hauptgerichte ab 8 €, große Grillplatte 45 €, Fischplatte mit Languste 80 € . Ganz versteckt gelegene Taverne, die nur abends öffnet. Dann wird an den blauen Tischen rund um das in den Hof gestellte Fischerboot eine tradtionelle Inselküche mit guter Fischauswahl serviert.

Nette Snacks – **Ntinos** 5: 7 Dimokritou, Tel. 22410 3 18 20, Vorspeisen um 4 €, Hauptgerichte ab 9 €. Die kleine Taverne etwas abseits der Hauptbummelmeile serviert – versteckt in einer Nebengasse – eine unprätentiöse Grill- und Snackküche mit freundlicher Bedienung zu diskutablen Preisen.

Inselküche – **Oasis** 6: Platia Dorieos, tgl. 9–23 Uhr, Vorspeisen ab 3,50 €, Hauptgerichte ab 7 €. Urige Familientaverne unter den riesigen Ficus-Bäumen vor der Redjab-Moschee. Günstige Hausmannskost wird hier nach alter Sitte serviert, doch da die Backpacker-Kundschaft ausbleibt, ist es wohl fraglich, ob es das Oasis noch lange gibt.

Der alte Markt – **Philippos** 7: Apelou, Ecke Efdimiou, tgl. ab 11 Uhr, Vorspeisen ab 5–12 €, Hauptgerichte 9–25 €. In der Paléa Agorá, dem ›Alten Markt‹, an der Hauptflaniermeile: Wo früher die Männer im Kafénio hockten, tafelt man heute griechisch-international.

Aussicht – **Plaka** 8: Platia Ippokratous, Tel. 22410 3 56 95, tgl. 11–15, 18–24 Uhr, Vorspeisen ab 4–12 €, Hauptgerichte 11–27 €. Die Lage mit Blick über den Ippokratous-Platz ist nicht zu toppen. Wer abends an der Balustrade sitzt (reservieren!), hat den romantischsten Blick auf den Zentralplatz der Altstadt.

Echte Schwämme

An der Platia Sýmis in Rhodos-Stadt, aber auch am Embóriko-Hafen und auf dem Zentralplatz, der Platia Ippokratous, verkaufen häufig fliegende Händler gewaltig große Muscheln und anderes exotisches Meergetier. Das meiste kommt allerdings aus der Karibik; Umweltschützer beklagen inzwischen die ungebremste Raubfischerei dort. Wer Probleme beim Zoll wegen des Artenschutzabkommens vermeiden will, kann dennoch die echten Schwämme kaufen: Sie halten sehr lange, denn das Material wirkt im Gegensatz zu Kunststoff anti-bakteriell und anti-fungizid.

Mit Livemusik – **Romeo** 9: 7 Menekleous, Tel. 22410 2 51 86, tgl. 11.30–24 Uhr, Pizzen ab 7 €, Hauptgerichte ab 10 €. Ein Klassiker der Restaurantszene, etwas versteckt ganz lauschig in einer Seitengasse der Sokratous gelegen. Der Service ist aufmerksam, das Essen gut: z. B. ein schön scharfes Bekri, leckere Soutzoukakia und gute Pizzen! Ab 20 Uhr gibt's Livemusik.

Fisch und Meeresfrüchte – **Sea Star** 10: 24 Sofokleous, Tel. 22410 2 21 17, tgl. 11.30–15, 18.30–23 Uhr, Dorade 13 €, Vorspeisen (z. B. selbstgemachtes Tarama) um 4 €. Schlichte Familientaverne, spezialisiert auf ▷ S. 127

Auf Entdeckungstour

Das jüdische Viertel von Rhodos

Es gibt kaum noch Juden auf Rhodos. Doch an verschiedenen Stellen in Rhodos-Altstadt findet man ihre Spuren – nicht nur beim eindrucksvollen Denkmal auf dem ›Platz der hebräischen Märtyrer‹.

Planung: Der Streifzug durchs jüdische Viertel dauert ca. 1,5 Std., mit Ausflug zum Friedhof zu Fuß rund 3,5 Std.

Synagoge Kahal Shalom 20: Dosiadou, tgl. außer So 10–17 Uhr, Eintritt 4 €

Jüdischer Friedhof: Leoforos Kallitheas, hinter Abzweig Tsitante

Internet: Sehr gute Darstellungen auf Englisch unter: www.rhodesjewishmuseum.org, www.jewishrhodes.org

Man findet sie nur schlecht. Fensterlos stehen die Bruchsteinmauern in der Sonne, nur die Davidsterne auf den Flügeltüren geben einen Hinweis. Die Kahal Shalom-Synagoge nahe der Platia Martyron Evreon wird aber auch selten gesucht. Die meisten kehren schnell wieder auf die Souvenir-Meile beim Märtyrer-Platz zurück, wenn sie sich in die Gassen des alten jüdischen Viertels verirren. Bis heute stehen hier noch Ruinen, lange Zeit haben die Stadtväter diesen Teil von Rhodos vernachlässigt.

Die Juden von Rhodos

Dabei stellten die Juden unter osmanischer Herrschaft fast ein Viertel der Bevölkerung in der Altstadt. Anders als die Griechen durften sie innerhalb der Stadtmauern wohnen. Obwohl es schon in der Antike und in byzantinischer Zeit Juden in Rhodos gab, siedelte sich hier vor allem nach dem Abzug der Ritter 1522 eine große Gemeinde an. Es waren vornehmlich spaniolische Juden des sephardischen Ritus, die 1492 von den Katholischen Königen Isabella und Ferdinand aus Spanien vertrieben worden waren und im Reich der türkischen Sultane Asyl fanden.

Im 17./18. Jh. beherrschten sie den Weinhandel und die Seidenmanufakturen, die den Hof in Istanbul belieferten. 1819 gründete ein rhodischer Jude namens Bohor Alchadeff sogar das später bedeutendste Bankhaus des östlichen Mittelmeeres mit Hauptsitz auf Rhodos (am Anfang der Sokrates-Straße rechts, heute ein Souvenirshop). Der **jüdische Friedhof** an der Küstenstraße nach Faliráki, angelegt von den Italienern, bewahrt Grabsteine, die bis auf das 16. Jh. zurückgehen.

Vor dem Zweiten Weltkrieg besaß die jüdische Gemeinde sechs Synagogen. Viele Familien waren wohlhabend und seit Generationen im Handel tätig. Ihre Geschäfte zogen sich von der Platia Martiron Evreon bis zur Sokratous hinauf, die gesamte Platia Ippokratous war von kleinen Lädchen jüdischer Familien umgeben.

Steinerne Spuren

Die **Kahal Shalom** war die größte und ist heute die letzte **Synagoge** in Rhodos, in der noch liturgische Riten stattfinden. Angeschlossen ist seit 2001 ein kleines Museum, das Dokumente zum Leben der Juden und ihrer Vernichtung durch die Nazis zeigt. Zugleich ist beim Museum ein Faltblatt für einen Rundgang durch das Juderia-Viertel erhältlich, mit dem man heute anders genutzte Synagogen und ehemalige Häuser jüdischer Familien findet.

Die breite Straße zwischen dem Ippokratous-Platz und dem Katharinen-Hospiz hieß damals Calle Ancha. Schon bald nach dem Krieg wurde der Platz mit dem Seepferdchenbrunnen umbenannt in **Platia Martyron Evreon,** ›Platz der hebräischen Märtyrer‹, denn fast die gesamte jüdische Gemeinde war noch kurz vor Kriegsende in die Konzentrationslager deportiert worden. Ein schwarzer Monolith mit einer Gedenkinschrift erinnert seit 2001 daran.

Die Vernichtung

Auf 4000 Mitglieder schätzte man die Gemeinde im Jahr 1938, als Rhodos noch unter italienischer Verwaltung stand. Nachdem Hitler seinem Verbündeten Mussolini die Rassegesetze vom 17. November 1938 aufgezwungen und sich die politische Tonart nach einem Besuch von Goebbels auf Rhodos (1940) verschärft hatte, emigrierte etwas mehr als die Hälfte der Juden: nach Palästina, ins damalige Belgisch-Kongo oder nach Argentinien.

Der Rest blieb. Die Menschen fühlten sich in Sicherheit, sie waren ja italienische Staatsbürger, die jungen Männer hatten in der Armee gedient. Und tatsächlich konnten die Italiener ›ihre‹ Juden im gesamten Staatsgebiet vor der Deportation bewahren, obwohl die Deutschen mehr als einmal wutentbrannte Anfragen an die italienischen Regierungsstellen richteten.

Nachdem Griechenland während des Balkanfeldzugs im April 1941 besetzt und in eine deutsche und eine italienische Zone geteilt worden war, begann die Wehrmacht im März 1943 mit den Transporten nach Auschwitz. Die 50 000 Mitglieder zählende jüdische Gemeinde von Thessaloníki, ein Viertel der damaligen Bevölkerung der zweitgrößten Stadt Griechenlands, wurde vollständig vernichtet. Die Italiener auf Rhodos meldeten jedoch immer wieder lakonisch, sie hätten keine Juden.

Doch im September 1943, nach der Kapitulation Italiens unter Marschall Badoglio, landeten deutsche Sturmtruppen auch auf Rhodos und zwangen die italienische Garnison zur Kapitulation. Die deutsche Vernichtungsmaschinerie lief im Juli 1944 mit der Übernahme des Kommandos durch Generalmajor Otto Wagener (s. S. 90) an. Alle Juden der Insel mussten sich am 23. Juli am Hafen versammeln. 1716 Menschen kamen zusammen, darunter Frauen, Kinder, Greise.

Niemand schöpfte Verdacht, hieß es doch, sie sollten nur auf eine andere Insel gebracht werden. Auf Intervention des türkischen Konsuls, Şelahattin Ülkümen, mussten 46 Personen, alle Inhaber eines Passes der neutralen Türkei, jedoch wieder freigelassen werden. Alle anderen wurden auf Frachtern ins KZ Chaidari bei Athen und am 3. August in Viehwagen nach Auschwitz transportiert. Nur 151 Überlebende kehrten zurück. Zu diesem Zeitpunkt waren die Alliierten bereits in Frankreich gelandet und hatten Rom besetzt, die Rote Armee überschritt gerade die ostpreußische Grenze. Gänzlich ›judenrein‹ machte Wagener Rhodos dann im Januar 1945, als er alle restlichen Juden, die türkischen Staatsangehörigen, in einem winzigen Kaik aufs Meer zum Festland schickte. Das völlig überfüllte Gefährt wurde durch Glück von einem britischen Spähboot entdeckt und gerettet.

Der Überzeugungsnazi Wagener, der allein im März/April 1945 über 1300 Todesurteile auf Rhodos vollstrecken ließ, wurde später von einem italienischen Gericht zu 15 Jahren Haft verurteilt, auf Intervention der Adenauer-Regierung und des Vatikans aber nach vier Jahren freigelassen.

Von Auschwitz zurück

Heute zählt die jüdische Gemeinde von Rhodos nur etwas mehr als drei Dutzend Mitglieder, es gibt keinen Rabbiner mehr. Seit die frühere Kustodin, Frau Lucia Modiano, eine Auschwitz-Überlebende, sich aus Altersgründen zurückziehen musste, ist mit Spenden rhodischer Juden aus Israel, Amerika oder Argentinien, das **Jüdische Museum** neben der Synagoge aufgebaut worden. Es pflegt die Synagoge, einen großen Bau aus dem 16. Jh. mit prächtigen Leuchtern und Kultgerät aus Messing, ausgelegt mit rotem Samt, den Überlebende aus Amerika stifteten. Das Museum nebenan zeichnet vor allem in Fotodokumenten die Geschichte der rhodischen Juden nach. In alten Familienfotos von Festen, Feierlichkeiten, Trauungen und Ausflügen werden die Menschen und ihr Alltag wieder lebendig. Daneben ist kostbares Kultgerät wie z.B. uralte Thorarollen zu sehen.

Fisch, beliebt bei griechischem Publikum. Wirt Pizanias grillt den Fisch quälend langsam, dafür schmilzt er aber auch auf der Zunge.

Einkaufen

Rhodos-Stadt ist das Shopping-Paradies der Insel. Hier wird alles verkauft, von Pelzmänteln bis hin zu Werken von Athener Künstlern. Hochpreisige Markenmode gibt es dagegen in der Neustadt, bevorzugt rund um die Platia Kyprou oberhalb der Néa Agorá.

Antiquitäten – **Astero Antiques** 1: Ag. Fanouriou, tgl. außer So 9.30– 23 Uhr. Michalis Hatzis verkauft wunderbare Antiquitäten, viel altes Küchengerät aus aufpoliertem Kupfer oder Messing.

Silberschmuck – **Art Line** 2: 14 Polidorou. Viel Silberschmuck, u. a. Arbeiten mit eingearbeiteten antiken Münzen (meist aber Kopien!).

Keramik – **Aeolos** 3: 5 Apelou. Originelle Keramik, Glaswaren, Schmuck.

Ökoprodukte – **The Green Shop** 4: 162 Sokratous. Der Prasino Magazi verkauft traditionelle Produkte Griechenlands, von Honig bis Seife aus Olivenöl, Von Mastix aus Chios bis zu Schwämmen aus Sými.

Ikonen – **Kir. Hartofilis** 5: 81 Sokratous. Handgemalte Ikonen in alter byzantinischer Tradition; man bekommt aber auch katholische Heiligenmotive (Achtung: nur ›hand painted‹ bedeutet handgemalt).

Schmuck – **Illias Lalounis** 6: Platia Musiou beim Johanniterhospital. Besonders extravaganter Juwlierladen, greift vielfach byzantinische Motive auf.

Holzgeschnitztes – **Meletiou Bros.** 7: 62 Ermou. Handgeschnitzte Teetische, Paravents etc. in türkischer Tradition.

Teppiche und Antikes – **Royal Carpet** 8: zwei Läden in der Altstadt: in 33 Apelou Orientteppiche, in 17 Apelou, Ecke Polidorou wunderbare Antiquitäten. Leider stolze Preise!

Gold & Edelsteine – **Samourakis Gold** 9: 71 Sokratous, tgl. 9–23 Uhr. Juwelier mit netter deutschsprachiger Beratung, schöne Stücke mit Rubinen, Smaragden etc.

Likör – **Ouzerie Sifonios** 10: 42 Pythagora, selbst gebrannter Ouzo und verschiedene bonbon-bunte Liköre.

Abends & Nachts

Bier, Snacks und Internet – **Mango Bar** 1: 3 Platia Dorieos. So macht mailen Spaß: PC im Freien unter einer Weinlaube am ruhigen Platz bei der Redjep-Moschee.

Gartenbar – **Sokratous Garden** 2: 124 Sokratous, tgl. 9–24 Uhr. Grüne, lauschige Gartenbar, wo man in ruhiger Atmosphäre Eis, Getränke, Snacks (u. a. auch Pizza) und sogar Souvenirs erhält.

Ab dem Frühstück – **Besara** 3: Sofokleous, nahe Ibrahim-Moschee, tgl. 9–24 Uhr. Kleine, erfrischend moderne Frühstücksbar, wo sich bei aktueller Musik junge Griechen treffen.

Griechische Musik – **Resalto Club** 4: 16 Platonos, ab 23 Uhr. Griechisches Musiklokal gegenüber der Ibrahim-Moschee mit Livemusik. Das Bier kostet 9 €, denn der Preis finanziert auch die Musiker.

Party am Hamam Place – **Telxines** 5: s. S. 120

Theater und Musik – **Medieval Moat Theatre** 6: Das Theater im mittelalterlichen Burggraben heißt offiziell Melina Merkouri Theatre. Es liegt im Burggraben vor der Caretta-Bastion (Zugang vom Akandia-Tor). Das Programm kann man beim Info-Büro erfragen; die Tickets gibt es z. B. bei Manuel Music Center (s. S. 136).

Die Neustadt

Die Neustadt von Rhodos wurde unter italienischer Verwaltung ab den 1920er-Jahren gebaut, vorher standen auf der Landspitze nur einige Fischerkaten und der osmanische Friedhof mit der Murad Reis-Moschee. Zu dieser Zeit entstand mit dem Grande Albergo delle Rose auch das erste Touristenhotel der Ägäis. Doch erst in der 1950er-Jahren kam es zum Aufbau der großen Touristenstadt von heute, die die gesamt Nordspitze einimmt. Inzwischen gewinnt die Neustadt auch ein besonderes Flair als Sitz der großen Ägäis-Universität; so leben hier für Griechenland überdurchschnittlich viele junge Leute. Wer nicht in die Touristenlokale gehen will, kann daher auch Bars und Lokale besuchen, die von griechischer Jugendszene geprägt sind.

Als Standquartier ist Neu-Rhodos nicht schlecht, auch wenn die Bausubstanz vielfach sehr alt ist: Die Strände liegen direkt vor den Hotels, am Mandráki gibt es ein enormes Angebot an Bootsausflügen, wie die Altstadt hat auch die Neustadt viele erstklassige Restaurants und sogar ein Casino, in zahlreichen Bars und Discos wird bis frühmorgens gefeiert. Wer will, kann ordentlich über die Stränge schlagen.

Néa Agorá 21

Der schönste Platz der Neustadt ist der Kai am Mandráki-Hafen, wo die Italiener ihrer Fantasie vom Orient freien Lauf ließen und die Néa Agorá, ein Marktgebäude mit großem Innenhof bauten. Im Innenhof des Neuen Marktes pulsiert echt griechisches Leben, Tavernen und Restaurants reihen sich aneinander (s. Lieblingsort S. 130). In der Fischhalle in der Mitte wird morgens in aller Frühe der nächtliche Fang angeboten. An der Schauseite zum Hafen hin liegen schicke Cafés mit Lounge-Atmosphäre, unter den schattigen Arkaden zur Stadt verschiedene Geschäfte und Reisebüros.

Mandráki-Hafen

Im alten Fischerhafen liegen heute Yachten und eine ganze Armada von Ausflugsbooten. Wie in Venedig beherrschen zwei Säulen die Hafeneinfahrt – heute bekrönt von den Figuren eines Hirsches als Wappentier der Insel Rhodos und einer Hirschkuh (2009 von einem Wintersturm beschädigt). Unter

Der Hirsch am Mandráki-Hafen ist das Wahrzeichen von Rhodos

italienischer Besatzung hatte dieses heute so beliebte Fotomotiv eine etwas andere Bedeutung: Neben dem Hirsch stand da die römische Wölfin!

Koloss von Rhodos

Der ›Koloss‹ war eine riesige Statue des rhodischen Sonnengottes, fast so hoch wie die Freiheitsstatue. Sie wurde geschaffen um 292 v. Chr. zur Erinnerung an den Sieg der Rhodier über die Makedonier, blieb aber nur 65 Jahre lang stehen, dann brach sie bei einem Erdbeben zusammen.

Wie der Koloss aussah und wo er stand, war lange umstritten. Inzwischen konnten archäologische Untersuchungen zeigen, dass ein Standort auf der Basis des heutigen Nikolaos-Kastells am Mandráki-Hafen sehr wahrscheinlich ist (s. S. 78). Breitbeinig wie auf den Souvenirdarstellungen stand er dort aber mit Sicherheit nicht.

Ágios Nikólaos-Kastell 22

9–16 Uhr, Eintritt frei

Die Seefestung am Ende der Mühlenmole entstand in byzantinischer Zeit

SEA FOOD
1€
FRESH

Lieblingsort

Urige Tavernen in der Néa Agorá 21

Im Inneren des ›Neuen Marktes‹ schlagen die Uhren noch im Takt der guten alten Zeit, als man für ein Souvlaki noch keine 16 € zahlen musste, wie in den Lokalen der Altstadt. Hier gehe ich immer am liebsten essen, denn zugleich ist die Küche unprätentiös und typisch griechisch. Man sitzt abgeschirmt von den Touristenströmen im Schatten, kommt oft auch mit Einheimischen ins Gespräch.

auf den Fundamenten des zusammengebrochenen Koloss' von Rhodos und wurde von den Johanniterrittern 1467 ausgebaut. Während der Belagerung von 1480 war sie Schauplatz der blutigsten Gefechte, konnte von den Türken aber nicht eingenommen werden. Heute läuft hier eine informative Diashow zu den drei Belagerungen der Stadt durch die türkischen Osmanen. Auf der Seeseite wurden inzwischen Baureste identifiziert, die den Unterbau des Kolosses von Rhodos gebildet haben könnten (s. S. 77).

Platia Evdomis Martiou

Die breite Avenue, die von der Néa Agorá zum Stadtstrand verläuft, hieß früher Platia Eleftherias (Platz der Freiheit). Sie wird ganz von den italienischen Bauten der 1930er-Jahre geprägt. Die schlichten Formen von Bauten wie dem Rathaus und dem Theater entsprechen dem Internationalen Stil der späten 1920er-Jahre (einer vom Bauhaus beeinflussten Spielart des Funktionalismus) und wirken daher überhaupt nicht griechisch. Wie zum Trotz steht gleich hinter der Busstation die Statue von Alexandros Diakos, einem ›Helden‹ der Befreiung des Dodekanes (s. S. 89).

Die **Evangelísmos-Kirche** 23, die heutige Bischofskirche von Rhodos, errichteten die Italiener nach alten Stichen als Kopie der durch eine Explosion der türkischen Pulvervorräte zerstörten Johannes-Konventskirche. Die zunächst katholische Kirche wurde nach 1948 dem orthodoxen Ritus geweiht und ganz mit Fresken in der alten byzantinischen Tradition ausgemalt (s. auch S. 68).

Der **Bischofspalast** 24 dahinter, erbaut als Verwaltungssitz des italienischen Gouverneurs, ist in jeder Hinsicht typisch für die anspielungsreiche italienische Architektur während der Mussolini-Ära. Von der Landseite ist er gestaltet wie ein gotischer Palast, von der Seeseite ähnelt er in der Bauform dem Dogenpalast in Venedig, erinnert mit seinem geometrischen Fassadenschmuck aber zugleich an einen maurischen Kalifenpalast.

Lawrence Durrell auf Rhodos

In dem kleinen Haus ganz am Ende des Osmanischen Friedhofs, heute renoviert und Sitz einer Literaturinstitution, schrieb Lawrence G. Durrell sein Buch »Leuchtende Orangen« über seine Zeit als britischer Verbindungsoffizier auf Rhodos nach dem Zweiten Weltkrieg. Er war zwischen der deutschen Kapitulation 1945 und dem Übergang der Insel an Griechenland 1948 für den Aufbau einer Verwaltung zuständig. Durrell hat die romantische Stimmung auf dem Friedhof eindrucksvoll festgehalten – man sollte vielleicht einmal zum Sonnenuntergang hierher kommen.

Osmanischer Friedhof 25

Platia Koundourioti, Sa–Do 10–19 Uhr

Am Ende der großen Avenue scheint sich die **Murad Reis-Moschee** in einem verwunschenen Garten verstecken zu wollen. Eine türkische Familie hütet das Areal des türkischen Friedhofs und den mit der grünen Fahne des Islams bedeckten Sarkophag von Murad Reis, der die Moschee Ende des 16. Jh. stiftete. Murad Reis war ein osmanischer Admiral, der im Indischen Ozean gegen die Portugiesen kämpfte, 1565 an der Schlacht um Malta (wieder gegen die Ritter des hl. Johannes) teilnahm und auf Kreta gegen die Venezianer zu Felde zog. Er starb 1609 auf Rhodos und ist am Beginn des Friedhofs in einer Türbe, einem überkuppelten Rundpavillon, bestattet.

Die meisten Grabsteine zeigen Koranverse in arabischer Kalligraphie, manche sind mit Turbanen gekrönt und weisen den Toten so als Würdenträger aus. Rhodos war seit dem 17. Jh. ein Verbannungsort, wohin all die Höflinge abgeschoben wurden, die an der Hohen Pforte in Istanbul in Ungnade gefallen waren.

Casino (Hotel des Roses) 26

Der riesige Bau des Hotel des Roses (oder Grande Albergo delle Rose) direkt vor dem Stadtstrand von Rhodos war das erste Urlaubshotel Griechenlands. Die Italiener bauten es Ende der 1920er-Jahre im gleichen Stil wie die Néa Agorá. Die orientalischen Verzierungen ließ Gouverneur de Vecchi in den 1930er-Jahren entfernen. Heute ist das einst mondänste Hotel östlich von Rom renoviert und dient teils als Hotel, teils als Casino (s. S. 137).

Museum of Modern Art (Nestoridion Melathron) 27

100 Palms Sq., Mo–Fr 8–14 Uhr, Eintritt 3 €, das Ticket ist am selben Tag auch für alle Dependencen gültig

Andreas Ioannou, später Direktor der Nationalen Pinakothek in Athen, gründete 1959 in Rhodos eine Gemäldegalerie, die heute zur zweitwichtigsten Griechenlands zählt. Die Sammlung ist inzwischen an drei Orten ausgestellt, Nebenadressen sind die Municipal Art Gallery (s. S. 106) und das Center of Contemporary Art (s. S. 117).

Hauptmuseum ist die 2002 eröffnete Nestoridion Art Gallery. Sie bietet einen repräsentativen Überblick über die neugriechische Malerei seit Mitte des 19. Jh. und zeigt die wichtigsten Werke der Rhodischen Pinakothek, verbunden mit Namen wie Parthenis, Tsarouchis, Moralis etc. In der modernen griechischen Malerei erkennt man alle Stilrichtungen des 20. Jh. wieder, vom Expressionismus bis zur Pop Art. Beachtung verdient der naive Maler Theophilos (1868–1934), der als Autodidakt volkstümliche Szenen in einem eigenständigen Stil aufzeichnete.

Aquarium 28

Kalimnou Lerou, tgl. 9–20.30 Uhr, Eintritt 5 €, Kinder 2,50 €

Das 1924 von den Italienern erbaute Aquarium auf der nördlichsten Spitze von Rhodos war vermutlich die erste Präsentation mediterraner Fauna überhaupt; heute wirkt das einstige Prestigeobjekt allerdings etwas verstaubt. In dem Pavillon mit der typischen italienerzeitlichen Architektur kann man heute präparierte Großfische (Delfine, Haie) bestaunen; in recht kleinen Aquarien werden Kleinfische und Mollusken gezeigt. Die Stars sind zwei Meeresschildkröten, deren Alter man auf über 100 Jahre schätzt.

Übernachten

Romantisches Paradies – **Casa Antika 6**: 8 Amarandou, Tel. 22410 2 62 06, www.casantica.gr, DZ 35 € (NS) bis 75 € (HS). Von älteren Wirtsleuten geführtes Althaus mit Studios für 2–4 Pers. Ruhig gelegen in einer romantischen Gasse, geschmavoll-traditionelle Atmosphäre, individuell eingerichtete Zimmer mit Kühlschrank, AC und Kochnische.

Nahe Néa Agorá – **Moschos Hotel 7**: 5 Ethelondon Dodekanission, Tel. 22410 2 47 64, www.moschoshotel.gr, DZ 45 € (NS) bis 75 € (HS). Kürzlich renoviertes Haus nah bei der Néa Agorá. Die Zimmer sind zwar etwas hellhörig, aber zweckmäßig eingerichtet, mit Balkonen im New Orleans-Stil. Freies WLAN in den Zimmern.

Distinguierter Luxus – **Rodos Park 8**: 12 Riga Fereou, Tel. 22410 8 97 00,

0
150
300 m
Siravast
Ibiscus
Cactus
Mediterranean
Élli Club
Murad-Reis-Moschee
Kos
100 Palms Sq.
Kalimnou
Durrell-Haus
National-theater
Evdomis Maritou
Mandráki-Hafen
Windmühlen
G. Papanikolaou
Dimarchio
Iroon Politechniou
Kazouli
Amerikis
Efstathiou
Kathopouli
Dragoumi
G. Griva
Ierou Lochou
Olympic Airways
OTE
Pappou
Ethel. Dodekanission
Makariou
N. Plastira
Stadtbusse
Platia Alexandrias
Taxi
RODA
KTEL
Grand Hotel Palace
Nikif. Mandilara
Alexis
25 Martiou
National Bank
Dilberaki
Gr. Lambraki
Akti Miaouli
Kritis
G. Leontos
Orfanidou
28 Oktovriou
Ammochostou
Vas. Sofias
S. Venizelou
Papagou
Alex. Diakou
Großmeister-Palast
Ippoton
Amboise-Tor
Diagoras Monument
Rodiaki Epavli
Erithrou Stavrou
El. Venizelou
Süleyman-Moschee
Orfeos
Details s. S. 104
Cityplan Rhodos-Altstadt
Riga Ferreou
Trizinas
Dimokratias
Ágios Geórgios-Bastion
Apod. Amerikis
Zeruon
Ioannou Metaxa
Papalouka
Akti Kanari
Voriou Ipirou
Pavlou Mela
Them. Sofouli
Navarinou
Spanische Bastion
Belvedere
Kennedy
Pindou
Agiou Ioannou
Aegean University
Himaras
Stoa
Antike Straße
Hellenistischer Palastbau
Enoplon Dinameon
Nymphen-Heiligtümer
Diagoridon
Komninon
Athena-Tempel
N. Volonaki
Ag. Ioannou
Pavlidi
Akropoleos
Gramou
Monte Smith
Odeion
Stadion
Apollon-Tempel
Details s. S. 141
Cityplan Antikes Rhodos
Ixiá, Flughafen

Rhodos-Neustadt

Sehenswert
21 Néa Agorá
22 Kastell Ágios Nikólaos
23 Evangelísmos-Kirche
24 Bischofspalast
25 Osmanischer Friedhof
26 Casino (Hotel des Roses)
27 Museum of Modern Art
28 Aquarium

Übernachten
6 Casa Antika
7 Moschos
8 Rodos Park
9 Sylvia

Essen & Trinken
11 Capricci
12 Elia/Olive
13 Kontiki
14 Meltemi
15 Therme Cafe
16 To Steno

Einkaufen
11 Manuel's Music Centre
12 Pandopolaion Palladion
13 Gran Bazaar

Aktiv & Kreativ
1 Elli Beach
2 Ausflugsboote

Abends & Nachts
7 Nireas
8 Blue Lagoon Bar
9 Koukos
10 Barstraße Orfanidou
11 Rodos Casino
12 Sound & Light

Cityplan Altstadt S. 104,
Antikes Rhodos S. 141

www.rodospark.gr, DZ 150–210 €, Suite ab 235 €, inkl. Frühstück. Eines der schönsten Luxushotels der Insel – ruhig im Grünen gleich südlich der Altstadt gelegen. Sehr geschmackvoll eingerichtet, tolle Büfetts, Wellnessangebote, Fitnessraum.

Am Hafen – **Sylvia Hotel** 9: 114 Kolokotroni, Tel. 22410 2 25 51, www.sylviahotel.gr, DZ 30 € (NS), 45 € (HS), Frühstück 5 € Pers. Ein Mittelklassehotel in der Südstadt, nett und familiär geführt. Es gibt eine Bar und einen Pool, zu Fuß ist man in 10 Min. am Zéfyros Beach mit seinen Fischtavernen.

Essen & Trinken

Italienisch – **Capricci** 11: 14 Apodimon Amerikis, www.capricci.gr, tgl. ab 11 Uhr, Di geschl. Salate um 6 €, Pizza um 9 €, Hauptgerichte ab 11 €. Erstklassige italienische Küche in modern designtem Ambiente. Das Restaurant liegt am Weststrand nahe Hotel Rodos Beach, etwa 10 Min. von der Néa Agorá entfernt.

Traditionstaverne – **Elia/Olive** 12: 100 Palms Sq./Pl. G. Haritou 7, www.elia-olive.gr, tgl. ab 10.30 Uhr, Gemista 7 €, Mixed Plate 11 €. Nette, im alten Stil eingerichtete Taverne mit freundlichen Wirtsleuten, die leckere griechische Traditionsküche servieren.

Glaspalast am Wasser – **Kontiki** 13: Mandráki-Kai, Tel. 22410 2 24 77, tgl. 8–1 Uhr, Hauptgerichte bis 30 €. Schwimmendes Restaurant am Mühlenkai zwischen den Yachten mit einem komplett verglasten Obergeschoss: toller Blick zur Néa Agorá und zum Palast. Sehr gute internationale Küche mit viel Fisch und Meeresfrüchten (1 Michelin-Stern!).

Am Strand – **Meltemi** 14: 8 Platia Koundourioti, tgl. ab 9.30 Uhr, griechischer Salat 6,50 €, Souvlaki 11 €. Direkt am Elli-Strand sitzt man auf einer luftigen Veranda mit Blick aufs Meer; klassische griechische Küche.

Chillout im Park – **Therme Cafe** 15: s. Venizelou, Ecke Alex. Diakou, tgl. 8 Uhr bis nachts, Hauptgerichte um 10 €. Diese Lounge Bar im Park des ehemaligen Therme Hotels ist die beliebteste Anlaufadresse der Studenten-Szene. Im Pavillon schickes Design, im Park schöne Sitzgruppen im Grünen, teils mit großen Schaukeln und eine Bühne für Livemusik. Internationale Küche, schick serviert.

Unter Einheimischen – **To Steno** 16: 29 Ag. Anargyron (gegenüber vom Athanásios-Tor), Tel. 22410 3 59 14, Hauptgerichte ab 8 €. Fast nur von Griechen besuchte Ouzeri, abseits der Touristenstadt in fast dörflicher Umgebung. Originäre gute Küche in einfachem Ambiente. Leckere Schmorgerichte, viele Mezedes (Vorspeisen).

Einkaufen

Griechische Musik – **Manuel's Music Centre** 11: 93 Amerikis, Ecke 25 Martiou. Beste Auswahl an CDs.

Delikatessen – **Pandopolaion Palladion** 12: Néa Agorá, Altstadtseite, Mo–Sa 8–20 Uhr. Der am besten sortierte Delikatessenladen von Rhodos. Käse, Wein, Honig ... einfach alles.

Urlaubsfummel – **Gran Bazaar** 13: 2 G. Griva, Mo–Sa 8–20 Uhr. In dem Ladenkomplex im Hotelviertel am Weststrand gibt es Bademode, Urlaubsfummel und alle möglichen Souvenirs.

Mode und Schuhe – Gute **Boutiquen** rundum Platia Kyprou (National Bank) und an den Straßen Amerikis und Eth. Dodekanission.

Wochenmarkt – Do vormittags an der **Odos Vironos** beim Diagora Stadion, Mi und Sa in **Zéfyros** vor dem Friedhof an der Kallithéa-Straße.

Supermärkte – Drei moderne Supermärkte gibt es an der Küstenstraße nach Kallithéa. Der größte Supermarkt von Rhodos, **Vasipoulos,** liegt an der Líndos-Straße (5 km).

Aktiv und Kreativ

Baden – **Elli Beach** 1: Baden kann man in Rhodos an der gesamten Küste der Neustadt. Der Abschnitt beim Elli Club, dem Strandpavillon aus italienischer Zeit, ist aber Treffpunkt der jüngeren Leute: praktisch das Freibad von Rhodos – mit Sprungturm im Meer, Beach-Volleyball und Bretterstegen. Mitunter aber etwas arg windig – dann verkriechen sich alle hinter den runtergeklappten Sonnenschirmen.

Badeausflüge – Ab Mandráki-Hafen **Badeboote** 2 zu den Stränden von Faliráki, Tsambíka (s. S. 184), Traganoú (s. S. 177) oder Stegná (s. S. 188); sogar nach Líndos (s. S. 198) kann man mit Badestopps schippern (Tagestour ab 20 €). Oft handelt es sich aber um ›Disco-Boote‹, die unter voller Beschallung

Mein Tipp

Bootsausflüge ab Mandráki-Hafen 2

Urlaub auf den griechischen Inseln ohne Bootsausflug ist eine verschenkte Chance. Bei allen Reisebüros in den Urlaubsorten kann man Tagesausflüge buchen, die vom Mandráki-Hafen in Rhodos-Stadt zu den Nachbarinseln Sými, Kós oder nach Marmaris in der Türkei (tgl.) sowie nach Tílos oder Níssyros (mehrmals wöchentl.) gehen. Bequem: Man wird vom Hotel abgeholt, was nur unwesentlich teurer ist als ein normales Ticket. Besonders lohnend sind Ausflüge nach Sými, zur Vulkaninsel Níssyros und nach Kós-Stadt. Am Mandráki-Hafen liegen zudem Boote, die Tagesfahrten anbieten zum Fischen, Tauchen, mit Badestopps nach Líndos oder einfach zum Partyfeiern. Ähnliche Angebote gibt es in den anderen Urlaubsorten kaum.

fahren. Wer nicht mitfeiern will, sollte sich das besser ersparen.
Inseltripps – Ab Mandráki starten die Catamarane und Hydrofoils zu den nahen Inseln **Sými** (20 €), **Tílos** (24 €), **Níssyros** (25 €), **Chálki** (20 €), **Kós** (50 €) und **Kastellórizo** (40 €).
Wassersport – An den Stränden der Neustadt gibt's kaum Wassersport, nur **Tretboote** (Pedalos) werden verliehen. Boote am Mandráki bieten **Scuba-Diving** (s. S. 33) oder **Angeltörns** an.

Abends & Nachts

Kuchen & Snacks – **Nireas** 7: 7 Néa Agorá, tgl. ab 7.30 Uhr. Unter den Arkaden der Néa Agorá zum Hafen hin serviert dieses ›Pasta-Café‹ Snacks und Kuchen, auch sehr gute Sahne- und Obsttorten.
Piratenflair – **Blue Lagoon Bar** 8: 3, 25 Martiou, tgl. ab 10 Uhr. Eine ›Piratenbar‹ mit Galeere, Wasserfall und Pool. Unwillkürlich sucht man nach Capt'n Hook und findet nur 'nen Papagei.
Griechische Szene – **Koukos** 9: 20 Nikif. Mandilara, tgl. ab 10 Uhr. Angesagte Jugend- und Studentenkneipe, ganz hübsch in einem Althaus in traditioneller Architektur. Nachts steht man bis auf die Straße.
Abfeiern – **Barstraße Orfanidou** 10: In dieser Gasse kurz vor dem Weststrand reihen sich die Bars – ein wahres Bermuda-Dreieck, für viele Griechen sogar eine etwas anrüchige Adresse. Die meisten Bars verraten schon mit dem Namen, welche Nationalität dort Stammgast ist. Ach ja: ›Shots‹ sind hier übrigens das, was der Westfale ›Kurze‹ nennt …
Mit Risiko – **Rodos Casino** 11: Papanikolaou, Ecke Ko, im alten »Hotel des Roses« (s. S. 133), 15–6 Uhr, am Wochenende durchgängig, Eintritt 15 €, Mindestalter 23 Jahre. Roulette, Poker, einarmige Banditen … Wer an seinem Geburtstag kommt, erhält Champagner! Dresscode ›casual‹ bis 17 Uhr, danach ›smart casual‹.
Geschichte zum Zuschauen – **Sound & Light** 12: Musik-Show zur Belagerung von Rhodos, im Park an der Platia Rimini bei der Néa Agorá. Auf Deutsch Di, Do, Sa 21.15, Mo, Mi, Fr 23.15 Uhr, im Sept. und Okt. jeweils 1 Std. früher.

Infos & Termine

Info-Büros: s. S. 102.

Termine

Blumenfest: Ende Mai mit einer Wagenparade.
Sommerkonzerte: Beim **Cultural Festival** finden von Ende Juni bis Ende August Konzerte und Aufführungen statt: teils Klassik, teils Folklore und sogar antike Tragödien. Spielorte sind das Medieval Moat Theatre (s. S. 127) und die Kirchenruine der Panagía tou Bourgoú (Anfang Alchadef).
Nationalfeiertage: Am 7. März (Dodekanes-Feiertag) sowie am 25. März und 28. Oktober finden Paraden an der Platia Eleftherias vor dem Rathaus statt.

Verkehr

Stadtbusse: Die zentrale Haltestelle liegt zwischen Néa Agorá und Mandráki-Hafen. Es verkehren sechs Linien zwischen 6.30 und 21 Uhr. Die Fahrkarten kosten einheitlich 1 €, bezahlt wird im Bus! Nach Rodiní nimmt man die Linie 3, zum Monte Smith Bus 5, zum Hospital fahren die Linien 2 und 6.
Inselbusse: s. S. 23.
Fähren: Reguläre Autofähren zu anderen Inseln s. S. 24. Ausflugsboote oder Hydrofoils zu den kleinen Inseln starten am Mandráki-Hafen, genaue Angaben bei den Inseln (ab S. 242).

Das antike Rhodos

In der Altstadt und in der Neustadt trifft man nur selten und meist nur in Baugruben auf Reste der einst so mächtigen antiken Stadt. An den Stadträndern, auf dem Monte Smith oder im Rodiní-Tal blieben jedoch interessante Baudenkmäler erhalten

Geschichte

Die Stadt Rhodos wurde im Jahr 408 v. Chr. gegründet, mitten in den unruhigen Zeiten des Peloponnesischen Krieges. Unter Führung des unter allen Griechen berühmten Athleten Dorieus aus dem alten Geschlecht der Diagoriden vereinten sich die Stadtstaaten Ialyssós, Kámiros und Líndos, um gegen die beiden großen Machtblöcke Athen und Sparta ein politisches und ökonomisches Gegengewicht zu bilden. Mit diesem ›Synoikismos‹, den die Spartaner dem nationalbewussten Dorieus als Hochverrat auslegten (er wurde 395 hingerichtet), begann eine inzwischen über 2400 Jahre lange Geschichte, die freilich auch manchen Niedergang gesehen hat.

Die hellenistische Stadt wurde geplant nach dem Entwurf des Hippodamos von Milet, der Mitte des 5. Jh. v. Chr. das System des gitterartigen, sich rechtwinklig kreuzenden Straßennetzes nach babylonischem Vorbild adaptiert hatte. Er legte damit die Grundlage zur römischen Stadtarchitektur, die dann erst in der frühen Neuzeit wiederentdeckt wurde.

Rhodos war damit eine der modernsten Städte der damaligen Welt, die um 330 v. Chr., während der Alexanderkriege, das athenische Monopol im Kornhandel mit Ägypten an sich reißen konnte. Danach erlebte die Stadt in wenigen Jahrzehnten einen kometenhaften Aufstieg zur reichsten Handelsmacht Griechenlands. Im Hafen lagen Schiffe aus Syrien, Ägypten, aus dem Pontus-Gebiet am Schwarzen Meer und aus Sizilien. Aber auch die Schönen Künste erfuhren eine Blüte, die sich im Aufstieg der berühmten rhodischen Bildhauerschule (s. S. 75), in Literatur, Rhetorik und nicht zuletzt im Bau des gewaltigen Standbildes des Sonnengottes, des Kolosses von Rhodos (s. S. 77), zeigte.

Das hellenistische Rhodos zog sich über die ganze Landspitze, rund um den Akropolis-Hügel, der jetzt Ágios Stéfanos oder nach einem englischen General aus den Napoleonischen Kriegen, der hier eine Garnison kommandierte, Monte Smith heißt. Auf seinen Höhen haben sich die eindrucksvollsten Spuren aus dieser Zeit erhalten.

Die Akropolis

Von der Néa Agorá folgt man den mittelalterlichen Mauern bis zur Dimokratias und geht dann die Odos Pindou hinauf. Gleich hinter der Pavlou Mela sieht man die Grundmauern einer **antiken Villa** 29, über die ein modernes Haus auf Stelzen gebaut wurde. Etwas weiter südlich an der Pavlou Mela, Ecke Diagoridon, wurden auch **Bronzeöfen** 30 ausgegraben, in denen eventuell die Teile des Kolosses gegossen wurden. Weitere Fundamente hellenistischer Häuser liegen links kurz vor der Voriou Ipirou, der Autostraße zur Akropolis. Jenseits dieser Straße läuft die Pindou in einem Stück der antiken Straßenpflasterung aus.

Die Schriftsteller der römischen Zeit, etwa Ailios Aristides im 2. Jh. n. Chr., berichten bewundernd von der prachtvollen Gestaltung der Akropolis, ihren Tempeln, Brunnenhäusern und Terrassen, die von Baumhainen umgeben waren. Heute ist die Kuppe gänzlich unbebaut und fast kahl, und auch die Spuren aus antiker Zeit sind oft eher

Drei Säulen des Apollon-Tempels wurden rekonstruiert

bescheiden. Auch von der **Stoa** 31, einer Säulenhalle mit Blick zur Unterstadt, blieben nur Fundamente; ursprünglich bildete sie einst den Eingang zum heiligen Bezirk: wie die Stoa von Líndos theatralisch in die Landschaft intergiert ist und stets sichtbar für alle Händler und Besucher vom Hafen aus.

Mit der Straße zum Apollon-Tempel passiert man anschließend die **Nymphen-Heiligtümer** 32, wo einst die Quellgöttinnen verehrt wurden. Es handelt sich um in den Fels getiefte, quadratische Räume, zu denen jeweils ein langer Dromos (offener Gang) hinunterführt. Der Raum, der eventuell mit Holz überdacht war, weist in den Wänden kleinere und größere Nischen auf, deren Funktion nicht geklärt ist. Ebenso konnten über den Ritus, den man hier vollzogen hat, keine sicheren Informationen gefunden werden.

Etwas weiter auf der Straße und man biegt bei einigen neueren Gebäuden zu den spärlichen Resten des **Tempels der Athena Polias** 33 ab. Nur noch wenige Säulentrommeln liegen im Grasland, doch handelte es sich einst um einen der bedeutendsten Tempel der Stadt: ein ost-westlich ausgerichteter Peripteral-Tempel im dorischen Stil mit vermutlich sechs Säulen an den Schmalseiten und elf Säulen an den Längsseiten. Hier verwahrten die Rhodier ihre Staatsverträge mit den anderen Mächten der Zeit.

Hinter dem Tempel soll das aus den antiken Quellen berühmte Observatorium des Hipparchos gelegen haben, der bereits im 2. Jh. v. Chr. eine Sternzeituhr entwickelte.

Apollon-Tempel

Schon von weitem zu sehen sind die Säulen des **Tempels des Apollon Pythios** 34. Ursprünglich war nur die Plattform (Krepis) erhalten, doch haben die italienischen Archäologen in den 1930er-Jahren drei Säulen mit einem Stück der Giebelkonstruktion (Architrav und Sima) rekonstruiert.

Von der Straße erreicht man zuerst die massive Temenos-Mauer, die den heiligen Bezirk des Gottes abgrenzte; die Schaufassade lag zur Stadt hin. Im hinteren Bereich scheint der Tempel unterirdische Kammern und Gänge gehabt zu haben; vermutlich fanden dort Orakelrituale statt, wie sie von vielen Apollon-Tempeln überliefert sind. Die Cella, die innere Tempelkammer, umgürtete einen gewachsenen Felsklotz, der wahrscheinlich besondere rituelle Bedeutung hatte. Wahrscheinlich stand auf dem Felsen auch die monumentale Kultstatue des Apollon.

Ein zweiter Tempel stand innerhalb des Temenos in der nordöstlichen Ecke. Er war Artemis, der Schwester des Apollon geweiht. Die bauliche Gestalt des **Artemisions** 35 ist ebenfalls noch nicht abschließend geklärt.

Anfahrt und Öffnungszeiten

Für die Tour ist ein Auto oder Motorroller hilfreich, Dauer dann ca. 1/2 Tag. Auffahrt zur Akropolis über die Straße Voriou Ipirou. Schöne Picknickplätze gibt's im Rodiní-Tal.

Zu Fuß und per Bus: Von der Néa Agorá kann man auch zu Fuß auf die Akropolis gehen, für die Erkundung rechne man dann ca. 3–4 Std.

Per Stadtbus zum Rodiní-Tal: Linie 3 ab Mandráki.

Per Bus zur Zéfyros-Nekropole: KTEL-Linie nach Kallithéa, Abfahrt vor dem Sound & Light-Gelände.

Zur vorderen Fassadenseite ist die Landschaft mit noch heute eindrucksvollen Stützmauern ansteigend modelliert. Man kann daher sehr sicher davon ausgehen, dass hier eine ähnlich theatralische Architekturlösung für die Einbeziehung des Baus in die Landschaft gefunden wurde wie bei der Stoa in Líndos (s. S. 201) – hier wie dort bildete eine breite Freitreppe den Aufgang.

Odeion und Stadion

Am Fuß dieser Treppe liegt ein kleines Freilufttheater, das von den Italienern komplett rekonstruiert wurde. Es umfasst nur Plätze für etwa 800 Personen und dürfte eher ein **Odeion** 36 gewesen sein, eine kleine Versammlungshalle, und ursprünglich Wände und ein Dach besessen haben. Man vermutet hier die berühmte Rhetorik-Schule des 1. Jh. v. Chr., die zum Beispiel Cicero, Caesar und Cassius besuchten.

Damals war Rhodos allerdings schon lange ein Spielball der römischen Politik. Cassius war es auch, der im Bürgerkrieg nach der Ermordung Caesars die ›Stadt der tausend Statuen‹ (wie Rhodos damals genannt wurde) mit seinem Heer plünderte. Endgültig macht dann Konstantin der Große der Pracht ein Ende, als er ganze Schiffsladungen mit Statuen nach Konstantinopel schaffen ließ.

Neben dem Odeion erstreckt sich das **Stadion** 37, das ebenfalls in italienischer Zeit rekonstruiert wurde. Die Laufbahn misst 201 m, was genau der Maßeinheit eines rhodischen Stadions entspricht. Östlich dahinter lag ein Gymnasion, eine Sportschule, die allerdings nicht freigelegt ist.

Auf dem Rückweg kann man am Beginn der Straße Chimarras noch die Fundamentreste eines **hellenistischen Palastes** 38, die Villa eines Noblen aus dem 2. Jh. v. Chr., besuchen.

Antikes Rhodos

Sehenswert
29 Antike Villa
30 Bronzeöfen
31 Stoa (Säulenhalle)
32 Nymphen-Heiligtümer
33 Tempel der Athena Polias
34 Tempel des Apollon Pythios
35 Artemision
36 Odeion
37 Stadion
38 Hellenistischer Palast
39 Rodiní-Tal
40 Zéfyros-Nekropole

Cityplan Altstadt S. 104
Cityplan Naustadt S. 134

Rodiní-Tal 39

Der Park von Rodiní ist ein beliebtes Naherholungsgebiet der Rhodier. Am Eingang reckt ein uralter Ölbaum seine knorrigen Arme, ein kleiner Bach plätschert durch ein kühles Tal, zwischen den Stühlen des Lokals schlagen Pfauen ihr Rad. Ihre durchdringenden Rufe hört man noch lange, wenn man dem Bachlauf folgt, der zum Ptolemäer-Grab führt (nach etwa 10 Min. links aus dem Tal heraus und auf der Asphaltstraße weiter).

In der Antike erstreckte sich hier die Nekropole von Rhodos (die ›Totenstadt‹). Rechts und links in dem Tunnel, durch den die Straße führt, sieht man aus dem Stein geschnittene Bänke und Tische, an denen das Totenmahl gehalten wurde. In den Hängen wurden die Toten in Felsgräbern bestattet.

Hinter dem Tunnel liegt das Ptolemäer-Grab, das seinen Namen von der ägyptischen Diadochen-Dynastie hat, mit der Rhodos im 3. Jh. eng verbündet war. Es ist ein viereckiger Scheinbau, der aus dem Fels gearbeitet und mit einer Schmuckfassade an der Eingangsseite versehen wurde. Welches mächtige Adelsgeschlecht sich solche pompösen Grabtempel erbauen ließ, ist unbekannt, jedoch könnten es durchaus Gesandte aus dem Ptolemäer-Reich gewesen sein.

Zéfyros-Nekropole 40

Eine weitere große antike Nekropole liegt an der Zéfyros-Bucht entlang der Straße nach Kallithéa. Gegenüber erstreckt sich sich auch heute der große Zentralfriedhof von Rhodos, mit einem großen Areal jüdischer und muslimischer Grabstätten übrigens.

In dem umzäunten Areal westlich der Straße sieht man zahlreiche antike Felsgräber. Manche waren einst aufwendig geschmückt mit aus dem Fels skulptierten Reiterstandbildern oder relieferten Totenmahlszenen. Vermutlich lagen auch auf der Meerseite Gräber, hier aber in gemauerten Gruften oder Grabtempeln.

Das Beste auf einen Blick

Triánda und die Westküste

Highlights !

Filérimos-Kloster: Mit seinen Zypressen und romantischen Mauern ist das von den Italienern ausgebaute Kloster auf der antiken Akropolis von Ialyssós einer der schönsten Flecken der Insel. S. 151

Kámiros: Die dritte und kleinste der drei antiken Städte von Rhodos liegt landschaftlich sehr reizvoll über dem Meer. Den Ausflug kann man gut mit einem Badeaufenthalt bei einer ursprünglichen Taverne verbinden. S. 156

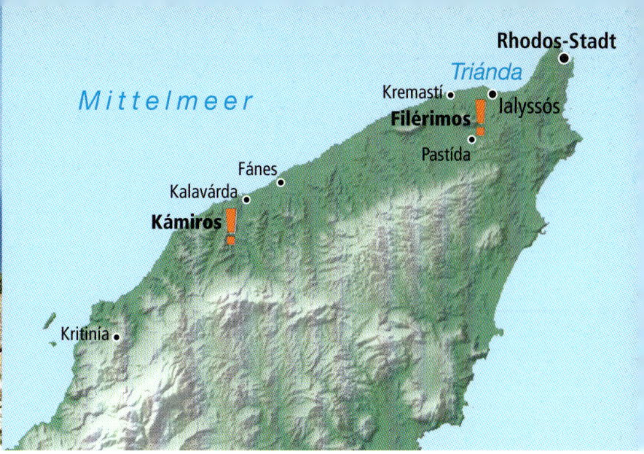

Kultur & Sehenswertes

Imkereimuseum: Alles rund um den Honig im Museum bei der Abfüllstelle der rhodischen Imkergenossenschaft nahe Pastída; man kann hier auch einkaufen. S. 148

Fánes: Das Dorf hat sich mit bunter Farbe hübsch herausgeputzt, die historische Architektur strahlt in neuem Glanz. S. 153

Kritinía: Das noch sehr traditionelle Dorf liegt südlich etwas erhöht in den Bergen. S. 159

Aktiv & Kreativ

Surfen: Die Westküste von Rhodos gilt als eines der besten Surfreviere am Mittelmeer. Stationen gibt es in Ialyssós, Fánes und Kalavárda. S. 150

Baden: Der schönste Strand ist die Sandbucht beim Abzweig zum antiken Kámiros. S. 158

Genießen & Atmosphäre

Taverne Kaliva: Auch in Ialyssós kann man noch echte griechische Küche bekommen – beim Kaliva direkt am Strand. S. 146

Taverne Akrogiali: Ganz einsam und idyllisch gelegene Taverne einer Fischerfamilie südlich von Kalavárda. Man blickt aufs Meer und bekommt frischen Fisch zu günstigen Preisen. S. 158

Abends & Nachts

Melody Palace: In Dorf Kremastí gibt es einen echt-griechischen Bouzouki Club. Im Melody Palace treten nur griechische Bands auf, die Rembetiko oder Laiki Pop spielen. S. 153

Traditionelle Dörfer und Surferstrände

Nur wenige Kilometer südlich von Rhodos-Stadt erstrecken sich die Strände der Westküste, die als beliebtes Surf-Revier bekannt geworden sind. Da hier der Meltémi, der ägäische Nordwind, von den rhodischen Bergen nach Osten abgelenkt wird, steht hier praktisch jeden Tag im Sommer eine steife auflandige Brise von um 5 Beaufort an. Das macht die Hitze in der Hochsaison erträglich – neben der schnellen Erreichbarkeit vom Hafen in Rhodos-Stadt ein weiterer Grund, warum hier in den 1950er-Jahren die ersten Touristenhotels der Insel entstanden. Jedoch fallen die Strände hier relativ steil ins Meer ab und bestehen vor allem in der Brandungszone aus groben Kieseln, die zum Baden nicht so angenehm sind.

Zwischen den großen Hotelzonen an der Triánda-Bucht bieten die lebendigen Orte Ialyssós und Kremastí aber noch typisch griechisches Alltagsleben. Vor allem Kremastí ist für eines der größten Marienfeste des Dodekanes bekannt. Ein beliebtes Ausflugsziel ist das Kloster von Filérimos auf der Akropolis der antiken Stadt Ialyssós. Weiter im Süden, hinter dem Flughafen, sind viele Küstenabschnitte noch naturbelassen, nur bei Theólogos gibt es einige größere Hotels.

Noch weiter südlich wird die Küste ganz einsam. Rund um die antike Stadt Kámiros gibt es am Meer nur einige wenige bukolische Strandtavernen. Kritinía hingegen ist eins der schönsten traditionellen Dörfer der Insel.

Infobox

Info

Die nächste Touristeninformation ist in Rhodos-Stadt, das schnell per Bus erreichbar ist (s. S. 150).

Anreise und Weiterkommen

Ialyssós hat sehr gute Busverbindungen mit Rhodos-Stadt; zwischen 5 und 23.30 Uhr fahren mindestens alle 30 Min. Busse in die Hauptstadt. Nach Süden wird es schwieriger: Nach Fánes gehen noch täglich zehn Busse, nach Kritiniá nur noch ein Bus.

Ialyssós und Ixiá

► R/S 9

An der Triánda-Bucht, 5 km südwestlich von Rhodos-Stadt, begann in den 1960er-Jahren die touristische Entwicklung von Rhodos. Heute stehen in den Hotelzonen von Ixiá und bei der Kleinstadt Ialyssós über 20 000 Hotelbetten, darunter gleich sieben Hotels der Luxusklasse. Nicht überall, aber doch bei manchen Bauten hat aber der Zahn der Zeit an der Substanz genagt – der nicht sonderlich schöne Strand, in Ixiá sogar direkt neben der Hauptstraße, macht Triánda auch nicht besonders attraktiv. Dafür ist viel los: Am ›Strip‹ in Ixiá-Zentrum beim Hotel Miramare, aber auch am Ialyssós-Strand reihen sich die Bars und Restaurants, auch einige Discos gibt es. In den Lokalen im belebten Städtchen Ialyssós kann man sogar eine echt griechische Jugendszene erleben.

Nicht zuletzt ist Triánda einer der besten Surf-Spots der Insel. Der kiese-

Die Klosterkirche von Filérimos mit dem achtspitzigen Kreuz der Ritter

lige Strand fällt schnell zu größeren Tiefen ab, der Wind bläst zuverlässig tagsüber mit 4–7 Beaufort schräg vom Meer aufs Land. So können Anfänger nicht weit aufs Meer abgetrieben werden. Kurse und Verleih von Equipment bieten mehrere Surfschulen.

Den Namen hat die Bucht übrigens von den angeblich 30 (gr. *triánda)* Villen entlang der Hauptstraße, die heute zunehmend von privaten Investoren restauriert werden. Sie wurden im späten 19. Jh. oder frühen 20. Jh. im Stil des Klassizismus erbaut und begeistern jeden Architekturliebhaber.

Kirche Kímissis tís Theotókou 1

Das lebendige Kleinstädtchen **Ialyssós** lohnt vor allem einen Ausflug, wenn Markt ist. Dann werfe man auch einen Blick in die Kirche Kímisis tís Theotókou im Zentrum am Marktplatz (vormittags geöffnet). Die Maria Entschlafung geweihte Pfarrkirche entspricht mit ihrem durchbrochenen Glockenturm und dem aus Meerkieseln angelegten Chochláki-Bodenmosaik im Vorhof dem typischen Muster rhodischer Kirchen.

Im Inneren zeigt die moderne Ausmalung dieselben Szenen, wie man sie in den alten byzantinischen Kirchen findet. Kurios ist die filigran im typischen Dodekanes-Stil geschnitzte Ikonostase, die Bilderwand, die den hinteren Altarraum abschließt: Die Konsolen tragen Seepferdchen mit barbusigen Meerjungfrauen. Die Iko-

Lieblingsort

Traditionslokal am Strand – Taverne Kaliva 1

Die traditionsreiche Taverne am Ialyssós Beach hat das Flair der frühen Jahre über die Zeit gerettet. In der blau-weiß dekorierten Familientaverne kann man bei guter griechischer Bauernküche über den Strand bis nach Rhodos-Stadt schauen. Fisch gibt es je nach Tagesfang, Spezialität sind die Shrimps Sanganáki (Garnelen mit warmem Feta-Käse). Der Retsína wird vom Fass gezapft. Abends ist es meist rappelvoll. (Tgl. ab 11 Uhr, Tel. 22410 9 30 51, nachmittags nur Café, Hauptgerichte 6–22 €.)

nen sind mit kostbaren Okladverkleidungen in Silber geschützt, nur die Gesichter bleiben frei. Typisch für Rhodos sind auch die Fenster mit gelb, grün und blau gefärbtem Glas wie man sie bei den Kapitänshäusern in Líndos findet.

Filérimos-Kloster 2

s. S. 151

Moní Trís 3

Das verlassene Kloster an der Straße nach Pastída (2 km, ▶ R 9) entstand rund um eine sehr alte Einraumkapelle vermutlich aus spätantiker Zeit. Seitlich schließen die Zellentrakte der Mönche an. In der Kapelle sind uralte Fresken erhalten: zwei überlebensgroße Erzengel, darunter Georg der Drachentöter und Christus als Pantokrator.

Imkereimuseum 4 (Museum of Beekeeping)

Bei Pastída an der Straße zur Ostküste, Mo–Sa 9–14.30 Uhr.

In der neuen Abfüllanlage der Imkervereinigung des Dodekanes zeigt ein Museum Wissenswertes zur Honigerzeugung auf den Dodekanes-Inseln: alte und neue Gerätschaften, historische Fotos sowie einen interessanten Film. Die Imkerei war traditionell ein Gewerbe der Landlosen, die auf ungenutzten Wald- und Macchia-Flächen ihre Völker ausbringen konnten.

Besondere Honigspezialitäten der Ägäisinseln ist der sehr aromatische, tiefbraune Thymian-Honig *(méli thymarí)*, auf Rhodos kommt dazu noch der Pinien-Honig *(méli pefkoú)* aus den ausgedehnten Wäldern der Insel. Im Laden kann man neben Honig zahlreiche Bienen-Produkte kaufen von Pollen über *melekoúni* (Sesam in Honigkaramel) bis zu Seife und Body-Lotion aus Honig.

Übernachten

Die Hotels unmittelbar an der Pro Center-Surfstation sind Sunshine, Blue Horizon und Sun Beach; doch in der Hochsaison gibt es auch Surf-Stationen am Ixiá Beach und weiter südlich am Hotel Blue Bay.

Ialyssós und Ixiá

Sehenswert
1 Kímissis tís Theotókou
2 Kloster Filérimos
3 Moní Trís
4 Imkereimuseum

Übernachten
1 Olympic Palace
2 Atlantica Princess
3 Sea Melody Aparts
4 Ilyssion Studios
5 Trianta Aparts

Essen & Trinken
1 Taverna Kaliva
2 Knights of Olde
3 Vrachos
4 Kioupia
5 Skalakia

Aktiv & Kreativ
1 Pro Center
2 Meltemi Power
3 Surfer's Paradise

Abends & Nachts
1 Windmill Cafeteria
2 Blue Note Bar
3 Yorkshire Saloon Bar
4 Remezzo Club
5 Taj Mahal

Luxus der Sixties – **Olympic Palace 1**: Ixiá, Leof. Ialyssou, Tel. 22410 2 87 55, www.olympicpalacehotel.com, DZ/F 110–270 € (Internet ab 70 €). Der 388-Betten-Klotz beeindruckt durch avantgardistische 1960er-Jahre-Architektur: So stellte man sich damals das Haus der Zukunft vor. Fürs Wohl ist bestens gesorgt: zwei Pools, Sauna, Tennisplatz, ein riesiger Konferenzsaal. Ganz oben auf dem ›Hausberg‹ gibts die Presidential Suite (ab 600 €), wo einst Leute wie Onassis logierten.

All-in by TUI – **Atlantica Princess 2**: Ialyssós Beach, Tel. 22410 9 26 81, nur all-inclusive über Katalog zu buchen. Eine große Anlage mit Studios und Apartments, nicht mehr ganz neu, aber inzwischen renoviert und unter TUI-Leitung. Großer schöner Garten mit Sportanlagen, Volleyballfeld, Kinderspielplatz und großem Poolbereich. Der Strandabschnitt (Sand und Kiesel) ist recht ruhig, ins Ortszentrum von Ialyssós geht man ca. 15 Min.

Am Strand – **Sea Melody Aparts 3**: Ialyssós Beach, Tel. 22410 9 10 26, DZ/F um 50–75 €. Größeres Apartment-Hotel der A-Klasse nicht weit vom Strand und ganz in der Nähe bei einer der Surf-Stationen. Moderne, wenn auch ziemlich kühle Zimmer, großer Garten mit Pool.

Ruhig & modern – **Ilyssion Studios 4**: 15 Mykinon, Tel. 22410 9 42 14, www.ilyssion.gr, DZ/F 45 € (NS), 75 € (HS). Studios, Apartments für 3 und für 4–5 Personen in einem modernen Neubau. Ruhig gelegen auf halbem Weg zwischen Ort und Strand, mit kleinem Pool. Einmal in der Woche ›Grill Nights‹ mit Tanz.

Dorfanschluss – **Trianta Aparts 5**: Ialyssós-Ort, Tel. 22410 9 45 25, DZ/F um 35–45 €. Kleines Apartment-Hotel der C-Klasse, einfache Unterkunft mitten im Dorfleben.

Essen & Trinken

Mit Strandblick – **Taverna Kaliva 1**: s. Lieblingsort S. 146

Rustikal-romantisch – **Knights of Olde 2**: Ierou Lochou, Tel. 22410 9 48 56, tgl. ab 10 Uhr, Moussaka 8,50 €, Fisch 14,50 €. Schönes Gartenrestaurant an der Zufahrtstraße vom Dorf zum

Strand. Ein hellenisch-schottisches Paar kredenzt hier griechische (und britische) Klassiker mit freundlichem Service.
Im Sonnenuntergang – **Vrachos 3**: Paralia Ialyssoú, Tel. 22410 9 22 20, Hauptgerichte 10–29 €, Filetsteak 30 €. Besseres und auch etwas teureres Restaurant in einem Strandpavillon aus der Italienerzeit mit echter 50er-Jahre-Einrichtung (1958 gegründet). Toll ist es abends, wenn man auf der großen Terrasse einen langen Sonnenuntergang erleben kann.

... außerhalb

Kleines Paradies – **Kioupia 4**: Am Weg nach Moní Trís ausgeschildert, Tel. 22410 9 18 24, ab 18.30 Uhr, Menü 55 €. Hier wurde ein altes rhodisches Landhaus in ein kleines Paradies verwandelt. In einem Ambiente wie aus dem Bilderbuch wird bei sehr guten Service eine anspruchsvolle griechische Küche serviert. Beachten Sie die Sonderkarte mit speziellen rhodischen Gerichten.
Dorf-Atmosphäre – **Skalakia 5**: Pastída (▶ R 9), Tel. 22410 4 72 14, 18–23.30, So ab 12 Uhr, Souvlaki 9 €, Fisch ab 14 €. Lohnend ist abends auch ein Ausflug ins Inlanddorf Pastída (ca. 5 km). Die Taverne Skalakia am Dorfplatz besitzt eine hübsche Terrasse mit küssenden Putten und serviert alle griechischen Klassiker.

Aktiv & Kreativ

Windsurfen – **Pro Center 1**: Tel. 22410 9 58 19, www.procenter-rhodos.com. Drei Stationen: zwei vor Hotel Blue Horizon, eine nahe Windmill Cafeteria.
Meltemi Power 2: Tel. 22410 9 61 89, www.meltemi-power. de, Surf-Station vor Hotel Atlantica Princess.
Surfer's Paradise 3: Tel. 22410 3 88 93, www.surfersparadise.gr, Station vor Hotel Sheraton Rhodes Resort.

Abends & Nachts

Strandbar mit Flügeln – **Windmill Cafeteria 1**: Ialyssós Beach, tgl. ab 9 Uhr. Café-Bar in einer alten Windmühle direkt am Strand. Der etwas kauzige Wirt serviert Getränke und Snacks, auch Verleih von Sonnenliegen.
Für den Schlürschluck – **Blue Note Bar 2**: Ialyssós Beach, 300 m vom Atlantica Princess, Tel. 22410 9 44 72, tgl. ab 10 Uhr. Auf bequemen Polsterstühlen verbringt man hier bei Franziskaner Weißbier einen entspannten Abend.
Bikertreff – **Yorkshire Saloon Bar 3**: 2 Ferenikis, Ialyssós. Wie ein tpischer englischer Pub rustikal aufgemacht, abends gibt es Karaoke oder Livemusik. Sonst werden die Rockklassiker seit den 1960er-Jahren gespielt.
Griechisches Clubbing – **Remezzo Club 4**: 12 Ialysos Highway, Ialyssós, Fr, Sa 22–4 Uhr. Bei jüngeren Einheimischen beliebter Club; die DJs legen hauptsächlich griechischen Pop und Dance und Electro auf.
Internationales Clubbing – **Taj Mahal 5**: 2 Iliadon, Ixiá, hinter Hotel Rodos Palace, bei Hotel Capsis abbiegen, Fr, Sa ab 23 Uhr. Internationale Disco, teils openair, mit indischer Deko. Gespielt wird Pop, House, Rap und später auch Electro. Viel Publikum aus den nahen Großhotels, aber auch viele griechische Jugendliche.

Infos & Termine

Busse: Nach Rhodos-Stadt von den Hotels Sunshine Club, Blue Horizon, Elektra und Blue Bay 2 x vormittags, 2 x nachmittags, 1 x am frühen Abend, letzter Bus gegen 22.30 Uhr. Retour

Filérimos

Sehenswert

- 1 Tempel der Athena Polias
- 2 Taufbecken
- 3 Klosterkirche
- 4 Festung
- 5 Brunnenhaus
- 6 Höhlenkirche
- 7 Ruinen
- 8 Kreuzweg
- 9 Betonkreuz

Einkaufen

- 1 Souvenirkiosk

dito, letzter Bus gegen 21 Uhr. An der Hauptstraße halten sämtliche Busse vom/zum Flughafen (Paradísi), ca. alle 15 Min. bis ca. 23.30 Uhr ab Rhodos.
Wochenmarkt: Jeden Sa auf dem Platz vor der Kirche Kimissis.
Ialisia: Folklore-Festival im August mit Tanzgruppen und Musikveranstaltungen.

Filérimos ! ► R9

Di–So 8.30–15, im Sommer 8.30–19 Uhr; Mo geschl., Eintritt 4 €, Taxis ab Ialyssós, berechnet wird für eine Fahrt der Preis für Hin- und Rückweg
Auf dem Filérimos-Hügel über Ialyssós, heute einer der schönsten Ausflugsorte von Rhodos im Schatten duftender Kiefernbäume, lag in der Antike die Akropolis der antiken Stadt Ialyssós. Die strategisch gut gewählte Anhöhe war seit mykenischer Zeit besiedelt; nach der Einwanderung der Dorer um 1000 v. Chr. entwickelte sich Ialyssós zu einer der beiden großen Städte der Insel. Hier wurde der im Altertum hochberühmte mehrfache Olympiasieger Dorieus geboren, der die Gründung von Rhodos initiierte (s. S. 139) und jetzt am Weststrand mit einem Denkmal geehrt wird.

In frühbyzantinischer Zeit entstand auf den antiken Trümmern ein Kloster, das Philérimos (›Freund der Einsamkeit‹) genannt wurde. Hier wurde eine uralte Marienikone verwahrt, die zahlreiche Pilger anzog (s. S. 83). Beliebt war der Hügel aber auch bei allen Eroberern: 1522 schlug Sultan Süleyman bei der Belagerung sein Hauptquartier hier auf (s. S. 85), und zuletzt kam es 1943 zu schweren Kämpfen zwischen italienischen und deutschen Truppen. Der heutige Zustand geht im Wesentlichen auf die Italiener zurück, die die Anlage restaurierten und auch wieder Franziskanermönche ansiedelten. An diese Mönche erinnert der Kräuterlikör ›Sette Erbe‹, der im **Souvenirkiosk** 1 am Eingang verkauft wird.

Die Treppe zum Gipfelplateau endet bei den Fundamenten des **Athena Polias-Tempels** 1, des antiken Hauptheiligtums der Stadt. In frühchristlicher Zeit wurde die Südhälfte mit einer Basilika überbaut, von der sich noch die Vertiefung eines kreuzförmigen **Taufbeckens** 2 erhalten hat. Im Mittelalter bauten die Johanniter die Kirche im gotischen Stil um.

Die **Klosterkirche** 3 besteht aus einem Turm, an den sich drei Kapellen anschließen. An der Außenseite prangt das große achtspitzige Kreuz des Ordens, das heute als Malteserkreuz bekannt ist. In der hintersten Kapelle sieht man noch Reste des Mosaikfußbodens der frühchristlichen Basilika.

Hinter den Klosterbauten kommt man zu den verfallenen Resten einer **byzantinischen Festung** 4, die zuletzt unter den Türken ausgebaut wurde. Unterhalb der Anhöhe ist noch ein **dorisches Brunnenhaus** 5 aus antiker Zeit erhalten, leider aber zumeist nicht zugänglich.

Vom Nordende des Athena-Tempels führen antike Stufen zur winzigen **Höhlenkirche Ágios Geórgios** 6 hinunter. Hier blieben Fresken aus dem 14. oder 15. Jh. zum Teil in mehreren Schichten übereinander erhalten. Beim Altar erkennt man die Apostel, die sich um Christus versammeln, und einen hl. Georg als Drachentöter. Besonders interessant sind aber die Darstellungen kniender Großmeister; sie sind an den Wappenschildern zu erkennen.

Gegenüber dem Eingang zum Klosterbezirk lassen sich die abgesperrten **Ruinen** 7 byzantinischer Gebäude erkennen. Dort beginnt eine Pinienallee mit italienischen **Kreuzwegstationen** 8, die zu einem Aussichtspunkt führt. Am Ende der Allee steht ein ca. 17 m hohes, von innen besteigbares **Betonkreuz** 9, von dem man einen schönen Blick über die Ebene von Triánda bis hin zum Attávyros hat.

Mein Tipp

Das große Fest der Panagía

In der Woche um den 15. August feiert Kremastí seine ›Hängende Maria‹ – die Ikone der Panagía-Kirche soll nämlich in einem Olivenbaum gefunden worden sein. Das Kirchweihfest mit dem Umzug der Ikone zieht sich über eine Woche hin und gilt als das größte des ganzen Dodekanes. An den Gottesdiensten nehmen auch die Griechen nur sporadisch teil, dafür wird ausgiebig gefeiert, getrunken und schnabuliert.

Kremastí ► R 9

Wegen des nahen Flughafens spielt das Kleinstädtchen südlich von Ialyssós touristisch kaum noch eine Rolle – auch der Kieselstrand ist nicht wirklich schön. Dafür geht das Leben hier noch wirklich seinen traditionellen Gang. Zentrum des Orts ist die klassizistische Kirche mit einer Bibliothek, wo sich die alten Männer zum Abendklatsch treffen. In der Ebene zum Strand hin liegen einfache Hotels. Eine Fahrt nach Kremastí lohnt vor allem abends wegen der Tavernen, die auch gern Griechen aus Rhodos-Stadt besuchen.

Essen & Trinken

Italienisch – **Pizzeria Romeo:** Leof. Eleftherias, tgl. ab 10 Uhr, Hauptgerichte 5–13 €. Auf der Dachterrasse werden gute Pizzen und griechisch-italienische Küche serviert. Leider direkt an der Durchgangsstraße gelegen.

Griechisch – **Yannis Grill House:** 1 Tsiviti, tgl. ab 19 Uhr, Tel. 22410 9 01 98, Hauptgerichte ab 6 €. Einfache Grillstube hinter der Bibliothek; deftige griechische Grillküche mit Gyros (das spricht sich griechisch übrigens *jiro),* Souvlaki und Co. Auch Lieferservice!

Traditionell – **Ouzerie Zorbas:** Leof. Eleftherias, tgl. ab 19 Uhr, Tel. 22410 9 53 22, Hauptgerichte ab 5 €. Sieht unscheinbar aus, bietet aber echte rhodische Küche: Souvlaki vom Holzkohlengrill und ein köstliches Stifado.

Abends & Nachts

Griechische Musik – **Melody Palace:** Leof. Eleftherias, Richtung Ialyssós, ab 22.30 Uhr, Tel. 22410 9 49 20. Der in ganz Rhodos bekannte Club ist auf Bouzouki-Musik spezialisiert. Hier treten häufig griechische Sänger oder Gruppen live auf (Plakate in Rhodos-Stadt und an den Ausfallstraßen). Eintritt ist meist umsonst, dafür sind die Getränkepreise happig.

Theológos ▸ Q 9

Der Ort, meist nur kurz Thólos genannt, ist die jüngste Hotelzone an der Westküste und – wenn man es beschaulich und dörflich mag – auch die schönste. Während das alte Dorf mit engen Gassen und traditionellen Häusern oben am Hang liegt, erstreckt sich die Hotelzone in der Küstenebene.

Der Strand zählt zu den besseren an der Westküste, schön sauber, teils sandig, wenn auch mit groben Kieseln direkt am Wasser. Auch der Wind ist nicht mehr so stark wie im Norden. Wassersport bieten die Großhotels Alex Beach und Doreta Beach. Einziger Wermutstropfen: das nahe Kraftwerk von Soroní, das sich am Horizont erhebt.

Essen & Trinken

Dorftaverne – **Taverne Drossia:** Thólos-Zentrum, Tel. 22410 4 16 84, tgl. 12–15, 18–23 Uhr, Hauptgerichte ab 6 €. Eine echte Dorf-Taverne, wo bei griechischen Oldtime-Schlagern eine leckere bäuerliche Küche serviert wird. Sehr beliebt bei Einheimischen wie Touristen. Wenn es voll wird, und das wird es immer, müssen alle zusammenrücken.

Infos & Termine

Panigíria: Am 13./14. August feiert das ganze Dorf im Kloster Kalópetra (s. S. 225); das Fest der Pfarrkirche Ágios Spyrídonos ist Anfang Dezember.

Soroní, Fánes, Kalavárda ▸ P 10

Diese drei Küstendörfer sind noch wirklich sehr ursprünglich, organisierter Tourismus ist fast unbekannt. **Soroní,** dessen Ruf unter dem großen Elektrizitätswerk leidet, lohnt aber einen Stopp wegen seines sehr lebendigen, typisch griechischen Dorflebens (am Vormittag). Berühmt ist das große **Fest des Ágios Soúlas,** dessen große Wallfahrtsanlage 4 km im Inland liegt. Am 30. Juni findet dort eines der größten Feste von Rhodos statt, mit jenen Eselrennen, die schon Lawrence Durrell in »Leuchtende Orangen« sehr beeindruckt schilderte.

Fanés ist hingegen ein stiller, in Olivenhainen und Weingärten versteckter Weiler, wo die meisten Einwohner noch ganz von der Landwirtschaft leben. Allerdings hat Loukas Nikolitsis, Erbe des Hotels Delfini, seit Mitte 2010 für eine umfassende Verschönerung des Dorfes im traditionellen Stil gesorgt (s. Lieblingsort S. 154). Bekannt ist der Sand-Kiesel-Strand vor allem bei Surfern, die hier guten Wind und in der einsamen Küstenebene auch einige wenige Unterkünfte finden.

Am Strand von **Kalavárda,** inzwischen ebenfalls mit professioneller Surfstation, liegen einige idyllische Ta-

Lieblingsort

Fánes, das Farbendorf ► P 9
Das kleine Örtchen an der Westküste von Rhodos wurde 2010 durch eine gemeinsame Aktion aller Einwohner grundlegend verschönert: Die vielen historischen Häuser strahlen jetzt in bunten Farben und Fánes nennt sich ›Village of Colours‹. Ich fahre nun sehr gern dorthin, um in den Tavernen eine Kleinigkeit zu essen oder zu trinken und das auf Rhodos wirklich einzigartige Flair zu genießen – eine Wohltat für die Augen!

vernen, die nur im Sommer geöffnet sind, wenn dort gern Griechen baden gehen. Der Strand ist ab hier bis hinunter nach Kámiros völlig unbebaut, in der Küstenebene bestellen die Bauern ihre Felder.

Übernachten

Neben dem neuen, auf Surfer spezialisierten Luxushotel Nautica Blue gibt es auch kleinere Alternativen, z. B.:
Kleines Paradies – **Delfini:** In Fánes am Strand, Tel. 22410 4 13 69, www.delfini-fanes.gr, DZ BB 40 €. Das einfache Surferhotel mit schönem Garten direkt am Strand wurde komplett im traditionellen Stil renoviert, ein Bilderbuchhotel nach allen Regeln der Kunst. Schön sitzt man auch abends in der Taverne, sonntags im Sommer werden Beach-Partys veranstaltet.

Essen & Trinken

Fischer-Taverne – **Blue Sea Taverna:** An der Küste Richtung Kámiros, Tel. 22460 4 14 20, tgl. 12–21 Uhr, ein ganzer frittierter Kalamari 8 €. Hübsche Taverne einer Fischerfamilie mit blumenreicher Weinlaubterrasse, von der man weit hinaus aufs Meer schaut. Wer Fisch essen will, fragt besser beim Bestellen nach dem Preis!

Kámiros (Old Kámiros) ! ▶ O 10

Tgl. außer Mo 8.30–15 Uhr, im Sommer 8.30–19 Uhr, Einlass bis 30 Min. vor Ende, Eintritt 4 €
Kámiros, 34 km von Rhodos-Stadt entfernt in den Hügeln über der Westküste gelegen, war die kleinste der drei antiken rhodischen Städte. Es erreichte nie die Bedeutung von Ialyssós oder Líndos. In früharchaischer Zeit jedoch war die von Homer als ›die Tonreiche‹ gerühmte Stadt eine Hochburg der frühen griechischen Keramikproduktion: Die nahe Nekropole von Fikellura gab der Endphase des orientalisierenden Stils im 6. Jh. v. Chr. den Namen (s. S. 75).

In der hellenistischen Epoche, Rhodos als neue Inselhauptstadt war schon längst gegründet, wurde Kámiros nach einem Erdbeben um 227 v. Chr. neu aufgebaut, blieb aber eine politisch unbedeutende Handwerkerstadt. Nach einem weiteren Beben Mitte des 2. Jh. n. Chr. wurde es für immer aufgegeben und nie wieder überbaut. Daher zeigen die Ausgrabungen, die die Italiener 1929 begannen, das für die griechische Antike seltene Bild einer hellenistischen Wohnstadt, die eben nicht wie die meisten anderen Orte jener Zeit in römischer oder spätantiker Zeit umgestaltet worden ist.

Zugleich bietet Kámiros ein besonderes landschaftliches Erlebnis: Die Stadt, von deren Wohnvierteln nur etwa hüfthohe Mauern blieben, zieht sich in einer engen Talsenke empor. Sie wird einmal längs durchschnitten von einer Weihestraße, die den unteren Tempelbezirk mit dem Athena-Tempel oben auf der Kuppe verbindet. Von dort oben hat man den schönsten Blick auf das Gewirr der Atriumhäuser, die über dem Meer zu schweben scheinen. Leider wurden große Teile der früher so reizvollen Pinienwälder ringsum bei dem großen Waldbrand 2008 schwer geschädigt.

Gleich hinter dem Eingang betritt man die **Tempelterrasse** 1. Sie war früher gesäumt von von Statuen bedeutender Persönlichkeiten und Göttern, davon zeugen noch zahlreiche

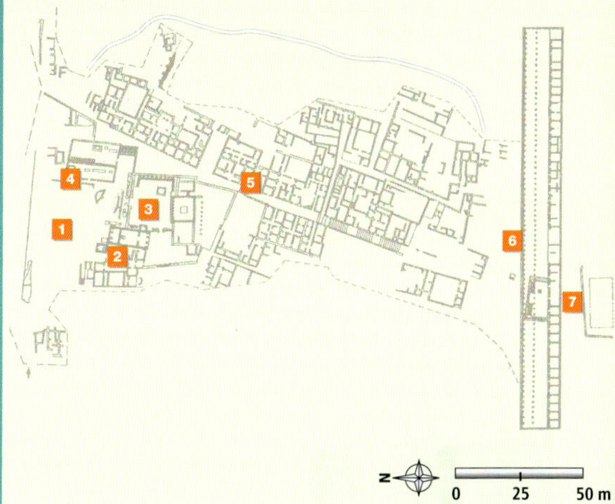

Kámiros

Sehenswert
1 Tempelterrasse
2 Apollon-Tempel
3 Zeremonialbezirk
4 Platz der Altäre
5 Prozessionsstraße
6 Stoa (Säulenhalle)
7 Athena-Tempel

Essen & Trinken
1 New Kamiros
2 Amythia
3 Akrogiali

Sockel mit Weihinschriften. Rechts von dieser künstlichen Terrasse erhob sich ein dorischer **Apollon-Tempel** 2, von dem noch einige Säulen aufrecht stehen. Vor dem Tempel findet sich ein kleiner Altar, daneben ein weiterer Platz. Hier vermutet man den **Zeremonialbezirk** 3 des Tempels, der im Süden von einem Brunnenhaus und im Osten von der hohen Stützmauer zur Prozessionsstraße begrenzt wird.

An der Ostseite der Tempelterrasse erkennt man Reste einer halbkreisförmigen Exedra, wahrscheinlich der Platz der Priester während der Kulthandlungen. Dahinter schließt der **Platz der Altäre** 4 an, wo unter anderem – auf dem zentralen Altar der unteren Ebene – dem Sonnengott Helios geopfert wurde. Von hier führt die **Prozessionsstraße** 5 über Treppen zur Kuppe empor. Links, später auch rechts zweigen Gassen zu den verschachtelten Atriumhäusern ab, von denen noch hüfthohe Mauern aus Bruchstein erhalten blieben.

Auf der Kuppe fällt heute vor allem eine große Zisterne aus der klassischen Epoche zu entdecken, die über eine Treppe begehbar war. Über dieser wurde Anfang des 2. Jh. eine monumentale, 200 m lange **Stoa** 6 errichtet. Diese Säulenhalle diente als Eingang zum **Athena-Tempel** 7 direkt dahinter, von dem nur spärlich Reste erhalten blieben. Wahrscheinlich handelte es sich aber um einen Amphyprostylos mit je vier Säulen an beiden Endseiten wie auch auf der Akropolis von Líndos.

Die Ruinen des antiken Kámiros überblicken die Ägäis bis zum türkischen Festland

Essen & Trinken, Aktiv

Taverne mit Strand – **New Kamiros 1**: An der Küste beim Kámiros-Abzweig, Tel. 22410 4 00 12, tgl. 10–22 Uhr, Hauptgerichte 5–14 €. Die Taverne in einer kleinen Bucht besteht seit 1958. Oft von Ausflugsbussen besucht, daher große Auswahl; hübsch eingerichtet mit traditionellen Holzstühlen. An der langgezogenen Sandbucht kann man auch schön baden, es werden Liegestühle vermietet.

Mit Kinderspielplatz – **Amythita 2**: An der Küste ein kurzes Stück Richtung Kámiros Skála, Tel. 22460 3 10 91. Moderne Taverne mit bodenständiger Küche und tollem Ausblick aufs Meer, geführt von der sehr netten Emmanuela Kordoni aus dem Bergdorf Kritínia. Mit großem Kinderspielplatz, etwas unterhalb ein Strand mit Duschen. Hauptgerichte 4–14 €, den Fisch vorher auswiegen lassen.

Beim Fischer – **Akrogiali 3**: An der Küste Richtung Kalavárda, Tel. 22410 4 00 38, tgl. 10–21 Uhr, Hauptgerichte 6–18 €. Strandtaverne einer Fischerfamilie mit schattiger Terrasse, beliebt bei Einheimischen. Unterhalb ein kleiner Strand, wo die Fischerboote liegen.

Infos

Busse: Von Rhodos-Stadt um 10 und 13.30 Uhr (Öffnungszeiten beachten!), retour 11, 14.30 und 17.40 Uhr.

Kámiros Skála ▸ N 11

Der Fischerhafen südlich des antiken Kámiros ist mit seinen Fischtavernen ein beliebtes Ausflugsziel der Rhodier. Hier startet auch die Kleinfähre zur nahen Insel Chálki (s. S. 256). Im Hang über dem Kai, hinter der Taverne Loukas, ist ein unvollendetes **Tempelgrab** in den Fels gemeißelt. Typologisch entspricht es den Gräbern Lykiens (der Region rund um Fethiye in der Türkei) und verweist so auf die engen Beziehungen zu Kleinasien in antiker Zeit.

Übernachten

Familiär – **Pension Liros:** Kámiros Skála, Tel. 22460 3 12 64, DZ/F 50 €. Moderne, Familienpension, 250 m vor dem Hafen. Ordentliche Zimmer, angeschlossen eine Taverne mit typischen bäuerlichen Gerichten. Die Wirte geben auch Tipps für Ausflüge und Wanderungen rund um den Berg Profítis Ilías; ein Mietwagen ist empfehlenswert.

Essen & Trinken

Langusten und mehr – **Estatorio Althemenis:** Rechts vom Anleger, Tel. 22460 3 13 03, tgl. 10–22 Uhr, Fisch ab 12 €, 1/2 Languste 55 €. Gilt als das beste Fisch- und Langustenrestaurant von Rhodos. In großen Becken kann man sich ›sein‹ Tier in noch lebendem Zustand aussuchen.

Kastell Kámiros ▸ N 11

Südlich von Mámiros Skála kommt bald der Abzweig zum Kastell Kámiros (ausgeschildert als Kástro Kritinía). Es ist eine der besterhaltenen Johanniterburgen, erbaut unter dem Großmeister Orsini, verstärkt unter Aubusson und Carretto, deren Wappenschilder die Mauern zieren. Im Mittelalter hieß die Festung Villanova, den Bau finanzierten Florentiner Bankhäuser als Handelsstützpunkt. Vom höchsten Punkt, beim mächtigen Donjon, hat man einen schönen Meerblick zu den Inseln Alimiá und Chálki.

Essen & Trinken

Strandtaverne – **Johnny's Fish Taverna:** An der Küste in der Kopriá Bay, Mai bis Sept. tgl. tagsüber, Hauptgerichte um 9 €. Einladende Strandtaverne mit großer Terrasse in der Kopriá Bay, einer auch bei Tauchern beliebten Bucht.

Kritinía ▸ N 11

Das noch ganz ursprüngliche Dorf am Hang unterhalb der Westküstenstraße, die sich hier schon in die Berge geschwungen hat, wird oft achtlos rechts liegen gelassen. Dabei kann man es als eines der schönsten und ursprünglichsten Dörfer von Rhodos bezeichnen (Infos für Individualreisende unter www.kritinia.gr auch auf Deutsch).

An der Hauptstraße zeigt ein **Folklore-Museum** landwirtschaftliches Gerät, im Dorfzentrum an der Platia versorgt das Kafenió O Platanos unter einer riesigen Platane Besucher mit Getränken und Eiscreme.

Links neben dem Kafenió beginnt der Fußweg zur kleinen **Kirche Ágios Ioánnis Pródromos** (der Vorläufer = der Täufer), das sich 10 Min. vom Dorf entfernt ganz weiß getüncht unter zwei mächtige schwarze Zypressen kauert. Mit ihrem Ausblick auf das Kámiros-Kastell ist die Kapelle aus dem 12. Jh. eine der malerischsten von Rhodos.

Das Beste auf einen Blick

Faliráki und die Ostküste

Highlights !

Thérmes Kallithéa: Die alte Kuranlage der Italiener aus den 1920er-Jahren zählt mit ihrer orientalisierenden Bauweise zu den schönsten Badeplätzen von Rhodos. S. 167

Tsambíka: Das Tsambíka-Kloster mit der wundertätigen, Kindersegen spendenden Ikone blickt von der Berghöhe auf den schönsten Sandstrand der Insel. S. 184

Auf Entdeckungstour

Dörfliche Architektur in Koskinoú: Das noch sehr traditionelle Dorf hat im Zentrum zahlreiche bunt bemalte klassizistische Villen aus dem 19. Jh. bewahrt. S. 164

Das Katholikon von Afándou: Die Kapelle am Strand von Afándou geht auf eine große frühchristliche Basilika zurück, die im Arabersturm zerstört wurde. S. 178

Kultur & Sehenswertes

Kloster Profítis Ámmos, Faliráki: Das abseits gelegene Kloster zählt zu den idyllischsten Plätzen der Stadt und wird vom Pächter einer urigen Grilltaverne gepflegt. S. 169

Kirche Ágios Archángelos, Archángelos: Die Kirche besitzt den schönsten Glockenturm der Insel: schneeweiß und filigran durchbrochen, überragt er den alten Ortskern. S. 187

Aktiv & Kreativ

Faliráki Waterpark: Eines der größten Spaßbäder in Europa mit Wellenpool und Riesenrutschen. S. 169

Traganoú Beach: Der Kieselstrand zwischen schroffen Felsen ist für sein türkisfarbenes Wasser berühmt. S. 177

Wandern im Mákkaris-Tal: An einem Trockental entlang in die Berge. S. 195

Genießen & Atmosphäre

Fischtaverne Tsampikos, Kallithéa: Die Taverne am Kavourákia-Strand serviert Fisch und Grillgerichte im Palmengarten. S. 163

Tavernen in Koskinoú: Im Dorf mit den vielen klassizistischen Häusern kann man abends in traditionellen Tavernen einkehren. S. 167

Abends in Charáki: Essen gehen mit Blick auf die erleuchtete Burgruine Feráklos. S. 191

Abends & Nachts

Partymeile in Faliráki: In der ›Partystadt‹ feiert die Jugend bis zum Sonnenaufgang. S. 174

Taverne Mimakos, Afándou: In der idyllisch gelegenen Taverne finden regelmäßig Events mit Livemusik und Tanz-Shows statt. S. 180

Die großen Badeorte

Entlang der Ostküste von Rhodos reihen sich große, quirlige, teils sogar laute Strandorte, aber auch stillere Küstenabschnitte, von der italienischen Kuranlage Thérmes Kallitheá bis zur kleinen Bucht von Charáki. Faliráki und Kolýmbia sind die bedeutendsten Urlaubsorte hier, es gibt aber auch typisch griechische Orte wie Koskinoú oder Archángelos.

Da die Ostküste von Rhodos von den Bergen im Landesinnern vor dem ägäischen Meltemi-Wind geschützt wird, ist es hier klimatisch milder, im Sommer aber sehr heiß. Die Strände fallen deutlich flacher ins Meer ab und bestehen zumeist aus Sand und Feinkies. Die touristische Entwicklung begann spät, denn noch in den 1980er-Jahren führte nur ein kurviges Sträßchen hinunter in den Süden. Heute ist die Straße von Rhodos-Stadt entlang der Ostküste bis Líndos so gut ausgebaut, dass man dorthin kaum noch eine Stunde braucht. Sie passiert jedoch schöne Strände und kleine Dörfer, für die man sich ruhig Zeit nehmen sollte – auch wenn keine spektakulären Dinge zu sehen sind.

Vom Altstadt-Ring in Rhodos-Stadt aus kann man zwei Straßen nehmen: Auf der alten Küstenstraße passiert man erst die antike Zéfyros-Nekropole (s. S. 141), dann geht es zur Hotelzone Kallithéa/Reni Koskinoú und weiter nach Thérmes Kallitheá. Mit der Ausschilderung Líndos fährt man am Rodiní-Tal (s. S. 141) vorbei auf die Schnellstraße Richtung Faliráki.

Infobox

Internet

Die Internetseiten zu Faliráki sind allesamt wenig ergiebig und nicht aktuell. Noch die beste war zuletzt www.faliraki-info.com; nützlich auch www.rodos.com.

Anreise und Weiterkommen

Ab Faliráki wird die Küste durch den zum Teil vierspurig ausgebauten Líndos-Highway erschlossen, über den zahlreiche Buslinien laufen. Auch sonst sind die Busverbindungen sehr gut.

Kallithéa (Réni Koskinoú) ► S 9

Das etwa 6 km lange Küstenstück am Kap Vódi wird in deutschen Katalogen als Kallithéa vorgestellt, auf Rhodos ist der Name Réni Koskinoú verbreiteter. Das ›Zentrum‹ dieser Hotelzone ist die Küstenstraße, an der sich mehrere durch Anhöhen getrennte Buchten reihen, die jeweils von Großhotels besetzt sind. Wer hier bucht, trifft nicht unbedingt eine schlechte Wahl: Der Disco-Rummel hält sich in Grenzen, die Buchten sind überschaubar, und Rhodos-Stadt sowie einige der idyllischsten Badeplätze der Insel nicht weit.

Der Hauptstrand ist zwar von den zusammen 1000 Zimmer zählenden Hotels Eden Rock und Paradise Beach umzingelt, es gibt aber noch weitere schöne Strandabschnitte, z. B. den ruhigen **Kavourákia Beach** mit dem Hotel Lomeniz Blue, einem Fischerhafen und zwei lauschigen Fischtavernen.

Koskinoú ► S 9

Der Ortskern des alten Dorfes Koskinoú liegt auf einem Felssporn und

Erotische Figuren zieren die Brunnen in den Thermenanlagen von Kallithéa

überblickt grünes Ackerland, man ist hier schon den Neubauvierteln von Rhodos-Stadt entronnen. Eine Stippvisite lohnt die Architektur des alten Dorfes (s. Entdeckungstour S. 164), abends kann man den Dorfbummel in der Taverne O'Georgios am Hauptplatz bei Landwein vom Fass ausklingen lassen.

Übernachten

Für Selbstversorger – **Artemis Studios:** Koskinoú Road, Tel. 22410 6 14 35, Mob. 6997 27 01 76, www.artemis-studios.gr, DZ 25 € (NS), 45 € (HS). Kleinere Neubau-Anlage in Dorfnähe (1 km zur Küste) inmitten von Olivenbäumen. Schlichte, aber saubere und funktionale Zimmer mit Bad, Küchenzeile und TV. Sogar einen Pool gibt es!

Familiär – **Kalithea:** Leof. Kallitheas, nahe Hotel Paradise Beach, Tel. 22410 6 24 98, DZ ca. 45–75 €. Familiär geführte Mittelklasse (deutsche Leitung) mit Pool und großem Garten.

Essen & Trinken

Fisch unter Palmen – **Psarotaverna Tsampikos:** Kavourákia Beach, nahe Hotel Lomeniz Blue, tgl. ab 10 Uhr, Dolmadakia 5 €, Schwertfisch 13 €. Vorzügliche Fischgerichte und ▷ S. 167

Auf Entdeckungstour

Dörfliche Architektur in Koskinoú

Im Dorf Koskinoú, etwas erhöht in den Hügeln über der Küste gelegen, blieb ein ganzer Dorfkern aus Villen im klassizistischen Stil und traditionellen Wohnhäusern erhalten.

Reisekarte: ► S 9

Planung: Für einen Dorfrundgang rechne man gut 1 Std.; vorteilhaft ist es, am späten Nachmittag zu kommen. Dann kann man erst noch einen Frappé in einer Taverne trinken und abends bei Giorgio essen.

Traditionelle Häuser: Auch in den Dörfern Apóllona, Kritinía und Asklipío kann man in kleinen Museen traditionelle Architektur erleben.

Tavernen: O Giorgios 1 und O Giannis 2: s. S. 167

Koskinoú war zu Anfang des 20. Jh. die heimliche Hauptstadt von Rhodos und der wohlhabendste Ort der Insel. Von dieser Zeit zeugen zahlreiche Stadtvillen mit schattigen Innenhöfen. Sie haben fantasievoll gestaltete Tore und sind oft bunt angestrichen, die Innenhöfe haben noch ihre alten Chochláki-Böden aus schwarzen und weißen Kieselsteinen. Vor den Häusern sitzen die Frauen (immer freundlich grüßen!), und auf den Mauern sonnen sich die Kätzchen: eine echte, stille Idylle im sonst so lauten Rhodos.

Eine Idylle des Klassizismus

Vom Hauptplatz geht man auf die große **Dorfkirche** 1 zu, die der Panagía (Allheilige Maria) geweiht ist. Von weithin sichtbar ist der nach typisch rhodischer Art luftig durchbrochene Kirchturm mit fünf jeweils zurückspringenden Stockwerken. Die Kirche stammt aus dem Jahr 1783, wurde aber nach Erdbebenschäden 1928 umfassend erneuert. Sie besitzt einen Hof mit strahlendweißem Chochláki-Mosaik aus Kieselsteinen und Wandmalereien mit Bibelszenen im alten byzantinischen Stil (s. S. 68).

Südlich vom Glockturm führt eine lange Gasse ins historische Dorfzentrum hinein. Zahlreiche Hofportale im Stil des Klassizismus säumen den Weg. Typisch sind vorgeblendete Wandpilaster oder elegante Säulchen, Rundbögen und ein erhöhtes Gesims wie bei einem antiken Tempel. Die meisten Wandflächen sind weiß getüncht, doch die hölzernen Fensterläden, die Türen und die Wandsockel sind farbigbunt gestrichen. Schmiedeeiserne Ziergitter zeigen Blumenmotive, Ranken oder Vögel und das rhodische Symboltier, den Hirsch, oft sind sie farbig abgesetzt und geben dem Haus seine besondere Note.

Weil in den letzten zehn Jahren sehr viele Ausländer in Koskinoú Häuser gekauft haben, sind die Preise für diese

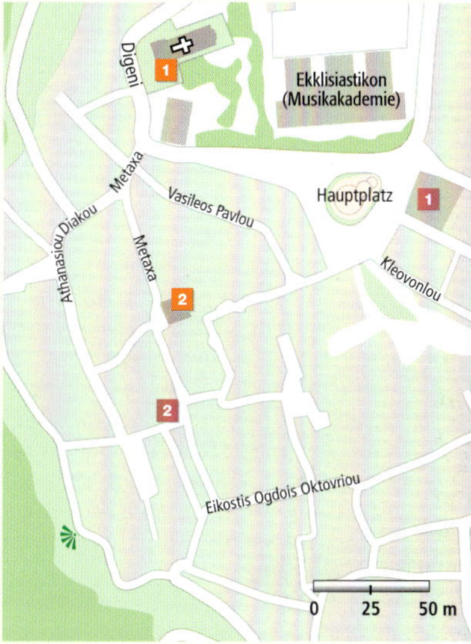

Schmuckstücke in ungeahnte Höhen gestiegen. Wenn man mal sehen möchte, wie man in diesen Häusern lebte, kann man das **Traditionelle Haus** 2 (Paradosiako Spiti Koskinou) besuchen (Saison Mo–Fr 10–13, 17–20 Uhr, sonst nach Vereinbarung, Tel. 22410 6 22 05).

Leben auf dem Soúfa

Das traditionelle Haus war eingeschossig, besaß ein Flachdach und sehr dicke Mauern, um die Hitze abzuweisen; im Innern gab es nur einen Raum, die *sála*. Als Hauptmöbel in diesem Raum war ein etwa brusthohes Podest eingebaut, das eine ganze Schmalseite einnahm und *soúfa* genannt wurde. Es bildete den Mittelpunkt des Hauses: Dort empfingen die Männer Gäste, dort verbrachten die Frauen den Abend, dort schlief die Familie. Es besaß ein Geländer, unter dem Boden konnten Vorräte verstaut werden, abends wurde es mit Seegrasmatratzen als Schlafstätte gepolstert. Das Bett der Eheleute war durch den *spervéri* abgetrennt, einen prachtvoll bestickten Vorhang, an dem die jungen Mädchen jahrelang arbeiteten – er war das Kernstück ihrer Aussteuer, das dem Brautzug vorangetragen wurde.

Dieses für vielfältige Funktionen nutzbare Raumprinzip von Sála und Soúfa ist typisch für die traditionelle Architektur des gesamten Dodekanes, auch wenn es je nach lokalen Traditionen variierte. So ruhen die Deckenbalken der Häuser auf Rhodos meist auf einer weiten Spitzbogenwand, der *kamára,* die die Sála in der Mitte teilt, auf Kárpathos erfüllt diesen Zweck dagegen ein starker Mittelpfeiler, der *stýlos* genannt wurde.

Ansonsten war das Einraumhaus eher spärlich möbliert. Meist war nur noch ein *piatóthiki,* ein Wandschrank für das Geschirr, vorhanden. Auf einem langen offenen Bord aus geschnitztem Holz präsentierte man eine zusammengewürfelte Sammlung von Keramik-Tellern, die von Seefahrten aus Italien, der Türkei oder Ägypten mitgebracht worden war. An den Wänden hingen Stickereien, alte Familienbilder und natürlich eine Ikone, ein Bild des Familienheiligen.

Die Küche, *kéllos,* war in einem kleinen Anbau zum Hof hin untergebracht, um den sich weitere Wirtschaftsräume sowie der steinerne Backofen, das Klosett und die Ställe gruppierten. Eine mannshohe Mauer umschloss das Refugium der Familie.

Die Tempel als Vorbild

Anders als das traditionelle Bauen, das mit einfachen Mitteln zweckmäßige Lösungen erreichte, spiegelte die neoklassizistische Architektur den Willen zur Repräsentation. Nicht von ungefähr kam dieser Stil, der den Formenkanon des antiken Tempels aufgriff, erst nach der Gründung des neugriechischen Staates auf. Mit König Otto, Sohn des Philhellenen Ludwig von Bayern, kamen Architekten ins Land, die in Athen die ersten klassizistischen Gebäude errichteten. Als Griechen dann in den 1850er- und 1860er-Jahren im Gefolge der ökonomischen Durchdringung des Osmanischen Reiches durch Engländer und Franzosen als Händler, Agenten und Reeder zu Wohlstand kamen, griffen sie diesen Stil auf.

So entstand die neoklassizistische Stadtarchitektur der großen Handelsstädte von Sými, Chálki und Kastellórizo. Auf Rhodos selbst gibt es solche Bauten seltener – zu stark war hier der Einfluss der türkischen Besiedlung, und auch die Blütezeit von Líndos war am Ende des 19. Jh. schon Geschichte. Koskinoú ist daher der einzige Ort mit einer nennenswerten klassizistischen Architektur.

Charakteristische Elemente der neoklassizistischen Inselarchitektur sind der dreieckige Tempelgiebel, die Fassadengliederung Traufbänder und Pilaster, die als vorgesetzte Scheinsäulen die Form der antiken ionischen, dorischen oder korinthischen Säule nachahmen. Auch die oft auf den Dachkanten aufgestellten *kolonáki,* muschelförmige Terrakottaembleme haben schon die Dächer der antiken Tempel geschmückt.

Je nach Inseltradition wurden die *archóntika,* Herrenhäuser, in bestimmten Farben gestrichen. Auf Sými waren es helle Gelbtöne kombiniert mit Rostrot, auf Chálki Dunkelblau mit kräftigem Rot, auf Kastellórizo ein dunkleres Gelb mit Weiß.

sehr freundlicher Service in hübscher Gartentaverne unter üppigen Palmen mit vielen lauschigen Sitzecken.

Schöne Aussicht – **Koskinou House:** Leoforos Kallithea, tgl. 11–14, 18–23 Uhr, Haloumi 4,50 €, Schweinefilet ›Aristoteles‹ mit Blaukäsesauce 13 €. Das alte Ausflugslokal aus italienischer Zeit ist jetzt wieder hübsch gelb gestrichen. Oben auf der großen Terrasse sitzt man schön mit Meerblick. Die Küche bietet griechische Klassiker, aber auch fantasievolle Eigenkreationen, abends locken günstige Bierpreise.

... in Koskinoú

Taverne am Dorfplatz – **O Giorgios (Yoryos) 1**: Koskinoú, am Hauptplatz, Tel. 22410 6 21 22, tgl. 11–14 und ab 18 Uhr, Griechischer Salat 4,50 €, Bekri Meze 9,50 €. Man sitzt entweder unter Weinlaub auf der Terrasse oder im mit allerlei Traditionsgerät dekorierten Gastraum, der fast wie ein Museum wirkt. Es gibt bäuerliche Küche mit vielen Mezedes (Vorspeisen), rhodischen Spezialitäten (auch Zicklein aus dem Ofen); dazu Landwein aus Émbona.

Taverne im Dorf – **O Giannis (Yannis) 2**: Koskinoú, im Dorf, tgl. 11–14 und ab 18 Uhr, Griechischer Salat 4,50 €, Kondosouvli (eine Art Soulaki) 8,50 €, Spetsofai (Wurst und Paprika in scharfer Sauce) 8 €. Die beste Taverne im Dorf mit großer Auswahl an traditionellen Gerichten; man kann dem Koch hier noch in die Töpfe gucken. Teils gibt es Tische auf der Hauptgasse, teils im traditionell ausgestatteten Innenraum.

Aktiv & Kreativ

Wassersport – An den Stränden der Großhotels werden Tretboote, Surfbretter und Jet-Skis verliehen, auch Wasserski kann man fahren.

Tauchen – Die Felsküste bei den Thermen von Kallithéa ist der beliebteste Tauchspot von Rhodos, die beiden großen Tauschschulen der Insel (s. S. 33) sind hier regelmäßig unterwegs. Nur mit Führung solcher autorisierter Schulen ist Scuba Diving (Tauchen mit Flaschen) erlaubt, sonst ist es untersagt, um Schatztauchen nach antiken Objekten zu unterbinden.

Infos

Busse: Von Rhodos tagsüber stündlich zur vollen Stunde ein Bus der KTEL, nach Faliráki ca. 20 Min. und zurück ca. 20 Min. vor der vollen Stunde.

Thérmes Kallitheá !

▶ S 9

Die ›Thermen von Kallithéa‹ sind ein romantisches Relikt aus der italienischen Epoche. Bei der seit der Antike bekannten Heilquelle wurde in den 1920er-Jahren ein Thermalbad aufgebaut. Der italienische Kolonialstil mit Palmen im Innenhof und einem maurischen Kuppelpavillon blieb selten so gut konserviert. Die Bauten, ein überdachter Mini-Pool und ein Wandelgang mit den Umkleidekabinen wurden mehrfach als Filmkulisse genutzt, so in »Die Kanonen von Navarone« mit und von Anthony Quinn.

An der Felsbucht kann man baden, beliebt ist die felsige Küste aber auch bei Tauchern und Schnorchlern. Und auch etwas weiter südlich findet man unverbaute Badeplätze. Einige improvisierte Tavernen haben hier Liegebetten auf die Felsen gestellt, am schönsten ist das Areal bei **Tassos Beach:** Ein regelrechter Irrgarten in den Felsen, wo jeder ein stilles Plätzchen findet.

Auch für Kinder toll, denn in den Tümpeln findet man Muscheln und Krebse.

Faliráki ►S 10

Der kilometerlange Feinsandstrand lockte in den 1960er-Jahren die ersten ›Griechenland-Hippies‹ nach Faliráki, das damals als Fischerhafen von Kalythiés aus einigen Hütten und dem kleinen Ágios Ioánnis-Kirchlein bestand. Seit aber 1973 die Stichstraße zum Strand gebaut wurde, heute die im Jargon ›Bar Street‹ genannte Flaniermeile, erlebte die Bucht mit dem flachen, kinderfreundlichen Strand einen enormen Ausbau zu einer der lebendigsten Feriensiedlungen von Rhodos.

Dieser Ort gliedert sich in drei Bereiche: zum einen die Reihe der Luxushotels im Norden Richtung Kallithéa, dann der Gürtel kleinerer Apartmenthotels rund um das Zentrum und schließlich die eigentliche ›Party-Stadt‹ in der Ortsmitte. In den Hotels dort sind vor allem junge Briten untergebracht; dazwischen reihen sich Souvenirläden, Boutiquen und Bars aneinander, während sich die alte **Johanneskapelle** vor den Glitzerlichtern und den dröhnenden Disco-Beats wie in Trauer hinter ihre Zypressenkappe zurückgezogen hat. Dafür locken die Kneipen mit Gratis-Drinks, und vor dem Morgengrauen muss niemand ins Bett. Doch während das ›Action Resort‹ (so Faliráki über sich selbst) im Zentrum HiSpeed-Wassersport, Parasailing, einen Bungee-Kran und andere Adrenalin-Treiber bietet, gibt es eben auch noch die ruhigeren Ecken.

Faliráki ist die Party-Hauptstadt von Rhodos

Am alten **Fischerhafen** 1 schaukeln immer noch die Kaiks vor der kleinen blau-weißen Kapelle auf dem Wellenbrecher, derweil an Land am **Kathara Beach** die einfachen Fischerkaten an alte Griechenlandromantik erinnern.

Auch das strahlend weiße **Kloster Moní Profítis Ámmos** 2, wo Pfauen frei herumstolzieren und im Juni ein großes Kirchweihfest gefeiert wird, ist noch so charmant wie in alten Zeiten.

Wer nicht am langen Sandstrand braten will, kann auch zu kleineren Felsbuchten im Süden fahren (s. Strände). Südlich über der Ladikó-Bucht liegt auf einem kahlen Felssporn das **Erimokástro** 3, eine antike Festung. Sie ist noch nicht untersucht, sodass die Entstehungszeit fraglich ist, doch die erhaltenen Bauteile, darunter ein monumentaler Eingangsbereich, deuten auf ein prähistorisches Datum hin (mykenische oder archaische Epoche).

Mein Tipp

Faliráki Waterpark 1
Im Hotelviertel von Faliráki, am Hang beim Esperides Hotel, hat ein Spaßbad der Superklasse eröffnet. Wellen-Pool, Unterwasser-Aerobic, eine ›Kids Area‹ mit Piratenschiff und Wasserkanonen für die Kleinen, Wasserrutschen wie Kamikaze, Black Hole oder Free Fall und dazu der Tarzan Pool, wo man über Krokodile (nein, keine echten natürlich…) laufen muss – so viel wird einem selten geboten fürs Geld. (Tgl. 9.30–18 oder 19 Uhr, Erw. 20 €, Kinder (3–12 J.) 15 €, www.water-park.gr.)

Strände

Faliráki Beach: Der Hauptstrand ist sandig, ewig lang und fällt kinderfreundlich flach ab. Für Wassersport ist gesorgt. Ein Wermutstropfen: Im Hochsommer wird es hier unerträglich heiß.
Kathara Beach: Die kleine Bucht kurz vor dem Fischerhafen bietet eine feinsandige Badestelle und etliche traditionelle Strandtavernen.
Nudist Beach: Schmale Felsbucht mit kleinem Strand, nackt darf man, muss man aber nicht. Wird zunehmend ›normal‹ genutzt von den Gästen der neuen Hotels in Faliráki-Süd.
Anthony Quinn Bay: Das idyllischste Plätzchen in Faliráki. Man liegt auf dem kleinen Streifen Feinkiesel oder Felsplateaus, Riffe im Meer bieten ideale Plätze zum Schnorcheln. Auch Duschen, Sonnenschirmverleih und eine Taverne gibt es.
Ladikó Bay: In der kleinen Felsbucht findet man auch einen Streifen Sand und viele Felsen. Meist ist es dort sehr ruhig, nur die Gäste des Hotels Cathrin (www.cathrinhotel.gr) treffen sich dort. **Thérmes Kallithéa,** s. S. 167.

Kalythiés ▶ S 10

Kalythiés ist das Nachbardorf von Koskinoú im Süden, und wie dort haben die Leute sehr vom Tourismus profitiert, denn auf der Gemarkung des Dorfs liegt die Ferienstadt Faliráki. Dennoch ist das Dorf sehr beschaulich geblieben und lohnt einen Besuch.

Dann schlendert man durch enge Gassen zur **Stávros-Kirche** oder zum pompösen **Rathaus** im italienischen Romantikstil. Danach kann man auf dem Hauptplatz in dörflichen Tavernen oder im traditionellen Kafenió Serafino einkehren. Es gibt hier aber auch schon ein gestyltes Internet-Café, wo sich die Jugend trifft. Besonders stolz sind die Leute von Kalythiés auf ihr Heilig-Kreuz-Fest vom 13. bis zum 15. September, eines der größten Panagíri auf Rhodos.

Faliráki

Sehenswert
1 Fischerhafen (Faliráki Harbour)
2 Moní Profítis Ámmos (auch Amos)
3 Erimokástro

Übernachten
1 Apollo Beach
2 Evi
3 Limanaki Apartments
4 Paradise Studios
5 Sevastos Studios

Essen & Trinken
1 Ámmos Taverna
2 Dimitra
3 Kastri
4 Maria
5 Monaxia
6 Porto Bello
7 Roumeli
8 Sotiris
9 Di Stefano

Einkaufen
1 Faliraki Shopping Centre
2 Epsilon Shopping Centre
3 Neofitou

Aktiv & Kreativ
1 Faliráki Water Park
2 Gabriel's Watersports
3 Theo's Watersports
4 Mike's Windsurfing
5 Schiffstouren
6 Rally Kart

Abends & Nachts
1 Chaplin's
2 Espuma Cafe Bar
3 Ziggy's & Charlie's TGI Bar
4 Bar Street
5 Q Club
6 Sting & Fabric
7 Tiger Club
8 Bed Club

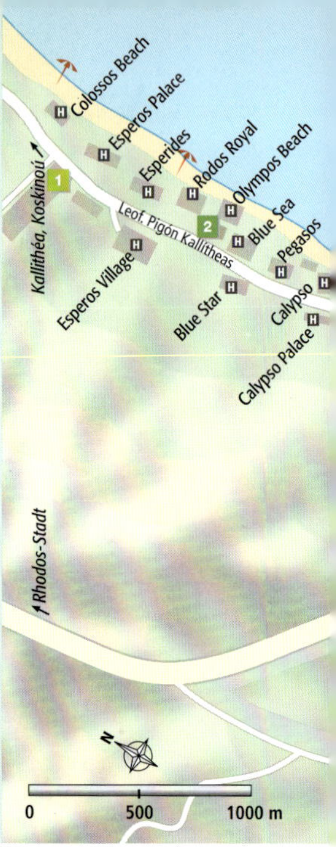

Übernachten

Die großen Luxushotels stehen bis zu 8 km nördlich des Zentrums, und damit tatsächlich etwas arg im Abseits der Partymetropole. Jedoch fährt eine Traktorbahn etwa stündlich zum Hauptplatz.

Luxus im Ort – **Apollo Beach 1**: Am Ortsstrand, 200 m vom Zentrum entfernt, Tel. 22410 8 55 13, www.apollobeach.gr, DZ/F 75 € (NS) bis 150 € (HS). Gehobene Mittelklasse ohne all-inclusive; viel Sportanimation mit Aerobic-Stunden. Relativ ruhig gelegen und durch ein kleines Wäldchen abgeschirmt, aber doch nah bei den Bars und Clubs der dem Strand. Neuerdings mit 5-Sterne-Dependence Apollo Blue Palace.

Viele junge Leute – **Evi 2**: Prof Ammou, Tel. 22410 8 55 86, www.evihotel.gr, DZ/F 45–85 €. Größere Anlage mit drei Sternen in ruhiger Lage, aber nur 10 Min. zu Fuß von der Party-Meile entfernt. Daher gut geeignet für jüngere Leute, die viel abfeiern wollen und wenig Wert auf Luxus legen.

Zimmer am Strand – **Limanaki Apartments 3**: Kathara Beach, Tel. 22410 4 77 53, www.faliraki-apartments.com, Studio 60–80 €, Kinder plus 17 €, bis 4 Jahre umsonst, Apt. 130–150 € für 2–5 Pers. Studios und Apartments von 2002 in alten Fischerhäusern, sehr schön direkt am Strand gelegen. 10 Min. vom Zentrum entfernt, auch abends ruhig mit netten Lokalen in der Nähe.

Ruhige Idylle mit Taverne – **Paradise Studios 4**: Kathara Beach, Tel. 22410 8 55 36, www.rhodosparadise.com, DZ 40 (NS), 55 (HS). Einfacher, aber gut ausgestatteter Neubau mit Studios (TV,

AC, Küche) weitab vom Trubel, aber direkt am Strand. Angeschlossen ist eine Taverne mit traditioneller Küche.

Apartments mit Pool – **Sevastos Studios 5**: Prof. Ammos, Tel. 22410 8 52 53, sevastoshotel@in.gr, DZ 30–40 €, Frühstück 5 €/Pers. Eher einfache Zimmer mit kleiner Kochgelegenheit in der Schrankwand, kleiner Pool und Restaurant, ruhig gelegen.

Essen & Trinken

Beim Kloster – **Ámmos Taverna 1**: Prof Ammou, tgl. ab 12 Uhr, Hauptgerichte ab 7 €. Ganz ruhig am Kloster des Profeten Ammos liegt diese einfache Taverne, die Mezedes und traditionelle Grillgerichte serviert. Nicht selten stolzieren freilaufende Pfauen vorbei.

Schick am Strand – **Dimitra 2**: Am Strand rechts von der Platia Falirakiou, tgl. ab 9.30 Uhr, Hauptgerichte 8–23 €. Sehr schön im Dorfstil mit großer Auswahl (inzwischen sogar auch Thai und Wok) – feine griechische und internationale Küche wie Diana-Steak oder Filet Mignon.

Mit Kinderspielplatz – **Kastri 3**: Faliráki-Nord neben Hotel Calypso, tgl. ab 9 Uhr, Hauptgerichte ab 8 €. Nett geführte Strandtaverne, man spricht Deutsch und serviert neben griechischen All-time-Klassikern wie Moussaka auch Filterkaffee. Das Plus für Familien: ein kleiner Spielplatz.

Familiär – **Maria 4**: Kathara Beach, am Hafen, tgl. 9–23 Uhr, Vorspeisen gibt es ab 4 €, Hauptgerichte ab 8 €. Familiäre Strandtaverne mit guter traditioneller Küche – z. B. Kleftiko 10 € oder Giouvetsi 9,50 €. Man sitzt nett auf einer

WELCOME
MONAXIA
BEACH

Lieblingsort

Strandparadies – Monaxia Beach in Faliráki ► S 10
Gegenüber dem Hotel Sun Palace biegt man ab zum Monaxia Beach (sprich Monachia Beach) mit einer urgriechischen Strandtaverne, wie sie in Faliráki heute eher selten ist. Der Wirt Stefanos und sein Bruder haben die **Taverne Monaxia** 5 vom Vater geerbt und servieren griechische Klassiker, z. B. Moussaka (6 €) oder Gyros (8 €). Zugleich sind sie Imker und verkaufen eigenen wunderbaren Thymianhonig. (Odos Timokreontos, tgl. ab 9.30 Uhr. Hauptgerichte 6–10 €.)

schattigen Terrasse mit Strandblick und lernt die ganze Familie inkl. der Katzen kennen.
Strandidylle – **Monaxia** 5: s. Lieblingsort S. 172.
Al Italia – **Porto Bello** 6: Platia Falirakiou, tgl. 9–15, 18.30–23 Uhr, Hauptgerichte 9–18 €, Pizza ab 6 €. Strandtaverne am zentralen Strandabschnitt mit Schwerpunkt auf italienischen Gerichten.
Deftiges vom Grill – **Roumeli** 7: Leof. P. Kallitheas, tgl. ab 19 Uhr, Hauptgerichte 6–18 €. Eine gute Adresse für alle, die deftige Grillküche lieben. Im Fenster dreht sich in der Saison oft ein Spanferkel über dem Holzkohlengrill.
Mit Livemusik – **Sotiris** 8: Zwischen Hotelzone und Stadt, Saganaki 5 €, Pedakia 9 €. Große Taverne an einem eher ruhigen Strandabschnitt mit durchweg leckerer Hausmannskost. Man vermietet auch Liegen am Strand; Di und Sa gibt es Livemusik.
Mezedes und mehr – **Di Stefano** 9: Apollonou, tgl. 9–23 Uhr, Mezedes um 4,50 €, Hauptgerichte ab 9 €. Modernes Gartenrestaurant mit professionellem Service und großer Auswahl. Es gibt viele leckere Mezedes (Vorspeisen), griechische Klassiker und auch internationale Küche.

Einkaufen

Urlaubsfummel, Sportswear, Markenjeans, Badesachen – an der Kallithea-Straße bieten mehrere große Boutiquen eine umfassende Auswahl.
Shopping Centre – Während das **Faliráki Centre** 1 an der Kallithea-Straße wenig Erfolg hat (und inzwischen auch sehr heruntergekommen ist), gilt das **Epsilon** 2 in der Hotelzone Faliráki-Nord als beste Adresse für hochwertige Waren (Mode, Goldschmuck, Souvenirs).
Keramik – **Neofitou** 3: An der Líndos-Straße. Typisch rhodische Teller und Vasen. Schön bis kitschig, aber auf alle Fälle ein gutes Souvenir.

Aktiv & Kreativ

Spaßbad – **Falliráki Waterpark** 1: s. S. 169.
Wassersport – Am Zentrumsstrand bieten die Stationen **Gabriel's** 2 (bei Taverne Dimitra) und **Theo's** 3 (bei Hotel Apollo Beach), Pedalos, Wasserski, Parasailing und High Speed Ringos, bei **Mike's** 4 kann man Surfbretter leihen (man spricht Englisch). In Faliráki-Nord gibt es Stationen beim Hotel Calypso und vor dem Hotel Colossos Beach.
Ausflüge per Boot – **Schiffstouren** 5: Ab Faliráki-Hafen großes Programm, z. B. tgl. nach Líndos (ab 9.40 Uhr), nach Rhodos-Stadt (ab 9.25 Uhr, außer So); Abfahrten bei den Hotels Apollo Blue Palace, Calypso und Esperides. Mit einem Glasbodenboot kann man auch zur Anthony Quinn Bay und zum Traganoú Beach fahren.
Go-Kart-Bahn – **Rally Kart** 6: Polidorou, tgl. 10–18 Uhr, Tel. 67 63 98 15 75.

Abends & Nachts

Strandbar – **Chaplin's** 1: Platia Falirakiou, tgl. 10–2 Uhr. Zwischen Strand und Platz werden in schickem Lounge-Ambiente Drinks und internationale Snacks serviert. Abends oft Livemusik, gute Cocktails.
Lounge Bar – **Espuma Cafe Bar** 2: Platia Falirakiou, tgl. 10–2 Uhr. Coole Lounge Bar im der ersten Etage über MacDo mit Karibik-Ambiente und exotischen Mojitos und Cocktails.
Zum Vorglühen – **Ziggy's & Charlie's TGI Bar** 3: Platia Falirakiou, tgl. 10–2

Uhr. In dieser Location zwischen Restaurant und Music-Bar trifft sich die Szene, wenn der Abend noch jung ist. Berühmt bzw. eher berüchtigt ist der Fishbowl-Cocktail.

Abfeiern, die erste – **Bar Street** 4: Die offiziell Odos Ermou genannte Straße wird gesäumt von Musik-Kneipen (alle tgl. 10–4 Uhr): Alle mit großer offener Terrasse zur Straße, ewig langem Tresen und überall hängen Fernseher. Ab dem Frühstück, natürlich englisches, laufen hier Musik-Clips oder MTV, manchmal auch Soaps. Die Locations heißen **Jamaica Pub** (viel Musik-TV), **Breeze** (Tische mit Stangen, um dran zu dancen), **Bunny's** (schick), **Vibes** (Lounge) oder **Mambo Bar** (afrikanisch). Nachts schicken alle ihre ›Aufreißer‹ auf die Straße, die für Kundschaft sorgen sollen: manche als lehmverschmierte Krieger, andere als Nymphchen im Baströckchen.

Abfeiern, die zweite – **Club Street:** An der Straße nach Kallithéa reihen sich die echten Clubs (alle 22–6 Uhr): **Q Club** 5 (mit Pole Dance), **Sting & Fabric** 6, **Tiger Club** 7 … so heißen die angesagten Tanzadressen, deren Namen sich freilich jede Saison ändern können. Viele Clubs haben verschiedene Floors, wo sie House und Electro bzw. R&B und 80's gleichzeitig spielen können. Die größte Disco ist der **Bed Club** 8 im Faliráki Shopping Centre (das jedoch schon bessere Tage erlebt hat).

Infos

Info: Kein staatliches Büro, aber **Dimitra Travel,** Ermou, tgl. 9.30–21 Uhr, Tel. 22410 8 61 40, vermittelt Auflüge, informiert über Bootstouren und gibt Auskünfte aller Art.

Busse: Nach Rhodos-Stadt alle 30 Min. bis 19 Uhr, letzter Bus gegen 21.30 Uhr; letzter Bus retour gegen 22.30 Uhr. Nach Süden (Richtung Líndos) ca. alle 30 Min. Busse ab Líndos-Highway, letzter Bus zurück ab Líndos gegen 18 Uhr. Achtung: Manche Busse fahren am Hauptplatz ab, die meisten ab Líndos-Highway.

Boote: Ab Fischerhafen tgl. nach Ladikó und zum Traganoú Beach. Di, Do, So 9.30 Uhr nach Líndos, Info bei Dimitra Travel und bei Kiosken am Hafen.

Afándou ► R 11

Das Dorf selbst liegt etwas im Landesinnern, besitzt aber viele Ferienunterkünfte in der Strandebene, wobei größere Hotelbauten eher die Ausnahme sind. So geht hier alles eher beschaulich zu – ebenso wie in Afándou selbst, wo man das typisch griechische Dorfleben kennenlernen kann.

Mit 5700 Einwohnern zählt Afándou zu den größeren Orten auf der Insel – und zugleich zu den modernsten.

Mopedfahren auf der Líndos-Straße

Auch wenn es viele tun: halbnackt mit der Vespa zu zweit zur Ausflugstour fahren ist das Dümmste, was man auf Rhodos machen kann. Allein der Sonnenbrand danach verdirbt zwei Urlaubstage. Besondere Vorsicht ist auf dem Líndos-Highway zwischen Faliráki und Archángelos geboten: Dort sollte man einbiegenden Lastwagen immer Vorfahrt lassen, denn die Fahrer gehen davon aus, dass Mopeds oder Motorräder als die schwächeren schon bremsen werden! Auf Schotterpisten kann man schnell ins Rutschen kommen (ebenso auf staubigem Asphalt nach einem plötzlichen Regenguss) – ernste Verletzungen mit tiefen Aufschürfungen sind gar nicht so selten.

Es gibt zahlreiche Tavernen an der Hauptstraße und an der großen Platia bei der Kirche. Viele Einwohner suchten in den 1960er-Jahren im nordrhein-westfälischen Gummersbach Arbeit; sie (und ihre Kinder) kamen zurück, als der Tourismus in der Heimat neue Chancen versprach. An die Verbindung mit der deutschen Industriestadt erinnert ein ›Gummersbacherplatz‹ im Ort; auch besteht noch eine rege Städtepartnerschaft.

Die Geschichte von Afándou reicht mindestens bis in die Römerzeit zurück. Allerdings lag die antike Siedlung in der Strandebene, wo sie im 7. Jahrhundert leichte Beute der arabischen ›Sarazenen‹ wurde. Die Einwohner gründeten daher eine neue Stadt, hinter einem Bergriegel vom Meer aus nicht sichtbar. So kam der Ort zu seinem Namen – der bedeutet nämlich ›versteckt‹.

Die wichtigste Sehenswürdigkeit ist die uralte **Katholiki-Kapelle** von Afándou an der Straße zum Strand (s. Entdeckungstour S. 178).

Kirche Kímisis tís Theotókou

Mo–Sa 9–12, 16–18 Uhr

Die Kirche im typisch rhodischen Stil mit einem freistehenden, durchbrochenen Glockenturm besitzt ein schönes schwarz-weißes Mosaik aus Meer-

Helltürkis schimmert das Wasser an der Bucht von Traganoú

kieseln im Atrium-Hof. Der Bau stammt ebenso wie die Ausmalung aus italienischer Zeit (1930er-Jahre); ein gutes Beispiel rhodischer Holzschnitzerei ist die Ikonostase. Der Priester hat ein kleines ›Heimatmuseum‹ mit Sakralgerät und altem Kunsthandwerk zusammengetragen, das regelrecht anrührend wirkt.

Afándou Beach

In der Strandebene liegt der Golfplatz von Rhodos, weite Teile sind aber noch völlig naturbelassen. Der kilometerlange, grobkieselige Afándou Beach ist etwas eintönig – jedoch findet man dort immer ein einsames Plätzchen.

Traganoú Beach ► S 10/11

Nur aus rundgeschliffenen hellen Kieseln besteht der sonst von Felsen eingefasste Strand **Órmos Traganoú** ganz am nördlichen Ende der Afándou-Bucht. Hier schimmert das Wasser in schönen Türkis- bis Grüntönen, hohe Felsen geben teilweise Schatten, an der Nordseite kann man eine Höhle erkunden. In der Saison hat eine Taverne mit Duschen geöffnet.

Übernachten

Kinderfreundlich – **Argyro Village:** Strandebene, an der Líndos-Straße ausgeschildert, Tel. 22410 5 15 26, www.argirovillage.gr, DZ/F ca. 40–70 €, Apt. ca. 60–80 €, auch pauschal buchbar. Familiäres Aparthotel in der Strandebene mit großem Garten, Pool und Kinderspielplatz. Zum Strand (1000 m) fährt ein Hotelbus.

Golfhotel – **Lippia Golf Resort:** In der Strandebene beim Golfplatz, Tel. 22410 5 24 50, www.rhotel.gr, DZ/all-incl. 80 € (NS), 130 € (HS). Moderne Nobelanlage: Der Pool erfüllt fast Olympia-Norm, und wer die Sonne satt hat, kann auch im Hallenbad schwimmen. Empfehlenswertes Haus für Golfer, aber auch ein zentrales Standquartier an der Ostküste.

Studios im Grünen – **Sokrates Studios:** Strandebene, an der Líndos-Straße ausgeschildert, Tel. 22410 5 31 02, www.sokrates.gr, DZ/F ca. 45–75 €, Apt. ca. 90–110 €. Neuere Apartmentanlage in der Strandebene mit schönem Garten und modernen Studios (mit Kochgelegenheit). Zum Strand geht man 400 m.

Studios am Meer – **Afándou Bay:** Strandebene, an der Líndos-Straße ausgeschildert, Tel. 22410 5 22 52, www.afandoubay.com, DZ/F ca. 55–90 €, Apt. ca. 90–130 €. Neues, ▷ S. 180

Auf Entdeckungstour

Das Katholikon von Afándou

An der Katholikí-Kapelle am Strand von Afándou kann man exemplarisch den Untergang der byzantinisch-frühchristlichen Kultur auf Rhodos nachvollziehen.

Reisekarte: ► S 11

Planung: Das Kapellchen ist ständig geöffnet. Mittags oder abends kann man in der Taverne essen. Zum Strand fährt man nur weitere 2 Min.

Tipp: Weitere zerstörte frühchristliche Kirchen findet man in Kolýmbia (s. S. 181) und Plimmýri (s. S. 216), frühbyzantinische Einsiedlerkapellen bei Charáki (S. 190) und Moní Trís (s. S. 148).

Während das weströmische Reich im 5. Jh. unter dem Ansturm der Germanenstämme zerbrach, konnte das oströmische Reich, das später nach seiner Hauptstadt Byzantion/Konstantinopel auch Byzantinisches Reich genannt wurde, seine staatliche Einheit bewahren. Der Fernhandel florierte, die Währung war stabil, die politischen Institutionen blieben durch Reformen intakt. Rhodos war ein wichtiger Handelshafen, berühmt für seine Seidenmanufaktur und besaß eine produktive Landwirtschaft.

Untergegangen im Arabersturm

Die Insel war auch deutlich dichter besiedelt als heute. Große Städte reihten sich im Inland und entlang der Küsten bis hinunter in den äußersten Süden: Mesanagrós, Plimmýri, Gennádi, Psínthos, Arnítha und andere, deren Namen untergegangen sind, waren große Städte mit prächtigen dreischiffigen Basiliken, in denen das Frühchristentum, seit dem 4. Jh. die neue Staatsreligion, seine neue Bedeutung zur Schau stellte. Dann kam die Katastrophe: 654 griffen die Araber unter Kalif Muawija Rhodos an und verheerten die meist unbefestigten Städte an den Küsten. Der Arabersturm dauerte bis 808, als Harun ar-Raschid einen letzten Eroberungszug unternahm. In dieser Zeit sank die Bevölkerungszahl rapide, die Überlebenden zogen sich in die Berge zurück oder bauten neue Siedlungen, die man vom Meer aus nicht sehen konnte.

Die versteckte Stadt

Zu diesen gehörte Afándou, das hinter einem Hügelrücken liegt und dessen Name schon ›versteckt‹ bedeutet. Von der alten Stadt am Meer zeugt heute nur noch das Katholikon, eine kleine Kirche kurz vor dem Strand. Sie wurde im 12. Jh. in die Ruine der Basilika aus dem 5. Jh. hineingebaut. Wie bei vielen anderen Kapellen war es eine fromme Stiftung, und da das Geld und die Kraft nur für einen kleinen Bau reichte, umfasste die neue Kirche nur die alte Apsis mit dem Altar. Die früheren Seitenschiffe und der Mittelbau blieben unbebaut, wurden aber durch eine Mauer eingefriedet.

Gottesdienst in einer Ruine

Von der alten Kirche sind noch die Apsiswölbung und der ursprüngliche Mosaikfußboden erhalten. Außen an der linken Seitenwand erkennt man zwei der Säulen, die früher das Mittelschiff vom Seitenschiff abtrennten, auch ein Teil des Arkadenbogens ragt aus dem Mauerwerk heraus. In die Mauern sind mehrere sogenannte Spolien eingelassen, Bauteile der alten Kirche mit dem frühchristlichen Kreuz.

Die Fresken stammen aus dem 16. Jh., sind aber nur von mäßiger Qualität. In der Apsiswölbung befinden sich eine Deesis (s. S. 188) und die Apostelkommunion, an der gemauerten Ikonostase ist rechts Johannes der Täufer, links der hl. Nikolaus, in der linken Seitenapsis die Panagía (Maria), ihr gegenüber der hl. Georg auf einem weißen Pferd zu sehen, und neben ihm stützt sich der hl. Antonius auf seinen Eremitenstab.

Über den Umgang der Griechen mit ›heiligen‹ Orten geben auch die Ritzzeichnungen von Schiffen an den Seitenwänden Auskunft. Sie stammen vermutlich von Fischern, die ihr Boot unter den Schutz der Heiligen stellen wollten. Wie für den unbekannten Stifter des 12. Jh. lebte auch für sie in der Kathóliki-Kapelle eine uralte Tradition des Göttlichen fort, unbeschadet der Zeitläufte, die die Landschaft ringsum gänzlich verändert haben.

sehr schickes Aparthotel in der Strandebene mit schönen Studios oder Apartments; inkl. Sauna- und Spabereich, mit einem großen Pool, Fitnessraum und Restaurant; zum Strand geht man nur 100 m.

Essen & Trinken

Gartentaverne – **Michalitsa:** An der Hauptstraße zur Platia (Rodos Pernou), ab 18 Uhr, Hauptgerichte 7–14 €. Auf der weinüberrankten Terrasse des traditionellen Dorfhauses und im neu angelegten Garten dahinter serviert die Wirtsfamilie bodenständige Küche, z. B. Moussaka oder Kleftiko, guter griechischer Salat.

Musik & Tanz – **Mimakos:** Außerhalb abseits der Hauptstraße nach Faliráki, www.mimakos.com, Mo–Fr 16–1 Uhr, Sa, So ab 12 Uhr mit Livemusik, Hauptgerichte 5–15 €. Die große Taverne auf einem Hügel im Grünen bietet schöne Panoramablicke über grüne Landschaft und dazu echte griechische Küche. Das Besondere hier sind aber die Live-Events (ab 21.30 Uhr) mit Musik und Folkloretänzen. Dann gibt es zu griechischen Schlagern aber nur ein festes Menü.

Beim Fischer – **To Fresko:** Strandebene, nahe den Sokrates Studios, tgl. 12–15 und ab 18.30 Uhr, Hauptgerichte 6–16 €. Hübsches Restaurant einer Fischerfamilie, die das alte Boot über den Eingang gehängt hat. Serviert werden rhodische Spezialitäten und viel Fisch und Meeresfrüchte.

Pizza & Pasta – **Sergio's:** Rodos Pernou, nahe Dorf-Platia, tgl. ab 18.30 Uhr, Hauptgerichte 6–16 €. Ein gutes italienisches Restaurant mit Pizza (6–10 €) aus dem Steinofen und leckeren Pasta-Kreationen. Vom Speisesaal im ersten Geschoss überschaut man die belebte Platia.

Einkaufen

Rhodische Keramik – **Bonis Ceramic Factory:** An der Líndos-Straße Richtung Kolýmbia. Die Ware zeigt farbige Glasur auf unglasiertem Ton, zum Teil schöne traditionelle Motive.

Keramik und Kunst – **Greek Art Creation:** An der Dorfstraße kurz vor der Platia. Schöne Souvenirs mit künstlerischem Anspruch.

Abends & Nachts

Zuckersachen – **Andreas Zacharoplastia:** Ethn. Makariou. Zacharoplastia heißt ›Zuckerbäckerei‹, so gibt es hier alles für die süßen Freuden des Lebens: von Baklava (Pistazien-Gebäck) bis zu italienischem Eis. Dies ist ein beliebter Abendtreffpunkt für Liebespaare aus Afándou, aber auch für Familien, die nicht vor den TV-Schirmen der Kneipen am Hauptplatz sitzen wollen.

Infos

Busse: Nach Rhodos-Stadt von der Platia etwa alle 60–90 Min., retour dito, letzter Bus gegen 22.30 Uhr; von der Líndos-Straße etwa alle 30 Min.

Beach Express: Das Traktorbähnchen pendelt in der Saison morgens und abends etwa stündlich zwischen Strand bzw. Hotelzone und der Platia.

Kolýmbia ► R 11

Kolýmbia ist eine jüngere Feriensiedlung, die erst Mitte der 1980er-Jahre entlang einer schönen Allee aus riesigen Eukalyptus-Bäumen entstand. Trotz der vielen Hotelneubauten, die überwiegend mit deutschen Pauschalgästen belegt sind, ist Kolýmbia eine ruhige Adresse geblieben und daher für Familien interessant.

Der Ort am meist ausgetrockneten Flussbett des Loutáni wurde in den 1920er-Jahren gegründet, als die Italiener etwa 30 000 Kolonisten nach Rhodos brachten und Neusiedlungen an der Küste bauten. Aus dieser Zeit stammen die große Kirche mit dem markanten **Campanile** 1 und der Verwaltungsbau (heute Altersheim) an der Schnellstraße. Dahinter, am Beginn der Allee, liegen rechts abgezäunte Fundamente einer **frühchristlichen Basilika** 2 mit Mosaikfußboden. Die Ruine bezeugt, dass die Strandebene schon in antiker Zeit besiedelt war.

Die beiden **Strandbuchten** südlich und nördlich des felsigen Kap Vágia sind schöne Badeplätze und auch als Ausflugsziele beliebt. Im Norden (linke Seite) liegt der Hafen mit der Taverne To Nissáki, gefolgt vom einem flach abfallenden Sandstreifen mit einigen Felsen, im Rückraum spenden Tamarisken Schatten. Auf der südlichen Seite überblickt die Taverne Limanaki eine offene Sandbucht, die etwas steiler ins Meer abfällt, dort gibt es oft auch stärkere Wellen. Die Bucht am Kap dient als geschützter **Fischerhafen** 3.

Übernachten

Die früher fast einheitlich mit Deutschen belegten Pauschalhotels haben neuerdings auch viele Gäste aus Tsche-

Romantische Statuen zieren die beliebte Oasis Bar in Kolýmbia

Kolýmbia

Sehenswert
1 Campanile
2 Frühchristliche Basilika
3 Fischerhafen

Übernachten
1 Port Royal Villas & Spa
2 Marathon Hotel
3 Maritsa Travel

Essen & Trinken
1 Carrusel
2 Taverna Eucalyptus
3 Limanaki
4 Taverna Manolis
5 To Nissaki
6 To Xoriatiko

Einkaufen
1 Zeus Tourist Shop

Abends & Nachts
1 Star Cafe Bar
2 Oasis Bar
3 Pergamos Disco

chien und der Slowakei; über die aktuellen Standards lese man am besten die Hotelbewertungen im Web. Das aktuell neueste Haus ist das **Port Royal Villas & Spa** 1 (5*, www.sensimar.com) mit dem ›Ethereal Spa‹, das den Gästen Sauna, Hamam, Dampfbad, Massagen und Thalasso-Anwendungen bietet.

Mittelklasse – **Marathon Hotel** 2: an der Eukalyptusallee, Tel. 22410 5 63 07, www.euroxenia.com, DZ/all-incl. 70 € (NS), 112 € (HS). Gut geführtes Mittelklassehotel (3*) mit großem Poolbereich, gutes Preis-Leistungs-Verhältnis auch für Vorortbucher.

Apartments – **Maritsa Travel** 3: Agentur-Büro an der Eukalyptusallee, Tel. 22410 5 63 47, rodosmts@otenet.gr, http://rodosmaritsatravel.tripod.com. Apartments unterschiedlicher Größe. Bei der Buchung sollte man darauf achten, dass die Häuser nicht am kieseligen Afándou Beach, sondern direkt in Kolýmbia liegen.

Essen & Trinken

Grill und Steak – **Carrusel** 1: Eukalyptusallee (Abzweig Odos Bienna), tgl. 9–23 Uhr, Gyros Pita 2 €, Jägerschnitzel 7,50 €. Das moderne Café-Restaurant bietet Grillküche und Service wie zu Hause und ist bei den meisten deutschen Gästen beliebt. Zur Rechnung bekommt man einen Ouzo.

Traditionell – **Taverna Eucalyptus** 2: Auf halber Strecke an der Eukalyptusallee, tgl. mittags und ab 18 Uhr. Eine echte rhodische Taverne: innen stilecht mit Kamin und bemalten Ziertellern oder Stickereien an den Wänden. Spezialitäten vom Holzkohlengrill, frischer Fisch und günstige Dorfküche.

Fisch und mehr – **Limanaki** 3: Südbucht, tgl. 11–22 Uhr, Fischplatte für 2 Pers. 60 €, Pasta ab 5 €, Wein ab 8 €. Die Taverne über der Südbucht überzeugt durch schöne Aussicht auf den Strand, am frühen Abend sitzt man hier bei langem Sonnenuntergang, windgeschützt hinter einer Glasveranda. Auf der Karte stehen griechische Klassiker und Fischspezialitäten.

Das Beste von allem – **Taverna Manolis** 4: Eukalyptusallee, nahe Odos Athinon, tgl. ab 18 Uhr, Vorspeisen ab 3 €, Pizza ab 6 €, Currywurst 4,50 €. Hübsche blau-weiße Taverne, mit griechischen, italienischen und deutschen Lieblingsgerichten. Auch Filterkaffee, Gyros, Kinderteller.

Lounge am Strand – **To Nissaki** 5: Nordbucht am Anleger, tgl. ab 9.30 Uhr. Vorspeisen um 4,50 €, Hauptgerichte 8–22 €. Die Fischertaverne am Anleger hat sich unter Leitung der jüngeren Generation zu einem schicken Lounge-Cafe gemausert. Neben dem Restaurant sitzt man jetzt auch auf Flechtsofas oder am Strand und wippt zu aktuellem Pop (griechisch und international). Hier treffen sich gern die Jugendlichen aus Afándou.

Dorfküche – **To Xoriatiko** 6: Eukalyptusallee, Ecke Odos Athinon, tgl. ab 18 Uhr, Vorspeisen um 3,50 €, Hauptgerichte 7–12 €. Kleine Familientaverne mit Tischen auf grünem Rasen, wo die Mama Despina Rhodos-typische Gerichte kocht. Die Schmorgerichte gibt es aber nur in begrenzter Menge, also nicht zu spät kommen! Der Name spricht sich übrigens Choriatiko.

Einkaufen

Souvenirs – **Zeus Tourist Shop** 1: Eukalyptusallee, 10–22 Uhr. Der große Supermarkt bietet nicht nur Lebensmittel, sondern hochwertige griechische Produkte wie Olivenölseife, rhodisches Olivenöl, Honig, Keramik, Naturschwämme und vieles mehr.

Abends & Nachts

Sport-TV und Minigolf – **Star Cafe Bar** 1: Odos Athinon, tgl. ab 10 Uhr, Cocktails um 4,50 €, Pizza ab 5 €. Open-air-Lokal mit Minigolfbahn, Kinderspielplatz und Sport-TV (alle großen Fußball-Ligen). Große Auswahl von Hai Fly bis Snack-Küche.

Cocktails und mehr – **Oasis Bar** 2: Eukayptusallee, Ecke Odos Athinon. Große, von antiken Statuen gerahmte Bar mit gemütlichen Korbstühlen; viel griechische Musikklassiker, Mo, Do, Sa, So ab 21 Uhr Karaoke.

Clubbing – **Pergamos Disco** 3: Neben Hotel Lydia Maris, 23–4 Uhr. Die einzige Disco am Ort spielt zumeist Electro und Techno; Zutritt nur ab 16 Jahren.

Infos

Info: Maritsa Travel, s. Übernachten
Busse: Nach Rhodos-Stadt vormittags

mindestens stdl., nachmittags 3 x, retour um 9 und um 12 Uhr, ab 14 Uhr etwa stdl., letzter Bus gegen 22 Uhr. Nach Líndos um 9, 10 und 10.45 Uhr, nach Tsambíka morgens ca. 9.20 Uhr. Alle Busse von Süden nach Rhodos-Stadt stoppen bei der Kirche an der Líndos-Straße (1,5 km vom Strand).
Boote: Die Kolýmbia Express fährt mehrmals wöchentlich nach Líndos (s. S. 198), Abfahrt 9.30 Uhr, retour ca. 16 Uhr, Zeit genug für Akropolis, Tavernenbesuch und Badestopp.

Épta Pigés ▶ R 11

Die Épta Pigés, die ›Sieben Quellen‹, haben schon die Italiener als Ausflugsziel entdeckt. Mehrere ganzjährig schüttende Quellen wurden in den 1920er-Jahren in eine große Zisterne geleitet, um die Ebene von Kolýmbia zu bewässern. Vor allem wenn die Sommertemperaturen an der Küste jede Aktivität zur Qual werden lassen, sind die schattigen Tavernentische unter den Kiefern ein angenehmes Ziel, um den Nachmittag zu vertrödeln.

Als besondere Attraktion leben an den Ufern des klaren Baches zahlreiche Pfauen, die königlich zwischen den Tischen auf und ab stolzieren und hin und wieder mit gellenden Schreien für Aufmerksamkeit sorgen. Etwas flussabwärts beginnt ein etwa 180 m langer Kanal mit knöcheltiefem Wasser, durch den man zu einem kleinen türkis-grünen See waten kann. Die dunkle Röhre ist ein Muss für jeden mit Selbsterfahrungsambitionen – wer sich nicht hindurchtraut, kann auch den längeren Weg über den Hügel nehmen. Am Ausgang des Tunnels liegt ein bis zu 8 m tiefer Stauteich mit hohem Wasserfall an der Staumauer, in dem man auch baden kann – als einziger Platz auf Rhodos mit Süßwasser.

Essen & Trinken

Rast im kühlen Wald – **Taverna Epta Piges:** Tel. 22410 5 62 59. Vor allem Rhodier schätzen das Restaurant im schattigen Tal wegen seiner kühlen Luft. Die Tische verteilen sich auf mehrere Terrassen an den Talhängen, verbunden mit Holzbrücken. Auf der Speisekarte stehen Snacks und griechische Klassiker.

Tsambíka ! ▶ R 12

Der Name Tsambíka vereint die Extreme: Bikini-Schönheiten am Traumstrand einerseits und fromme Pilger zur wundertätigen Marienikone andererseits. Der **Tsambíka Beach** ist einer der schönsten Strände der Ostküste. Über den hellweißen Sand, an den eine träge Dünung schlägt, erhebt sich der steile Felsen, auf dem eine blitzweiße Kapelle thront. Eine steile Straße und dann ein ebenso steiler Treppenweg führen hinauf.

Diese Kapelle, die **Kýra Panagía Tsambíka,** ist seit alters her ein Pilgerziel für Frauen, die sich Kinder wünschen und keine bekommen. Früher rutschten sie bei der großen Pilgerfeier zum 8. September auf Knien zum Gipfel empor und verbrachten die Nacht bei der wundertätigen Ikone, die jetzt meist im neuen Kloster Moní Tsambíka verwahrt wird. Heute kommen Jungverheiratete hierher und beten um Nachwuchs, selbst für Hochzeiten ist die Kapelle (und die Taverne Panoramic View) sehr beliebt. Es ist ein alter Brauch, dass Kinder, die nach diesem Bittgang geboren werden, den Namen Tsambiko (als Jungen) oder Tsambika (als Mädchen) erhalten. Die vielen sil-

Blick vom Tsambíka-Kloster zum Strand

bernen Votiv-Plättchen als Dankgaben an die Maria zeugen vom Erfolg der Ikone – die beiden Vornamen sind auf Rhodos wirklich häufig zu finden. Von ganz oben hat man eine fantastische Aussicht auf die Strandsicheln von Kolýmbia und Tsambíka bis zur Feráklos-Burg bei Charáki.

Das neue Kloster **Moní Tsambíka,** etwas weiter an der Straße nach Líndos, hat eine ausgemalte Kirche mit einer in typisch rhodischer Manier filigran geschnitzten Ikonostase. Im Klosterhof gibt's eine Taverne, die an Wochenenden gern von Griechen besucht wird.

Essen & Trinken

Die Tavernen am Strand entwickeln sich langsam Richtung Beach Bar. Man spielt aktuelle Hits und serviert internationale Snacks. Immerhin gibt es überall Duschen und Sonnenliegen.
Strandblick – **Tsambika Panorama:** An der Schnellstraße, tgl. ab 10 Uhr, Hauptgerichte ab 7 €. Die hübsche Taverne gegenüber Moní Tsambíka bietet bei ordentlicher Küche einen tollen Blick zum Strand. Auch Studios werden vermietet (moderner Bau auf der anderen Straßenseite, Tel. 22440 2 31 53, Apt. ab 35 €).
Schattiges Paradies – **Taverna Athiri:** An der Zufahrtsstraße zum Strand, Tel. 6947 80 70 64. Mit viel Liebe zum Detail hat die Wirtsfamilie hier im Schatten großer Kiefern ein kleines, uriges Paradies geschaffen, dessen Eingang von plätscherndem Wasser gerahmt wird. Serviert wird traditionelle Küche und guter Fisch in reichlichen Portionen.

Infos

Busse: Von Rhodos-Stadt um 9 Uhr ein Direktbus zum Strand, retour um 16.30 Uhr. Am Küsten-Highway halten alle Busse Richtung Süden (Archángelos, Líndos etc.)

Archángelos ► R 12

Das mit 7500 Einwohnern größte Dorf von Rhodos ist eine höchst lebendige, typisch griechische Kleinstadt, umgeben von einem breiten Gürtel von Olivenbäumen. Bekannt wurde Archángelos durch seine eigenwillig bemalten Häuser, deren grelles Weiß durch blaue und grüne Schmuckbänder und pinkrosa oder gelb bemalte Tore gebrochen wird. Diese traditionelle Architektur kann man gut im alten Ortskern

Filigran durchbrochen überragt der Glockenturm der Gemeindekirche das Dorf Archángelos

rund um die **Kirche Ágios Archángelos** bestaunen. Der Bau aus dem Jahr 1845 erhielt während der Italienerzeit einen auffälligen, filigran durchbrochenen Glockenturm, der nun schneeweiß Akzente im Ortsbild setzt. Sehenswert ist auch der schöne Chochláki-Boden aus Kieselsteinen im Vorhof. An der breiten Hauptstraße jedoch, die den Ortskern von den neuen Stadtteilen trennt, gibt sich die Jugend mit ihren lärmenden Mopeds und Motorrädern sehr modern.

Archángelos war früher berühmt für langschäftige Stiefel, die man vereinzelt noch als Museumsstück sieht. Die griechischen Bauern haben sie als Schutz gegen Giftschlangen getragen. In der Antike hieß Rhodos nämlich zeitweise Ophiousa (Schlangeninsel), im Mittelalter Oloessa (Schlangengefährdete). Die schwarzen Nattern, die man bei Wanderungen manchmal sieht (totgefahren von Autos), sind jedoch keine Giftschlangen.

Kastell

Über dem weißen Häuserrund thront das Kástro, ein Kastell der Johanniter, das nach einem Überfall türkischer Korsaren 1457 unter Großmeister Orsini (1467–1476) gebaut worden ist. Im Inneren des Mauerrings ist nur eine kleine Kapelle erhalten, doch lohnt der Aufstieg wegen der weiten Aussicht. Das Wort ›Ochi‹ (OXI, deutsch ›Nein‹) in riesigen weißen Lettern wurde während der Zeit der griechischen Militärdiktatur angemalt.

Stegná Beach ▶ R 12

Als Urlaubsquartier spielt Archángelos kaum eine Rolle, es gibt nur einige einfache Hotels. Individualurlauber finden zahlreiche Apartmenthäuser am Stegná Beach, früher der Fischerhafen des Orts, heute das Strandbad. Eine steile Serpentinenabfahrt führt hinunter zu den zwei langen Sand-Kies-Stränden. Im kleinen Hafen dazwischen dümpeln die Boote der Fischer, deren Fänge in den Tavernen am Strand serviert werden. Allerdings kommen jetzt immer mehr Ausflugsboote, deren Partybeats am ganzen Strand unüberhörbar sind.

Zu einer einsamen kleinen Sandbucht, der ›Blauen Lagune‹, kann man über den Hügel an der Südseite des Strandes wandern.

Kirche Agií Theódori ▶ Q/R 12

Die eingefriedete Kapelle, Richtung Charáki an der Schnellstraße nach Líndos, enthält kunstgeschichtlich interessante Fresken im spätbyzantinischen Paläologenstil. Sie entstanden um 1375, als das Kaiserhaus der Paläologen in Konstantinopel herrschte. Die Kirche ist den beiden Theodoren geweiht, den Soldatenmärtyrern Theodoros von Tiron und Theodoros Stratilatis, die um 300 bei der Christenverfolgung unter Kaiser Decius für ihren Glauben starben und später als Leitfiguren des mönchischen Rittertums verehrt wurden.

Die Fresken sind in einem realistischen Stil gehalten: an der linken Wand sechs Heilige, gegenüber die Deesis, d. h. Christus flankiert von Maria und Johannes dem Täufer, dann der hagere Nikolaus und ein Erzengel. Weiter zur Tür hin erkennt man noch Konstantin und seine Mutter Helena, zwischen ihnen das Kreuz Christi, das diese Kaiserin in Jerusalem wiedergefunden hat. Als letzter folgt der hl. Onouphrios, der nackte Einsiedler, der seine Blöße mit dem langen Bart bedeckt. An der Eingangswand erkennt man zwei Stifterinschriften und das Stifterpaar mit dem Kirchenmodell.

Übernachten

Strandhotel – **Delfini:** Stegná, Buchtmitte, Tel. 22440 2 34 53, www.stegnadelfini.gr, DZ/F 55 € (NS), 75 € (HS). Freundlich geführtes Hotel direkt am Strand, Herr und Frau Psatha haben lange in Krefeld gelebt und sprechen gut Deutsch. Die Zimmer sind frisch renoviert und im modernen Loungestil eingerichtet. Angeschlossen ist ein Sea Food Restaurant.

Luxus all-in – **Porto Angeli:** Am Ende der Strandstraße direkt am Meer, Tel. 22440 2 40 01, www.portoangeli.com, nur all-inclusive zu buchen, DZ/F ab 85 €. Großes Sport- und Aktiv-Hotel, neben Zimmern gibt es auch Bungalows mit Privatpools zu mieten. Großes Angebot von Surfen, Tauchen, Bogenschießen, Beach-Volleyball oder Jazz Dance.

Zimmer im Ort – **Hotel Rosmari:** Am südlichen Ortsrand, von der Ortsdurchfahrt bei Zakis Supermarkt abbiegen. Tel. 22440 2 22 63, DZ inkl. Frühstück 30–45 €. Kleineres, familiäres Mittelklassehotel nah beim Ort mit blumenreichem Garten in ruhiger Lage, kein Pool, aber Terrasse, Bar, Restaurant. Die 19 Zimmer sind einfach, aber sauber und hell.

Studios am Strand – **Stegna Star:** Stegná Beach, rechte Buchtseite, Tel. 22440 2 42 59, www. stegnastar.gr, Studio 35–50 €, Frühstück 6 €, AC 6 €. Gut ausgestattete und gepflegte Apartments und Studios direkt an der Strandstraße.

Essen & Trinken

Urgestein – **Taverne Georgios Mavrios:** An der Kneipenstraße, tgl. ab 7 Uhr, Souvlaki 7,50 €. Traditionelle Taverne, wo nachmittags die Männer Tavli spielen und abends bei einem Souvlaki stundenlang plaudern. Bodenständige, dörfliche Küche, der etwas mürrische Wirt ist jedoch gewöhnungsbedürftig.

Nettes Ambiente – **Taverne Afentika:** Kneipenstraße, hinter Legend Club, tgl. ab 18.30 Uhr, Hauptgerichte 5–13 €. Traditionelle Taverne in einem weißen Altstadt-Innenhof, bewährte Küchenklassiker. Der größte Vorteil aber: Man sitzt abgeschirmt vom lauten Straßenlärm, unter dem die meisten anderen Lokale der Stadt zu leiden haben.

Tanz & Musik – **Taverne Hellas:** Nahe der Kirche, Tel. 22440 2 27 06, tgl. 12–15, ab 18.30 Uhr, Hauptgerichte 6–13 €. Traditionelle Taverne von Gastarbeiter-Heimkehrern aus Krefeld. Man spricht Deutsch und serviert griechische Klassiker nach Hausmannstradition. Kellner Elias singt manchmal zur Gitarre, Wirt Stelios übt mitunter Tänze mit den Gästen.

Boot im Hof – **Dimitris:** Stegná, Zufahrtsstraße kurz vor dem Strand, Tel. 22440 2 41 94, tgl. 11–15, ab 18 Uhr, Hauptgerichte 6–12 €, Fisch teurer. Eine Familien-Taverne wie im Bilderbuch. Großvater Dimitris hat sein Boot in den Hof gestellt und plaudert jetzt gern mit den Gästen (er spricht gut Deutsch). Serviert wird schmackhafte Hausmannskost, zubereitet von der Tochter.

Taverne mit Lounge – **Stegna Kozas:** Stegná Beach, Tel. 22440 2 23 62, tgl. 12–15, ab 18.30 Uhr, Vorspeisen ab 4 €, Hauptgerichte 8–18 €. Die 1932 gegründete Fischtaverne wurde jetzt vom Enkel zu einem Top-Restaurant modernisiert. Hier findet man griechische Tradition und das Bewusstsein für gute Zutaten von den Bauern aus Rhodos. Toll ist der Petroniátiki-Salat (6 €), es gibt auch Sími-Shrimps, Seeigelcreme und ein vorzügliches Kokkinistó (9 €). Auf einem langen Lounge-Sofa kann man im angenehmen Schatten den Sundowner-Drink mit Strandblick genießen.

Einkaufen

Keramik & Webwaren – **Dakas Keramik Factory:** An der mittleren Ortseinfahrt. Braun-bunte und weiß-bunte Ware und Sarikos Carpets mit Webteppichen in traditionellen Mustern (hellblau, bräunlich).

Abends & Nachts

Clubbing – Aufgrund der vielen Jugendlichen gibt es in Archángelos ein reges Nachtleben. An der Dorfstraße zur Post reihen sich nicht nur Bars und Imbisslokale, sondern auch echte Music-Clubs wie **Legend, Renos, Mondo** und **Barrido** (mit Internet-Café). Gespielt werden zumeist griechische Interpreten zwischen Pop, Rap und Electro.

Infos

Busse: Nach Rhodos-Stadt zwischen 6.20 und 19.35 Uhr ca. stdl., retour ab 6.45 dito, letzter Bus gegen 21.15 Uhr; vom Stegná Beach tgl. vormittags um 8.45 Uhr, zurück von Rhodos nachmittags um 14.30 Uhr.

Charáki ▶ R 13

Aus dem früheren Fischerdörfchen, englisch auch Haráki geschrieben, ist inzwischen ein properer, kleiner Ferienort geworden. Am sauberen Kieselstrand zieht sich eine moderne Strandpromenade entlang, gesäumt von schicken Kaffeebars.

Wer mehr Ruhe und auch mehr Sand sucht, läuft bis ans Nordende der Bucht, wo auch die Fischerboote der Einheimischen ankern. Insgesamt besteht der Ort nur aus zwei Reihen von Häusern, zumeist Apartmenthäuser – die sind langfristig ausgebucht, sodass es nicht ganz einfach ist, hier eine Unterkunft zu finden.

Kastell Feráklos

Die Burg auf der Felszinne nördlich von Charáki wurde 1306 als erste Festung von den Johannitern erobert und 1470 nach einigen verheerenden Überfällen osmanischer Piraten durch Großmeister degl'Orsini noch einmal ausgebaut. Selbst nach der türkischen Eroberung 1522 konnte sich hier noch ein kleines Ritterkontingent einige Monate lang halten.

Von dem Kastell sind nur die äußeren Mauern und einige Türme erhalten. Wer gerne wandert, kann nach etwas anstrengender Kraxelei (Pfad vom Agía Agathí Beach) eine schöne Aussicht genießen.

Agía Agathí Beach

Nördlich von Feráklos erstreckt sich der Agía Agathí Beach, ein sehr schönes Ziel für einen ganzen Tag am Strand. Der feine flach abfallende Sandstrand mit drei Tavernen und Liegestuhlverleih hat seinen Namen von der weißblauen Höhlenkirche Agía Agathí aus dem 12. Jh., die etwas erhöht auf der nördlichen Buchtseite liegt.

An der südlichen Strandseite ist noch ein Stück einer Hafenmauer der antiken Stadt Loryma zu erkennen. Die Betonruinen im Rückraum hingegen stammen aus der Zeit der Juntadiktatur und sollten einmal ein Ferienheim für Offiziere werden.

Übernachten

Strandhotel – **Haraki Bay:** Nördliche Bucht, Tel. 22440 5 16 80, www.harakibay-hotel.com, DZ/F 55–70 €. Das einzige echte Hotel im Ort; untere Mittelklasse, freundlich geführt, mit Restau-

Vom Kastell Feráklos überblickt man die gesamte Charáki-Bucht bis nach Líndos

rant. Zweckmäßige Zimmer. Kein Pool, doch der Strand liegt direkt vor dem Haus.

Für Familien – **HarakiMare:** Am Nordende der Bucht, Tel. 22410 7 45 24, www.harakimare.gr, Apt. 35 € (NS), 79 € (HS). Große Studiozimmer, alle mit Kochgelegenheit. Sehr ruhig gelegen, da weit von den Bars an der vorderen Promenade entfernt.

Essen & Trinken

Fisch ganz fein – **Argo:** Am Südende der Bucht, Mai bis Okt. tgl. 11–15, ab 18.30 Uhr, Vorspeisen ab 4 €, Hauptgerichte ab 10 €. Der markante Rundbau ist eine bekannte Ausgehadresse für die Rhodier. Man sitzt auf einer großen Rundterrasse mit schönem Meerblick über die Bucht zum Kastell. Vor allem wird hier Fisch serviert, gut z. B. der gefüllte Oktopus.

Britisch bis mediterran – **Da Vinci's:** Am Südende der Bucht, www.haraki beach.com, Mai bis Sept. tgl. ab 9 Uhr, Vorspeisen ab 3 €, Hauptgerichte ab 7 € (auch Zimmervermietung). Wirt Stef vereint in seinem bei britischen Urlaubern beliebten Lokal am Weg zum Strand die griechische mit der italieni-

Lieblingsort

Abends in der Charáki-Bucht
▶ R 13
Der kleine Fischerhafen Charáki steht auf meiner Hitliste hübscher Orte auf Rhodos ganz oben. Wenn man gegen 18 Uhr kommt, reicht es noch für einen gemütlichen Sundowner, eher man auf der Terrasse des Restaurants Argo die Speisekarte studiert. In der blauen Stunde flammt dann die Beleuchtung des Kastells auf – sehr romantisch!

schen Küche und setzt an manchen Tagen auch Lammcurry oder Grillrippchen auf die Karte.
Echt griechisch – **Zographos:** am Ortsrand beim Parkplatz, Mai bis Sept. tgl. ab 9 Uhr, Vorspeisen ab 3 €, Hauptgerichte ab 7 €. Nette Familientaverne mit echt griechischer Küche, gut z. B. Stifado (Zwiebelgulasch), Briam (Gemüseeintopf aus eigenem Bioanbau) und die ›villages sausages‹, griechische Würstchen vom Schlachter in Archángelos.

Infos

Info & Buchung: Apartments und Studios kann man auch über die Webseite www.haraki.co.uk finden.
Busse: Nach Rhodos-Stadt gegen 9.45 und 15.45 Uhr, retour gegen 10 und 16.30 Uhr; die Líndos-Busse halten aber am Highway-Abzweig (von dort noch ca. 2 km).

Malóna und Másari

Im Inland bei Charáki liegen die beiden ursprünglichen Dörfer Malóna und Masári im Hinterland der fruchtbaren Ebene, die mit zahllosen Zitrusbäumen bewachsen ist. Touristen kommen nur sehr selten hier vorbei, sodass man noch das beschauliche Leben früherer Zeiten erleben kann.

Agía Iríni ▶ Q 12

Kurz hinter der Abzweigung von der Ostküstenstraße lohnt ein Stopp beim **Kirchlein Agía Iríni,** das vermutlich erst um 1728 entstand, allerdings auf den Fundamenten einer frühchristlichen Kirche. Aus antiker Zeit dürfte jedenfalls das korinthische Kapitell stammen, das jetzt als Altarsockel dient. Man findet die Kapelle etwa 100 m links der Straße unter Olivenbäumen versteckt.

Malóna ▶ Q 12

Malóna selbst ist ein hübsches Dorf, umgeben von Orangenhainen (die Früchte werden am Straßenrand kiloweise verkauft), zu dem man über eine eindrucksvoll enge Zypressenallee mit einer kuriosen Ampelschaltung kommt. Im Dorfzentrum gibt es noch viele alte Einraumhäuser (s. S. 164 f.) vom Anfang des Jahrhunderts, und das Kafenió ist noch genau das, was es früher einmal war: eine reine Männerdomäne.

Masári ▶ Q 13

Auch Masári ist ein ursprüngliches Bauerndorf, doch werden hier schon günstige Privatzimmer vermietet. Ein ausladendes Blätterdach gibt dem Kafenió an der Hauptplatia mit dem achteckigen Brunnenturm Schatten. Dort beginnt die alte Straße nach Líndos (Old National Road), die durch ausgedehnte Olivenhaine mit uralten knorrigen Bäumen führt – über diese schmale Piste quälte sich früher, als man noch 4 Stunden von Rhodos nach Líndos brauchte, der gesamte Verkehr durch.

Moní Kamiroú ▶ Q 12

Hinter dem Trockental des Gaidourás-Flusses zweigt die Piste zum Kloster Moní Kamiroú ab, erst eine improvisierte Schotterstraße durchs Flussbett, dann Asphalt.

Moní Kamiroú (auch Kamairí oder Kammýri) besitzt einen hübschen Klosterhof mit Weinranken und einer mächtigen Zypresse. Die Fresken sind eher jüngeren Datums und die Ikonostase ist vor allem deshalb bemerkenswert, weil sie außergewöhnlich bunt bemalt ist.

Mein Tipp

Wanderung im Mákkaris-Tal ▶ Q 12
Zwischen Malóna und Másari kreuzt man das geröllige Trockental des Mákkaris. Bei einer kleinen Wanderung wird bald eine Stelle erreicht, wo man in traditionellen Meilern Holzkohle herstellt. Etwas später verengt sich das Tal zu einer beeindruckenden Klamm. Aber Achtung: Bei Gefahr von Regenfällen sollte man nicht in die Schlucht hineingehen! In den Uferhängen kann man leicht eine große Menge eingelagerter Kiesel erkennen, die Grundlage des antiken Mythos waren, Rhodos sei von Zeus für Helios vom Meeresgrund emporgehoben worden (s. S. 58).

Kálathos und Vlichá

In den Katalogen werden Kálathos und Vlichá unter Líndos vermarktet, sie haben mit dem schönsten Dorf von Rhodos aber wenig zu tun. **Kálathos** (▶ Q 13) liegt 5 km vor Líndos direkt an der viel befahrenen Hauptstraße, der alte Ortskern ist etwas erhöht am Hang zu finden. Biegt man an der südlichen Ortsabfahrt ein, kommt man zur alten Panagía-Kapelle, die vertieft in den Felsen gebaut ist und Wandmalereien aus dem 12. Jh. enthält.

In den kleineren Studio-Pensionen am Hang über der Straße wohnen zumeist Briten, in der noch weitgehend landwirtschaftlich genutzten Strandebene liegt das große Luxushotel **Atrium Palace** (5*, www.atrium.gr, mit dem ›Anagenisis Thalasso Spa‹). Der Strand dort ist jedoch grau und kieselig und zählt nicht gerade zu den schönsten der Insel.

Vlichá-Bucht ▶ Q 14

An der ringsum von Hügeln abgeschlossenen Vlichá-Bucht abseits der Küstenstraße geht es hingegen sehr ländlich zu. Der Strand mit viel Sand und feinen Kieseln wird von Luxushotels eingerahmt: links Líndos Royal und Líndos Village, rechts das Líndos Mare, in der Mitte Líndos Bay. Es gibt zwar ein paar Restaurants, Strandbars und kleine Kaufläden, doch viel ist auch in der Hochsaison nicht los. Aber Líndos mit dem großen Trubel ist ja nicht weit entfernt.

Am Strand gibt's Wassersport über die Großhotels (Parasailing, Surfstation, Wasserski), dazu werden hin und wieder auch Bootsausflüge angeboten.

Übernachten

Einfach am Sandstrand – **Vlycha Beach:** In der Buchtmitte, Tel. 22440 4 40 57, www.vlychabeach.gr, Studio 32 € (NS), 64 € (HS), Apt. 52 € (NS), 99 (HS). Freundliche Apartmentanlage etwas im Rückraum der Bucht (80 m zum Strand) mit Studios (2 Pers.) und Apartments (4 Pers.), alle in schlichtem, traditionellem Ambiente, aber mit Küche, TV, AC und Kühlschrank. Zu dem Komplex gehört auch ein Restaurant und ein Minimarkt für Selbstversorger.

Das Beste auf einen Blick

Líndos und der Süden

Highlights !

Líndos: Die weiße Stadt mit ihrem hoch aufragenden Akropolisfelsen zählt zu den schönsten Orten der Ägäis. Hier gibt es den schönsten Strand, die besten Restaurants und die meisten Souvenir-Shops. Nicht verpassen! S. 198

Prasonísi: Für Surfer ist die windgepeitschte Südspitze von Rhodos schon länger ein Geheimtipp. Am riesigen Strand zwischen zwei Meeren kann man aber auch gut in netten Tavernen essen. S. 218

Auf Entdeckungstour

Die Kapitänshäuser von Líndos: Im 18. Jh. war Líndos die heimliche Hauptstadt von Rhodos. Die Griechen der Stadt kamen durch den Handel zwischen der Levante, Istanbul und den venezianischen Besitzungen zu Reichtum. Die Kapitäne bauten sich aufwendige Stadthäuser, die heute nicht museal, sondern als Tavernen und Bars zu entdecken sind. S. 204

Die Fresken von Asklipío: Im kleinen Dorf bei Kiotári steht die kunsthistorisch bedeutendste Kirche der Insel. Wunderbare Fresken bedecken sämtliche Wände. S. 214

Kultur & Sehenswertes

Akropolis von Líndos: Der befestigte Burgfelsen war in der Antike eines der berühmtesten Heiligtümer Griechenlands. S. 198

Panagía-Kirche von Líndos: Die Maria geweihte Kirche ist mit wunderbaren Fresken ausgestattet. S. 202

Aktiv & Kreativ

Eselritt zur Akropolis: Der kleine Ritt durch Líndos ist speziell für Kinder ein tolles Erlebnis. S. 199

Tauchen: Die renommierte Tauchschule Waterhoppers besitzt in Líndos eine Dependence. S. 207

Surfen: Prasonísi, der südlichste Punkt von Rhodos ist als eines der besten Surfreviere am Mittelmeer bekannt geworden. S. 219

Genießen & Atmosphäre

Líndos-Restaurants: Hier speist man am schönsten – von den Dachterrassen ist stets die Akropolis im Blick. S. 206

Restaurant Coliseum in Péfki: Das hübsche Lokal im Badeörtchen Péfki ist ein mediterraner Traum. S. 210

Nikos Taverna in Asklipío: Am Dorfplatz betreibt Wirt Nikolaos eine urige Taverne mit bäuerlicher Küche. S. 213

Abends & Nachts

Socrates Place Bar Líndos hat viele Bars, doch Socrates Place zählt zu den ältesten. Hier war in den 1970ern schon Roger Waters zu Gast. S. 208

Clubs am Líndos Strand: Außerhalb des Ortes, etwas über dem Líndos-Strand, kann man in den Clubs **Azzuro** und **Meduses** weiterfeiern, wenn im Ort um 23 Uhr die Musik leiser gestellt werden muss. S. 208

Antike Kunst und weiße Strände

Das schönste Dorf der Insel und eines der berühmtesten Griechenlands: Líndos mit seiner einzigartigen Akropolis und den weißen Kapitänshäusern ist das Ausflugsziel auf Rhodos schlechthin. Dass es da immer ziemlich voll wird, ist klar, doch bietet dieser Teil der Insel auch sehr einsame Ecken. Viele der Strände im Süden sind noch kaum bebaut, nur Lárdos und die Luxushotels von Kiotári bilden eine Ausnahme. Am Ende der Ostküste kommt man schließlich nach Prasonísi mit dem berühmten Surfrevier.

Wie an der nördlichen Ostküste sind die Strände sandiger als an der Westküste; der schönste liegt an der Líndos Bay. Die hügelige Landschaft wirkt grün, dichtes Macchia-Buschwerk zieht sich bis zur Küste. Nur die Halbinsel von Líndos erscheint so ausgedörrt und wasserarm wie manche anderen Ägäis-Inseln. Im Hinterland wechseln Olivenhaine mit Buschwerk und Getreidefeldern, Letztere prägen die Landschaft ganz im Süden bei Kattaviá, wo sich eine weite Ebene ausbreitet. In den kleinen, noch sehr traditionellen Dörfern lebt man weiterhin von der Landwirtschaft. Oder versucht es zumindest, denn die meisten jungen Leute ziehen weg, nach Rhodos-Stadt oder gleich nach Athen.

Infobox

Internet

www.lindoseye.com: Private Infoseite aus GB, allg. Infos, Bars, Restaurants.
www.lindianet.gr: ebenfalls privat, aber aus Líndos selbst, zahlreiche Tipps.

Anreise und Weiterkommen

Die Küstenstraße führt auch hinter Líndos gut ausgebaut immer am Meer entlang und umrundet die Insel über Kattaviá, um dann weiter entlang der Westküste wie nach Norden zu führen. Eine Inselumrundung ist also möglich, allerdings dauert es recht lange, will man von der Inselmitte auf die andere Seite wechseln.

Líndos ! ► Q 14

Der Ort liegt auf einer bergigen Halbinsel mit kykladisch entwaldeten Hängen. Mitten in diesem kahlen Gebirge taucht direkt in einer Straßenkurve das weiße Häuserensemble von Líndos auf, malerisch hingestreckt in den Schatten der mächtigen Akropolis – sodass wohl jeder unwillkürlich auf die Bremse steigt.

Von der Haltebucht dort kann man sich gut einen ersten Überblick verschaffen: Gegenüber der Akropolis mit ihren Zinnenmauern greift eine weite Landzunge ins Meer hinaus und umschließt so einen kreisrunden Naturhafen, der über Jahrtausende den lindischen Wohlstand begründete. Auf dieser Landspitze ist ein gedrungener flacher Rundbau zu erkennen, den der Volksmund als Grabmal des Tyrannen Kleoboulos kennt. Dieser Kleoboulos, einer der viel gerühmten sieben Weisen der Antike, lebte im 6. Jh. und ließ den ersten steinernen Tempel der Athena Lindia bauen.

Die Akropolis

Tgl. außer Mo 8–15 Uhr, im Sommer Di–So 8–19, Mo 12.30–19 Uhr; Eintritt

Die Seefahrerstadt Líndos liegt an einer geschützten Hafenbucht

6 €, Kinder frei, Film- und Video-Erlaubnis 3 €
Die ältesten Spuren eines Heiligtums auf dem Akropolis-Felsen stammen aus der Mitte des 2. Jahrtausends v. Chr. Damals wurde eine weibliche Vegetationsgottheit in einer Höhle unter dem späteren Tempel verehrt. Als die Dorer Rhodos im 9. Jh. eroberten, formten sie den Kult zu dem der Athena Lindia um, dem einzigen in Griechenland, bei dem die Eingeweide der Opfertiere nicht verbrannt wurden (s. S. 59). Die Stätte wurde zu einem panhellenischen Wallfahrtsziel und erst Ende des 4. Jh. n. Chr. unter Kaiser Theodosius I. geschlossen. Im Arabersturm erhielt der Fels eine Befestigung, die die Johanniter später verstärkten.

Aufgrund dieser langen Siedlungskontinuität blieben Spuren aller Epochen erhalten: Auf der **ersten Terrasse** hinter der Kasse, kommt man zu dem berühmten **Trieren-Relief** 1, das am Anfang des 2. Jh. v. Chr. in den Fels gemeißelt wurde. Es stellt das Heck eines

Mein Tipp

Ritt zur Akropolis
Gleich am Dorfeingang liegt der Eselplatz, wo man ein solches Grautier zum Ritt auf die Akropolis mieten kann (pro Person ca. 6 €). Man sollte aber die Mittagshitze meiden, dann ist es dort oben extrem heiß. Am besten kommt man ganz früh am Morgen, denn ab 10 Uhr steht man am Aufgang zur Burg in der Schlange.

antiken Kriegsschiffs dar und stammt von dem Bildhauer Pythokritos, der auch die berühmte Nike von Samothrake geschaffen haben soll. Es wurde errichtet zu Ehren des rhodischen Admirals Hegesandros, dessen Statue hier auf einem Podest aufgestellt war.

Als Ehrenmal diente auch die halbrunde **Exedra** daneben, die dem Priester Aglochartos geweiht war. Dieser hatte den Tempelbezirk wieder mit Ölbäumen geschmückt, vermutlich nachdem die Christen unter Kaiser Konstantin den Tempel geplündert und die heiligen Bäume gefällt hatten. Der Wehrturm links daneben weist im unteren Bereich byzantinische Mauertechnik auf (Ziegel als Zwischenlagen), oben krönen ihn Schwalbenschwanzzinnen aus der Ritterzeit. Auch am **Aufgang**, der von hier in den Festungstrakt der Ritter führt, sind unter der modernen Treppe die antiken Stufen und – an der Mauer entlangführend – die mittelalterlichen über dem heutigen Niveau zu erkennen.

Das Tor führt in den **Saal der Wachgarde** 2, wo zahlreiche Statuensockel aufgestellt wurden, deren Inschriften ebenso wie die bei den Ausgrabungen gefundene Tempelchronik Aussagen über die Geschichte des Heiligtums ermöglichen.

Wenn man den Ritterbau wieder verlässt, steht man vor dem ersten Bauwerk des antiken Heiligtums; die große Quaderstützmauer bildet den Unterbau (Risalit) der monumentalen

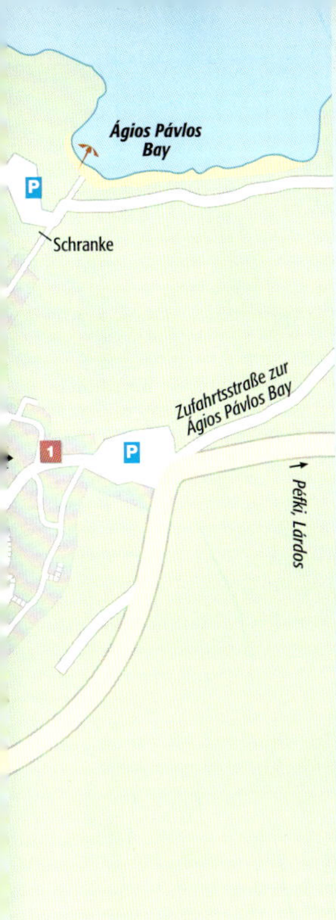

Líndos

Sehenswert

1 Trieren-Relief
2 Saal der Wachgarde
3 Stoa
4 Kaisertempel
5 Propyläen
6 Athena-Tempel
7 Johanneskirche
8 Panagía-Kirche
9 Chostós-Kirche
10 Antikes Theater

Übernachten

1 Líndos Suntours
2 Villa Galini
3 Katholikí Pension

Essen & Trinken

1 Agostino's
2 Kalypso
3 To Kamariko
4 Kypriaki Taverna Timi's Place
5 Mavrikos
6 Mythos
7 Nefeli
8 Il Palazzetto

Aktiv & Kreativ

1 Glasbodenboot
2 Waterhoppers

Abends & Nachts

1 Lindianet Internet Cafe
2 Rainbird Bar
3 Museum Bar
4 Yanni's Bar
5 Captain's Place Bar
6 Lindian House Bar
7 Líndos by Night
8 Antika
9 Socrates Place Bar
10 Qupi Club
11 Meduses
12 Azzurro Club
13 Amphitheatre Club

Stoa 3, eines der großartigsten Werke des Hellenismus in Griechenland. Um zu der Treppe zu kommen, die zur Stoa hinaufführt, durchquert man ein zweites Bauwerk aus der Ritterzeit. Dort ist neben weiteren Inschriften auch ein Stück der in den Fels gehauenen Treppe aus der archaischen Epoche (um 550 v. Chr.) zu erkennen. Vor dem Aufgang liegt eine zweite **Exedra** für ein Ehrenmal sowie das Podium eines römischen **Kaisertempels** 4, dessen Säulen als Hintergrund für das Erinnerungsbild beliebt sind. Bevor man zur Stoa hochsteigt, lohnt ein Blick auf den Unterbau. Rechts und links sind Gewölbe zu erkennen, die als Läden für Souvenirs und Devotionalien dienten. Dahinter waren große Zisternen angelegt, in denen Wasser für die Pilger gespeichert werden konnte.

Beim Aufstieg zur Stoa ist es nicht ganz leicht die frühere Wirkung nachzuvollziehen. Die 87 m lange Halle, die Ende des 3. Jh. v. Chr., zur Zeit der größten rhodischen Macht, entstand, besaß ursprünglich 42 Säulen, von denen heute noch 20 aufrecht stehen. Die beiden Hallentrakte rechts und links waren überdacht, nicht jedoch der Mitteltrakt, hinter dessen Frontsäulen sich unmittelbar die 21 m breite Freitreppe der Propyläen (s. u.) anschloss. Es muss ein unerhört weihevolles Erlebnis für den Pilger der damaligen Zeit gewesen sein, zu dieser Säulenfront emporzusteigen, die in der Mitte durch eine sonnenhelle

›Lichtbahn‹ durchbrochen war, die weiter hoch zur Gottheit führte.

Das theatralische Spiel mit Licht- und Schatteneffekten setzte sich dann in den **Propyläen** 5 fort. Sie stammen vom Anfang des 3. Jh. v. Chr., sind also etwa zeitgleich mit dem »Koloss von Rhodos« entstanden. Auch sie waren schon auf monumentale Wirkung angelegt: Über die Freitreppe gelangte man in eine zu beiden Seiten vorspringende Säulenhalle. Ihre Rückwand besaß fünf Türen, die in den Temenos, den heiligen Bezirk der Athene, führte. Die erwähnte Lichtbahn erfuhr dadurch eine Zäsur, wobei durch den hinter den Türen aufschimmernden Himmel gleichzeitig die strahlende Anwesenheit der Göttin angedeutet wurde. In der Mitte des folgenden Hofs stand ein großer Altar, ringsum verlief eine weitere Säulenhalle.

Der **Tempel der Athene** 6, heute das einzige aufrecht stehende Gebäude, nahm die Südwestecke dieses Hofs ein; er stand genau über der Kulthöhle im Steilabbruch, in der die Athena Lindia in uralter Zeit verehrt wurde. Nach all der Monumentalarchitektur war das Heiligtum selbst eher bescheiden, ein 21 m langer Amphiprostylos mit je vier Säulen an den Schmalseiten. In der Cella, dem Innenraum, stand das überlebensgroße Kultbild der Athena Lindia, gefertigt aus Holz, Gold und Elfenbein. Die Opfer wurden im Hof unter freiem Himmel vollzogen, das Fleisch der Opfertiere dann in den Räumen der Hof-Stoa verzehrt. Heute genießt man von hier oben das tolle Panorama über die Stadt mit ihren eng gesetzten weißen Häusern und die Ágios Pávlos-Bucht im Süden.

Beim Rückweg hat man einen schönen Blick auf die Ruine der **Johanneskirche** 7 links von der Freitreppe. Aufgrund ihres Mauerwerks mit querliegenden Ziegelbändern kann sie in byzantinische Zeit datiert werden.

Panagía-Kirche 8

Mo–Sa 8.30–12, 16–19 Uhr, am Eingang verleiht man Tücher, um nackte Beine und Arme zu bedecken

Mitten in der Stadt liegt die unter Großmeister d'Aubusson 1490 restaurierte Pfarrkirche von Líndos. Die der ›Allheiligen‹ Maria geweihte Kirche ist in typisch nachbyzantinischer Manier ausgemalt. Die ungewöhnlich themenreichen Fresken schuf 1779 ein Malermönch aus Sými.

Neben zahlreichen Ereignissen des Marienlebens erkennt man alttestamentarische Szenen und die Passionsgeschichte; zusätzlich sind im untersten Bildband im Tonnengewölbe des Hauptschiffs die 24 Strophen des Akathístos-Hymnos illustriert. Dieser orthodoxe Lobgesang auf die Gottesmutter malt in ähnlicher Fabulierlust wie die apokryphen Überlieferungen die Verkündigung, Empfängnis und Jesu Geburt aus.

Chostós-Kirche 9

Schlüssel im rechten Nachbarhaus, aber nicht in der Mittagsruhe zwischen 12 und 17 Uhr fragen

Nahe dem Aufgang zur Akropolis liegt die Kirche Ágios Geórgios Chostós, die als die älteste erhaltene Kirche von Rhodos gilt, entstanden im 9. Jh. n. Chr. Sie liegt tief unter dem heutigen Straßenniveau, und im Inneren muss man noch einmal hinuntersteigen. Daher kommt auch der Name, denn *chostós* bedeutet ›eingegraben‹. Besonders interessant wird der Bau durch die seltenen ikonoklastischen Fresken.

Der Ikonoklasmus, deutsch etwa ›Bildersturm‹, war eine mittelbyzantinische Reformbewegung, die die bildliche Darstellung von Christus und den Heiligen verbieten wollte. Inspiriert

Aufgang zur Stoa des Athena-Tempels von Líndos

wurde diese Bewegung von dem Vorbild des bilderfeindlichen Islam. 726 setzte Kaiser Leon III. erstmals ein Bilderverbot in Kraft, das mit militärischer Gewalt gegen den Widerstand des Mönchtums und der griechischen Kernländer durchgesetzt wurde. In diesem ›Bildersturm‹ wurden fast alle frühchristlichen Heiligenbilder zerstört und durch unfigürliche und symbolhafte Fresken ersetzt. Mitte des 9. Jh. gingen die Kaiser endgültig wieder auf die Seite der Bilderfreunde über – anschließend wurden die meisten ikonoklastischen Fresken übermalt. So sind Darstellungen aus dieser Zeit sehr selten. In der Chostós-Kirche fallen vor allem Kreuze, Blüten, ornamentale Verzierungen und der Fisch als frühchristliches Symbol auf.

Theater und Tetrastoon

Auf dem Weg zum südlichen Ortsrand, Richtung Paulus-Bucht, sieht man schon von weitem eine gleichmäßige Rundung im Hang unterhalb des Akropolis-Plateaus. Hier lag in der Antike das **Theater** 10, das etwa 1800 Menschen Platz bot. Die Zuschauerränge waren teils in den Fels geschlagen, teils setzten sie sich auf gemauerten Seitenflügeln fort, die heute ebenso wie das dreistöckige Bühnenhaus völlig abgetragen sind. Links davor ▷ S. 206

Auf Entdeckungstour

Seefahrerromantik – die Kapitänshäuser von Líndos

Dass Líndos als schönste Stadt Griechenlands gilt, verdankt es nicht nur seiner wundervollen Lage unterhalb des Akropolis-Felsens. Líndos ist auch für die Architektur seiner Häuser berühmt, die aus einer Verschmelzung der lokalen Traditionen des Dodekanes mit orientalischen und europäischen Einflüssen hervorging.

Reisekarte: ▶ Q 14

Planung: Die schönste Zeit ist der frühe Abend, da sind alle Lokale geöffnet. Ein Abendessen auf einer Dachterrasse sollte man nicht verpassen.

Öffnungszeiten: Die erwähnten Lokale haben alle tgl. ab 10 Uhr geöffnet, Ausnahmen sind im Text genannt.

Mehr traditionelle Architektur: Koskinoú, s. Entdeckungstour S. 164.

Im 17. Jh. lebten die Griechen im Osmanischen Reich unter relativ günstigen Bedingungen, ihre Schiffe wickelten den Warenverkehr zwischen Venedig und seinen Mittelmeerbesitzungen, Istanbul, den türkischen Häfen und Palästina ab. Líndos, günstig an der Kreuzung der Seefahrtsrouten gelegen, war das Zentrum dieses Handels, hier ließen sich die wohlhabenden Kapitäne aufwendige Häuser bauen. Sie entstanden seit Mitte des 17. Jh., keines dürfte aus der Zeit vor 1610 sein, da ein Erdbeben in diesem Jahr fast die gesamte frühere Bebauung, darunter vermutlich viele antike Überreste, zerstörte. Viele dieser Häuser verstecken sich heute zwar hinter mannshohen Mauern, etliche wurden jedoch in Restaurants und Bars verwandelt.

Prachtvolle Fassaden

Typisch ist ein aufwendiger Fassadenschmuck, der vor allem an der Hauptfassade zum Hof zu sehen ist: Zierbänder und figurative Darstellungen wurden in den weichen Poros-Stein geschliffen, wobei sich frühchristliche Symbole und orientalisch beeinflusste Motive wie Pfauen oder Phönixe reizvoll mischen. Flechtbänder gliedern die Stockwerke und fassen die Fenster spitzbogig ein. An maurische Vorbilder erinnernde Scheinportale geben Raum für ein Giebelfeld über Tür und Fenster, in dem Kreuze, Tierfiguren, Amphoren und der doppelköpfige byzantinische Adler versammelt sind.

Eine besonders schöne Fassadendekoration in diesem Stil zeigt z. B. die Hoffassade des **Restaurants Kalypso** 2. Keine weiße Kalktünche stört bei diesen Häusern den gelben Ton des Sandsteins, der den mittelalterlichen Eindruck noch verstärkt. Bis zum Ende des 19. Jh. prägte dieser Farbton noch das gesamte Stadtbild von Líndos. Erst dann begann man, viele Häuser im heute so ›typischen‹ Weiß zu kalken.

Einen wunderschönen Innenhof erlebt man in der **Captain's Place Bar** 5 am Fußweg zur Akropolis: ein schattiger Innenhof hinter einem hohen Portal im klassizistischen Stil. Wie auch die Bodenflächen im Erdgeschoss ist er komplett mit einem schwarz-weißen Kieselmosaik ausgelegt, das typisch für alle Dodekanes-Inseln ist. Chochláki-Böden (von *chochláki* = Kiesel) oder Krokalía nennt man diese alte volkstümliche Bodengestaltung. Die Mosaike zeigen ornamentale oder geometrische Muster, selten auch einfache Tier- und Pflanzendarstellungen (z. B. die Zypresse).

Dachblick zur Akropolis

Der Hauptraum, sehr gut zu sehen in der **Lindian House Bar** 6, diente ganz der Repräsentation. Als Weiterentwicklung der Sála (S. 165) sollte er den Wohlstand des Besitzers bezeugen und einen Rahmen für die ›Souvenirs‹ des Seemanns abgeben. Ganz typisch ist die Reihe der Oberlichter über den Hauptfenstern: Sie sind mit Buntglas geschlossen, das die Händler aus Venedig, damals Zentrum der Glasherstellung, mitbrachten. Auch Glaslüster, wie man sie noch in der Panagía-Kirche von Líndos sieht, wurden aus Venedig importiert.

Ein weiteres typisches Element sind die zur Straßenseite gelegenen Turmbauten. Dort oben hatten die Männer ihren Lieblingsplatz, umweht vom kühlen Meerwind. Heute haben viele Restaurants ihre Tische auf die Dachterrassen gestellt. Wer hier jedoch abends einen Tisch mit 5-Sterne-Blick über das Dorf zur Akropolis und zur Líndos Bay ergattern möchte, sollte auf jeden Fall reservieren!

stand ein Tetrastoon, eine rechteckige, vierflügelige Säulenhalle.

Strände

Die **Hauptbuch Líndos Beach** ist der schönste Strand auf Rhodos: feiner Sand, da das Wasser flach ist, schön für Kinder, dazu gute Tavernen – natürlich aber auch sehr voll. Dicht gedrängt stehen die Sonnenliegen (4 €/Pers.) auch am **Pállas Beach** nebenan.

Die kreisrunde Bucht **Ágios Pávlos** Bay hinter dem Ort ist ein wenig ruhiger. Nach der Überlieferung soll sie entstanden sein, als der Apostel Paulus 51 n. Chr. auf seiner Fahrt nach Ephesos in einen Sturm geriet: Der Felsstreifen zum Meer tat sich zu einem engen Spalt auf, durch den das Schiff den Wellen entrann. Anschließend bekehrte der Apostel die Rhodier, und zu seinen Ehren entstand später die Kapelle Agií Apóstoli am Ufer.

Übernachten

Viele Apartments, die aber fest von britischen Veranstaltern gebucht sind. Vor Ort oder per Internet kann man es versuchen bei folgenden Reisebüros:

Apartments, Häuser – **Líndos Suntours** 1: Anastasiadis Tasos, Tel. 22440 3 13 33, www.lindosuntours.gr. Günstige Angebote auch auf www.lindia net.gr.

Strandstudios – **Villa Galini** 2: Nur 100 m vom Strand entfernt, Tel. 694 884 20 30, www.villagalinilíndos.com, Studio (2 Pers.) 45–75 €. Geschmackvoll eingerichtet, hübscher ruhiger Garten, unschlagbar nah am schönsten Strand der Insel.

Zimmer im Dorf – **Katholiki Pension** 3: Am Eselweg, Tel. 22440 3 14 45, DZ ab 30 €. Einfache Zimmer an einem schönen, sonnigen Chochláki-Hof, beliebt bei Backpackern.

Essen & Trinken

Superblick – **Agostino's** 1: Am Parkplatz Richtung Péfki, Tel. 22440 3 12 18, ab 18 Uhr, in der Saison auch 11.30–14 Uhr, Hauptgerichte 8–18 €. Zwar etwas abseits gelegen, doch mit tollem Blick über den ganzen Ort zur Burg. Fantasievolle Vorspeisen, z. B. Féta tso Fournoú, gebackener Schafskäse in Tomatensauce (5,50 €); köstlich das geröstete Lamm mit Rosmarin (11 €). Dazu Émbona-Wein vom Fass.

Kapitänshaus – **Kalypso** 2: Tgl. ab 18 Uhr, Hauptgerichte 8–15 €. Echtes altes Kapitänshaus mit aufwendiger Steinmetzerei und wunderbarem Kieselsteinmosaik im Innenhof. Die Küche bietet griechische und internationale Gerichte und zitiert auch türkische Rezepte.

Dorfstil ganz edel – **To Kamariko** 3: Tel. 22440 3 13 39, tgl. ab 18.30 Uhr, Hauptgerichte 9–18 €. Etwas versteckt in einem schönen Traditionshaus mit Dachgarten und stilvoller Einrichtung. Serviert wird moderne griechische Küche nach internationalem Stil.

Zyperns Spezialitäten – **Kypriaki Taverna Timi's Place** 4: Am ausgeschilderten Aufgang zur Akropolis aus dem Ortszentrum, Tel. 22440 3 15 39, tgl. 11–15, 19–23 Uhr, Zyprische Platte 12 €, Fischgerichte ab 15 €. Taverne in einem großen Kapitänshaus. Typischer Innenhof mit Chochláki-Boden und eine luftige Dachterrasse. Spezialisiert auf die Küche Zyperns.

Urgestein – **Mavrikos** 5: Platia Eleftherias, tgl. ab 10 Uhr, Hauptgerichte 12–24 €, Vorspeisen 5–9 €, Hummer 70 € das Kilo. 1933 begründet und immer noch ganz im Stil der Italiener: schöner Chochláki-Boden und ›gotische‹ Arkaden mit schmiedeeisernen Gittern. In diesem traditionsreichen Rahmen speist man feine griechische Küche.

Bei den Göttern – **Mythos** 6: Oberhalb der Hauptplatia, Hauptgerichte 9–18 €. Afrodite und Apollon begrüßen die Gäste in diesem Restaurant hoch am Hang. Gute Qualität, schöne Aussicht über den Ort.

Am Strand – **Nefeli** 7: Am Strand, tgl. ab 9.30 Uhr, Hauptgerichte 6–11 €. Eine nette Strandtaverne mit großer schattiger Terrasse, eher einfacher, aber netter Service. Das Angebot ist traditionell, jedoch lecker. Dies ist eine gute Adresse während eines Tages am Líndos Beach, aber auch, wer nur zum Besichtigen gekommen ist, wird hier günstiger satt als im Ort.

Italienisch – **Il Palazzetto** 8: Am Parkplatz beim antiken Theater, Tel. 22440 3 16 12, tgl. ab 18.30 Uhr, Hauptgerichte 12–22 €, Pizza 6–10 €. Einer der besten Italiener von Rhodos, in einem ruhigen Innenhof. Köstliche Pizza aus dem Holzofen.

Einkaufen

Souvenirs – Die Hauptgassen wirken wie ein einziger riesiger Basar: T-Shirts und Urlaubsfummel, Keramik, Leder, Tand und Nippes – und auch manches, worüber man besser den Mantel des Schweigens breitet.

Spitze – **Stickdecken:** Vor allem am Fußweg zur Akropolis bieten die Frauen schöne bestickte Decken und andere Stickereiwaren an.

Aktiv & Kreativ

Wassersport – Am Hauptstrand werden **Pedalos** vermietet. Vom Anleger vor dem Pállas Beach fährt ein **Glasbodenboot** 1 zur Erkundung der Unterwasserwelt (10 €).

Tauchen – **Waterhoppers** 2: Die renommierte Tauchschule hat eine Basis über dem Líndos Beach, taucht aber meist im Péfki-Gebiet, Tel. 6976 69 29 96, www.waterhoppers.com.

Abends & Nachts

Internet – **Lindianet Cafe** 1: Tgl. 14–22 Uhr. Gutes Info-Portal unter www.lindianet.gr.

Strandblick – **Rainbird Bar** 2: s. o. Tipp.

Sportbar– **Museum Bar** 3: Ortsmitte am Weg zur Akropolis, tgl. ab 10 Uhr bis spät nachts. Treffpunkt der Fußball-Fans: alle wichtigen Spiele (spanische, italienische, britische Ligen) auf Großmonitoren.

Mein Tipp

Der schönste Blick

Für eine kleine Pause gehe ich gern in die **Rainbird Bar** 2, die etwas unterhalb des Eselwegs zur Akropolis liegt (tgl. ab 10 Uhr till late geöffnet). Hier sitzt man mit tollem Blick zum Líndos-Strand an Pariser Kaffeetischen und erfrischt sich mit kühlen Drinks und kleineren Snacks.

Mein Tipp

Pink Floyd in Líndos
Seit Ende der 1970er-Jahre kamen illustre Briten nach Líndos: David Gilmour und Rick Wright von Pink Floyd kreuzten tagsüber mit ihren Booten in der Bucht und machten nachts Party bis zum Morgengrauen. Zwei der damals angesagten Bars gibt es noch heute: **Socrates Place Bar** 9 an der Hauptgasse hinter Yanni's Bar (tgl. ab 19 Uhr) ist die letzte Bastion des Rock in Líndos. Man sitzt im schönen Innenhof des prächtigen Kapitänshauses, der Gastraum innen ist vollgehängt mit Memorabilien der ›Seventies‹. Noch berühmter war einst der **Qupi Club** 10 an der Straße bei der Post (tgl. ab 22 Uhr). Den Club gründete die legendäre Franka, seit 1984 Ehefrau von Floyds Keyborder Rick Wright, damals aber noch mit einem Griechen aus Líndos verheiratet. Qupi avancierte zum Zentrum der Hippie-Jetset-Szene, auch Intellektuelle wie Ornella Muti verbrachten ihren Urlaub hier. Heute ist der Glamour zwar verflogen, aber feiern kann man dort immer noch.

Szenetreff – **Yanni's Bar** 4: Odos Apostolos Pavlos (Hauptgasse), tgl. ab 9 Uhr. Die schattige Terrasse von Yanni's ist der Meeting Point im ruhigeren Teil des Dorfes. Ab hier sind die meisten Häuser zu Studios umgebaut, die Tagesgäste bleiben meist weiter vorne. So ist man hier unter sich und »See you at Yanni's« die unverfänglichste Verabredung – da kommt eh' jeder vorbei.
Kapitänshäuser – **Captain's Place Bar** 5 und **Lindian House Bar** 6: s. S. 205
Akropolisblick – **Líndos by Night** 7: An der ›Barstraße‹ hinter der Post, ab 19 Uhr. Zwei Open-Air-Terrassen unterhalb der antiken Schachtgräber mit tollem Blick zur Akropolis.
Schick ausgehen – **Antika** 8: Hauptgasse, tgl. ab 11 Uhr. Music-Bar mit großem Open-Air-Bereich, angesagter Treffpunkt der jüngeren Szene.
Seventies – **Socrates Place Bar** 9 **und Qupi Club** 10: s. o. Tipp
Clubbing – Echte Discos gibt es außerhalb des Orts, z. B. am Weg zum Strand das **Meduses** 11 oder der **Azzurro Club** 12. Mit tollem Burgblick tanzt man im großen **Amphitheatre Club** 13 an der Hauptstraße nach Rhodos-Stadt.

Infos

Info-Büro: Am Platz vor dem Dorf, viele praktische Infos zu Busplänen oder Ausflugsbooten.
Busse: In der Saison aus Rhodos-Stadt entlang der Ostküstenstraße vormittags etwa alle 30 Min., ab 13 Uhr etwa stdl., letzter Bus gegen 19.30 Uhr. Retour dito, letzter Bus gegen 19 Uhr. Von Gennádi (über Kiotári, Lárdos, Péfki) vormittags etwa stdl., nachmittags alle 2 Std., letzter Bus gegen 18.30 Uhr (ab Gennádi). Retour dito, letzter Bus gegen 20.30 Uhr.
Parken: Parkplätze an der Straße zum Strand kosten 3 €. Umsonst parkt man am Busparkplatz an der Straße nach Péfki. Wegen des Andrangs kommt man aber am besten mit dem Bus oder dem Moped.

Péfki ▶ Q 14

Die kleine, noch nicht allzu überlaufene Urlaubssiedlung etwa 5 km südlich von Líndos liegt unterhalb des völlig kahlen Marmári-Berges. Ringsum dehnt sich Felsenödnis, doch Péfki breitet sich in einem grünen Kiefernhain aus. Daher hat der Ort auch seinen Namen, der manchmal noch in der Form Péfkos auftaucht. Als Urlauber sind vor allem Engländer und Skandinavier vertreten, Großanlagen fehlen fast gänzlich. Dafür gibt es viele Apartmenthäuser sowie eine ganze Reihe netter Bars und Restaurants. Man badet an mehreren Strandstreifen, die schmal, aber schön sandig sind.

Übernachten

Mittelklasse – **Thalia Hotel:** An der Hauptstraße über dem Main Beach, Tel. 22440 4 82 48, www.thaliahotel.com, DZ ca. 35–65 €. Nicht allzu großer Mittelklassebau in einem schattigen Gartengelände mit schönem Poolareal. Ruhig und relativ strandnah gelegen, mit eigenem Supermarkt.

Strandzimmer – **Maria Aparts:** Kurz vor dem Main Beach, Tel. 22440 4 83 26, Apt. 45–60 €. Große Studios und Apartments um 60 m^2, gut ausgestattet und zentral gelegen, zum Strand sind es nur 3 Min. zu Fuß. Allerdings sind die 6 Zimmer immer frühzeitig ausgebucht – am besten schon im Winter reservieren!

Essen & Trinken

Toller Garten – **To Spitaki:** Pefki Main Rd., tgl. 11–15 und ab 18.30 Uhr, Hauptgerichte 7–18 €. Romantisch in einem 1913 gebauten Haus mit blühendem Garten. Griechische Küche mit internationalem Standard.

Ein mediterraner Traum – Restaurant Coliseum in Péfki

Mediterraner Traum – **Coliseum:** Pefki Main Rd., tgl. 11–15 und ab 18.30 Uhr, Hauptgerichte 9–22 €. Das Coliseum ist das wohl schönste Restaurant auf Rhodos: Pinke Bougainvillea-Blüten überranken ein weißes Gesamtkunstwerk, in dem riesige Keramikamphoren romantische Akzente setzen. Serviert wird griechische Küche nach internationalem Standard.

Klassische Taverne – **Tsambikos Taverna:** Hoch am Hang beim ersten Abzweig aus Richtung Líndos, tgl. durchgehend geöffnet, Hauptgerichte 5–12 €. Die Küche der alteingesessenen Taverne mit einer großen Freiterrasse mischt griechische Klassiker und internationale Standards. Das Plus ist der schöne Blick über die Ebene zum Meer.

Abends & Nachts

Very british – **Oasis Pool Bar:** Über dem Main Beach. Moderne Frühstücksbar mit großem Pool als Alternative zum Strand. Man serviert gutes englisches Frühstück, dazu dudelt BBC – in Péfki ist halt alles sehr englisch! Abends auch Restaurant.

Nette Gartenbar – **Eclipse Bar:** Am Abzweig der Hauptstraße von der Líndos-Straße, gleich gegenüber der Bushaltestelle. Beliebte Gartenbar im Tavernenzentrum von Péfki. Das Gemäuer ist tatsächlich alt, man sitzt auch sehr hübsch – und so ist hier noch spät abends etwas los.

Infos

Busse: Nach Rhodos-Stadt über Líndos morgens ab ca. 8.30 Uhr etwa stdl., letzter Bus gegen 20.25 Uhr; retour morgens ab 6.45 Uhr etwa alle 60–90 Min., letzter Bus ca. 19.30 Uhr, 20.15 Uhr ab Líndos.

Lárdos ▶ Q 14

Lárdos ist ein noch recht ursprüngliches Dorf in einer fruchtbaren Küstenebene mit ausgedehnten Olivenhainen. Die meisten Hotels liegen am Meer mit einem langen Sand-Kiesel-Strand; von dort geht man etwa 3 km bis ins Dorf, wo nur einfache Unterkünfte vermietet werden. Abends lohnt ein Besuch in einer der zahlreichen netten Tavernen an der Platia mit dem Brunnen aus der Italienerzeit, an dem sich heute noch manche Einwohner Wasser holen.

Lárdos Beach ▶ Q 14

Der vordere Strand liegt etwa 2 km vom Dorf entfernt; von dort zieht sich das Areal noch weitere 2 km Richtung Péfki. Die Hotelsiedlung im hinteren Bereich am Lothiarka Beach (rund um das Clubhotel Sunny Village) ist fast ein kleines Dorf geworden mit Supermarkt, Bars und Tavernen.

Glýstra Beach ▶ P 14

Etwa 2 km südlich vom Lárdos Beach liegt der noch ganz unverbaute feinsandige Glýstra Beach, wo eine *kantina* Snacks serviert und Sonnenschirme vermietet werden.

Moní Ipsenís ▶ P 14

Etwa 4 km südöstlich von Lárdos liegt das 1855 gegründete Kloster Moní Ipsenís (tgl. 8–12.30 und 16–18.30 Uhr geöffnet). Wie Moní Thárri ist auch dies ein ›wiederbelebtes‹ Kloster (s. S. 238). Hier leben heute orthodoxe Nonnen, die sich der Betreuung von Kindergruppen aus den orthodoxen südosteuropäischen Staaten widmen, für die 1998 neue Trakte gebaut wurden. Berühmt ist auch das große Klosterfest am 23. August, zu dem Tausende von Gläubigen aus ganz Rhodos zusammenströmen.

Übernachten

Einfache Studios – **Antonis:** Im Dorf hinter Taverna Loukas, Tel. 22440 4 40 21, DZ ca. 30–45 €. Ein ruhig gelegener Neubau mit Studios (2 Pers.) und Apartments (4 Pers.) hinter dem Dorfhaus der Familie. Saubere, große Zimmer, eher einfach eingerichtet.
Super-Luxus – **Lindian Village:** s. u. Tipp

Essen & Trinken

Traditionshaus – **Louka's Taverna:** Östlich der Platia, tgl. ab 18.30 Uhr, Vorspeisen ab 4 €, Stifado 9 €. In einem traditionellen Einraumhaus mit schattigweinüberrankter Gartenterrasse unter Bäumen. Traditionelle und internationale Gerichte.
Mediterran – **Bojangels:** Platia, Straße nach Laérma, ab 18.30 Uhr, Hauptgerichte ab 10 €. Nett geführt von einer britischen Familie. Mike kocht, seine Frau macht mit der Tochter den Service. Moderne, mediterrane Küche, auch einige griechische Rezepte stehen auf der Karte.
Dorfküche – **Opaa:** Dorf-Platia, tgl. ab 11 Uhr, Vorspeisen 3–5 €, Hauptgerichte 7–13 €. Eine auf den ersten Blick unscheinbare Taverne; die bodenständige Küche ist aber beliebt und gut. Chef Sami Dino war früher Animateur und sorgt auch heute für viel Stimmung. Auch Griechen sitzen hier.

Infos

Rodorama Travel: Tel. 22440 4 4057, Mob. 6946 79 23 89, rodorama@rodos.com, 9–13, 17–21 Uhr. Gut organisiertes Reisebüro am Hauptplatz beim Brunnen; Panagiotis Karamaritis vermittelt auch Ferienhäuser und Apartments im Dorf.

Mein Tipp

Hotel für gewisse Tage
Eine fantastische Luxus-Anlage im Stil eines Kykladen-Dorfes mit kleinen Kubenhäuschen in üppigem Garten ist das Hotel Lindian Village. Alles edel, alles modern, doch alles stilecht wie im Griechenland-Bilderbuch – ein kleines Paradies für die Hochzeitsreise oder andere besondere Tage mit seiner oder seinem Liebsten.
Lindian Village: Südl. Glýstra Beach links in einen Feldweg einbiegen, Tel. 22440 4 73 61, www.lux-hotels.com/gr/lindian-village, DZ (inkl. Frühstück) ca. 250 € (NS), 500 € (HS); Suite mit Privatpool für 2 Personen 900 € pro Tag. 110 Zimmer, einige davon als Maisonettes, am Strand Wassersport.

Kiotári ► P 15

Kiotári war ursprünglich der Hafen des Dorfs Asklipío. An der Küste Richtung Líndos sind aber nun Großhotels gebaut worden, die den Namen in Beschlag nehmen. Fehlende dörfliche Atmosphäre wird durch die kilometerlangen Strände und das gute Wassersportangebot wettgemacht. Kiotári selbst besteht aus Pensionen und Tavernen rings um die alte Kirche Metamorphósis, in der frühchristliche Kapitelle verbaut sind.

Der kieselige Hauptstrand zieht sich lang bis nach Gennádi hin; zum Schnorcheln interessant ist vor allem der Felsen vor der Taverne Stefanos. Die Abschnitte im Bereich der Luxushotels Maris und Princess, wo es auch ein großes Wassersportangebot gibt, sind teils auch sandig, Badeschuhe sind dennoch empfehlenswert.

Übernachten

Apartments mit Pool – **Hotel Ekaterini:** Im Dorf Kiotári, Tel. 22440 4 71 31, www.ekaterini-hotel.com, Studio ca. 40 € (NS) bis 65 € (HS), Frühstück 5 €/Pers. Schöne Apartmentanlage mit großem Pool im Garten, sonnige Frühstücksterrasse mit Meerblick, ca. 300 m bis zum Chiliorávdi-Strand.

Strandzimmer – **Studios Kirania:** Am Kiotári-Hauptstrand, Tel. 22440 4 70 80, www.studios-kirania.com, DZ ca. 35 € (NS) bis 45 € (HS), Apartment (4 Pers.) 50–60 €. Saubere, helle Studios, zweckmäßig möbliert, gerade mal 20 m vom Strand.

Essen & Trinken

Beach-Bar – **Alex Beach Centre:** Unterhalb vom Rodos Maris, tgl. ab 9.30 Uhr, Hauptgerichte ab 9 €. Restaurant, Bar und Supermarkt unter einem Dach. Nachts ist das ABC auch Treffpunkt der Nachtschwärmer.

Strandtaverne – **Light House:** Am Kiotári-Hauptstrand Richtung Gennádi, tgl. ab 9 Uhr, Hauptgerichte 5–15 €. Strandtaverne in einem nachgebauten Leuchttürmchen. Man serviert nicht nur Frühstück und Mittags-Snacks, sondern vermietet auch Sonnenschirme.

Italienisch – **Mourella:** Tel. 22440 4 73 24, tgl. 11–15, 18–22 Uhr, Hauptgerichte 6–16 €. Gutes Restaurant mit Weinpergola nahe Hotel Rodos Princess. Schönes Ambiente mit Sinn für Details, traditionelle griechische Gerichte, viel vom Grill.

Stimmungsvoll – **Il Ponte:** An der kleinen Brücke zwischen Maris und Princess, tgl. 11–15, 18.30–23 Uhr, Hauptgerichte 7–18 €. Griechische und italienische Küche, abends sitzt man an dem Bachtal in verträumter Stimmung.

Fisch vom Fischer – **Taverne Stefanos:** Kiotári-Hauptstrand, tgl. mittags und ab 18.30 Uhr, Hauptgerichte 5–15 €, Fisch kann teurer sein. Alteingesessene Taverne vor dem Chiliorávdi-Strand mit echter griechischer Küche.

Aktiv & Kreativ

Wassersport – **AcquaMania Watersport Center:** Vor dem Hotel Rodos Princess, Banana, Jet-Ski und Windsurfing. **Kiotari Watersport Center:** Vor dem Hotel Rodos Maris, Kat Sailing, Windsurfing, Slalom Course, Skyboat, Wasserski und Parasailing; www.wassersport-rhodos.de.

Infos

Busse: Nach Rhodos-Stadt/Líndos vormittags ab ca. 8.15 Uhr 5 x tgl., nachmittags ab 13.55 Uhr 5 x tgl., letzter Bus ca. 18.45 Uhr, retour etwa stdl. ab 6.45 Uhr, letzter Bus ca. 21.15 Uhr ab Rhodos-Stadt, ab Líndos ca. 22 Uhr.

Asklipío ▶ O 14

Das romantische Bergdorf liegt etwa 4 km im Landesinneren unterhalb eines Kastells aus der Johanniterzeit. Enge Gassen und traditionelle Häuser bestimmen das Bild. Die uralte **Kirche Kímisis tís Theotókou** am Dorfparkplatz gehört zu den sehenswertesten Kirchen von ganz Rhodos (s. S. 214). Der Kustos betreibt auch ein kleines **Folklore Museum,** das liturgische Gegenstände sowie landwirtschaftliches Gerät zeigt.

Sundance Beachparty in Gennádi
Bereits Kultstatus bei jüngeren Griechen und Studenten aus Rhodos hat die Sundance Beachparty am Strand von Gennádi immer sonntags von 10–22 Uhr in der Hochsaison. Zu heißen Rhythmen wird gegrillt und getrunken, abends klingt es langsam bei einem Lagerfeuer aus.

Essen & Trinken

Dorfküche – **Nikos Taverna:** tgl. ab 10 Uhr, Hauptgerichte ab 7 €. Traditionelle Taverne am großen Parkplatz Richtung Dorf. Nikolaos und seine Frau servieren hier echte griechische Dorfküche, Wein aus Embóna und selbstgebrannten Souma (Tresterschnaps).

Gennádi ▸ O 15

Gennádi ist der letzte Badeort an der Ostküste, wo in den 1990er-Jahren etliche neue Hotels entstanden sind. Doch scheinen sich die Erwartungen nicht erfüllt zu haben, und am ewig langen Kieselstrand und in den Strandtavernen ist man fast immer unter sich. Auch abends, wenn die Tavernen am Strand schon geschlossen sind, ist im Dorf kaum mehr los. Fazit: Wer sehr viel Ruhe sucht, ist hier richtig, wenn man aus Kiotári einen ›Nachtausflug‹ machen will, sollte man aber besser nach Lárdos oder Líndos fahren.

Übernachten

Zimmer am Strand – **Dennis' Beach Studios:** Strandnah Richtung Kattaviá, Tel. 22440 4 33 95, www.dennisbeach.eu, Studio 40 € (NS) bis 60 € (HS), Familien-Apts. 70 € (NS) bis 90 € (HS). Moderner Bau mit einfachen Studios, einsam in der Strandebene, aber freundliche Leitung, freier WLAN-Zugang, Hunde erlaubt.

Dorfvilla – **Villa Maria & Villa Anna:** Am nördlichen Rand des alten Ortskerns, kurz vor der Polizeistation, Tel. in Deutschland: 0931 6 99 95, www.rhodos-genadi.de, max. 5 Pers. 310–410 €/Woche. Zwei alte ▷ S. 216

Auf Entdeckungstour

Gemalte Bibel – die Fresken von Asklipío

Die kleine Dorfkirche von Asklipío zählt zu den ältesten Kirchen von Rhodos. Bedeutender ist aber ihre wunderbare Ausmalung mit alten Fresken im byzantinischen Stil.

Reisekarte: ► O 14

Planung: Vom Hotel Rodos Princess sind es etwa 5 km, da kann man auch eine kleine Wanderung unternehmen.

Öffnungszeiten: ca. 9–12 und 15–18 Uhr, wenn geschlossen ist, kann man an der Kirchenglocke nach dem Kustos läuten.

Asklipío Castle: Die Burg ist frei zugänglich.

Die Kirche liegt am westlichen Dorfrand unterhalb des Burgfelsens mit einem Kastro aus der Ritterzeit. Es handelt sich um eine Kreuzkuppelkirche aus der mittelbyzantinischen Epoche, die noch vor dem 17. Jh., der Entstehungszeit der Ausmalung, zu einem vollständigen Quadrat ergänzt wurde.

Nachfolgebau eines antiken Tempels?

Eine Datierung neben dem Portal nennt das Datum 1060, doch könnte der Bau auch noch älter sein. Der Dorfname deutet auf den antiken Heilgott Asklepios hin, und aufgrund der exponierten Lage spricht vieles dafür, dass die heute der Maria geweihte Kirche auf dem Platz eines antiken Asklepios-Tempels steht. Einige typologische Besonderheiten, etwa die ›lateinische‹ Form des Kreuzes im Grundriss oder die leicht spitzbogige Form des Tonnengewölbes, deuten auf einen weiteren Umbau in der Ritterzeit hin.

Lichtgebete und Ikonostase

Im Inneren steht gleich hinter dem Eingang ein Kerzenkasten, wo man gegen eine Spende eine dünne Kerze als Lichtgebet entzünden kann. Wundern Sie sich aber nicht, wenn der Kustos ihre Kerzen nach verlassen der Kirche wieder auslöscht: Es geht um das Symbol, nicht um das vollständige Abbrennen. Die gebrauchten Kerzen werden zuletzt einem Recycling zugeführt.

Geradeaus fällt der Blick auf die goldbemalte Ikonostase (Bilderwand). Das ist eine für orthodoxe Kirchen typische hölzerne Wand, die den Bereich der Gläubigen vom Altarraum, den nur die Priester betreten dürfen, abtrennt. An dieser herausragenden Position hängen die Ikonen von Christus, der Titularheiligen Maria und Johannes dem Täufer.

Die Fresken

Die Fresken datieren wohl aus der Mitte des 17. Jh. Eine Stifterinschrift, die das Jahr 1646 nennt, findet sich am Ende der linken Wand im mittleren Hauptschiff, eine weitere im nördlichen Querarm 1677. Allerdings wurden zahlreiche Bilder um 1923 nachgemalt – was in westlichen Augen ein kunsthistorisches Sakrileg wäre, ist hier kein Problem, denn man malt auch heutige Kirchen in dem gleichen Stil aus (s. S. 68).

Paradies und Christusleben

Im mittleren Hauptschiff zeigen die Fresken ganz oben im Gewölbe Szenen der Genesis von der Erschaffung der Welt bis zum Mord an Abel. Im Register darunter geht es um das Leben Jesu von der Geburt (rechte Seite vorn) bis zur Kreuzigung (linke Seite vorn). Die Christus-Vita setzt sich dann im nördlichen, linken Seitenarm fort. In den tiefen Wandzonen sind verschiedene Errettungsszenen zu erkennen: Daniel in der Löwengrube, Konstantin befreit unschuldige Soldaten, das Meer gibt die untergegangenen Seeleute wieder frei.

Apokalypse und Jüngstes Gericht

Im südlichen, rechten Querarm befinden sich die Fresken, die die Kirche so berühmt gemacht haben: Szenen der Apokalypse, die ein im byzantinischen Kulturkreis sehr seltenes Thema darstellen. Im Scheitel thront Christus, darunter sieht man die Gerechten in weißen Gewändern, Johannes, wie er das Buch isst, die Jungfrauen, die den Wein ausgießen, Maria, bedroht von einem siebenköpfigen Drachen, die Posaunenbläser vor der stürzenden Stadt, den Antichrist als Menschen raubendes geflügeltes Tier und natürlich die sieben apokalyptischen Reiter.

Traditionshäuser, umgebaut zur Ferienwohnung, mit kleinem Hof unter Bougainvillea. Viel Flair, für ruhige Tage im Dorf eine tolle Sache.

Essen & Trinken

Idyllisch am Strand – **Klimis Taverna:** tgl. ab 9 Uhr, Hauptgerichte ab 6 €. Die älteste Taverne am Strand, nach den Zerstörungen durch einen Tornado 2011 neu wiederaufgebaut. Die Küche blieb aber traditionell: Strandklassiker nach Hausmannssitte, lecker und nicht teuer.
Dorfküche – **Mama's Restaurant:** In der Ortsmitte, tgl. ab 18.30 Uhr, Hauptgerichte ab 7 €. Mit moderaten Preisen bei Touristen beliebt. Man serviert Pizza, Fleisch vom Holzkohlengrill und Hausmannsgerichte. Immer eine kalorienreiche Versuchung sind die *Tyrokeftedes,* frittierte Bällchen aus Käse.

... in Váti (Vation) ▶ O 14

Ziegengulasch – **Platanos:** gleich am Dorfplatz, Tel. 22440 6 11 50, tgl. mittags und abends, Katsiki 9 €. Im kleinen Bergdorf im Inland (7 km) gibt es zwei Dorftavernen, das Platanos wird nun seit 30 Jahren von einem deutsch-griechischen Wirtspaar geführt (evtl. hören sie 2012 auf). Ausgefallene Spezialitäten wie geschmortes Ziegenfleisch in Zitronensauce, *Katsiki avgolemono*.

Lachaniá ▶ O 16

Lachaniá gilt als das ›Künstlerdorf‹ von Rhodos. In die stille Landschaft und die idyllische Abgeschiedenheit flüchtete Anfang der 1980er-Jahre eine kleine Gemeinschaft von Aussteigern, die hier Häuser renovierte. Heute gibt es auf Rhodos kein zweites Dorf mit so stilvoll hergerichteten Häusern, die unter Hibiskus und Bougainvillea zu versinken scheinen. Mitten im Dorf, neben der Kirche mit dem typisch rhodischen, durchbrochenen Glockenturm, beschattet eine riesige Platane die Platia; daneben plätschert ein kühler Brunnen.

Essen & Trinken

Am Brunnen – **Taverne Platanos:** An der Platia im unteren Dorfteil, Tel. 22440 4 60 27, Hauptgeriche ab 7 €. Unter einer riesigen Platane gibt es eine bodenständige Küche; die Wirtsleute vermieten auch Zimmer. Zwischen 14 und 17 Uhr geschlossen, dann ist das ganze Dorf wie ausgestorben!

Plimmýri ▶ O 17

Plimmýri ist eigentlich nur der Hafen von Lachaniá, ein kleiner, einsamer Strand bei dem Kirchlein **Zoodóchou Pigís** (›Leben spendender Quell‹, Beiname Marias). Hier lag in der Antike die Stadt Ixion, das Gelände ist aber noch nicht erforscht. Spuren aus dieser Zeit finden sich nur an der interessan-

Mein Tipp

Rast beim Pápa
In Lachaniá betreibt der Pápa, der Dorfpriester, die kleine Taverne Chrissi, die auch Zimmer vermietet (an der Straße nach Mesanagrós, Tel. 22440 4 60 32). Der Pápa ist sehr aufgeschlossen und unterhält sich gern mit Touristen – hier kann man eine Menge über Rhodos erfahren.

Lachaniá gilt als eines der stilvollsten Dörfer von Rhodos

ten Kirche: Der Bau besteht aus einem Tonnengewölberaum, der von starken Stützmauern eingefasst wird. Vor ihm liegt ein doppelter Kreuzrippennarthex; dort sind die schönsten antiken Bauteile von Rhodos verarbeitet.

Gleich vorn erkennt man im Boden ein Wasserbecken mit einem frühchristlichen Kreuz, das auf einer Scheibe steht. Dieses Werkstück ist die Bodenplatte einer Predigtkanzel aus dem 5. Jh.; die gewölbte Seite war der von unten sichtbare Teil, der als Becken des Brunnens dahinter umfunktioniert wurde. Das Gewölbe ruht auf unterschiedlich starken Säulen, die vermutlich sogar noch auf einen antiken Tempel zurückgehen. Die Inschriften in griechischer Sprache wurden allerdings erst in frühchristlicher Zeit eingemeißelt. Die Säulen in der zweiten Vorhalle stehen auf umgedrehten korinthischen Kapitellen, die Säule in der vorderen rechten Ecke sogar auf zweien – hier wurde ein antiker Tempel nach Kräften ›recycelt‹. Über dem Eingang zur Kirche sind schließlich noch die Brüstungsplatte des Ambos, der erwähnten Kanzel, zu sehen sowie ein Teil der Chorschranke aus der frühchristlichen Basilika.

Die Gebäude zum kilometerlangen Strand hin, in denen sich heute eine Taverne etabliert hat, gehören zu einem früheren, 1837 gegründeten Kloster.

Essen & Trinken

Fischertaverne – **Plimmíri:** tgl. ab 9 Uhr, Hauptgerichte ab 8 €. Spezialität der Strandtaverne sind Fisch und Oktopus, der oft vor den Tischen zum Trocknen hängt. Die Besitzer betreiben auch Strandduschen und vermieten Sonnenschirme (in der Saison).

Kattaviá und Prasonísi ! ▶ M 16/17

Über die Ruinen von **Ágios Pávlos,** einst geplant als Mustergut der Italiener, fährt man durch windgepeitschte, steppenhafte Landschaft zum Dorf **Kattaviá.** Dies ist die südlichste Siedlung von Rhodos, wo sich die Straße an der Ostküste und die an der Westküste treffen. In dem noch sehr traditionellen Dorf gibt es einige einfache Unterkünfte, wo zumeist Prasonísi-Surfer unterkommen. Rund um die zentrale Dorfplatia reihen sich einfache Tavernen mit dörflicher Küche.

Noch etwa 8 km fährt man zur Halbinsel **Prasonísi** (Prassoníssi), einem beliebten Revier der Starkwindsurfer – 6 bis 8 Beaufort sind hier normal, dazu kann man zu gleicher Zeit auf der einen Seite mit Offshore-Wind Speed geben, auf der anderen mit auflandigem Wind in 2–3 m hoher Brandung fahren!

Neben zwei Hotels haben sich daher inzwischen drei Surfstationen etabliert. Viele Surfer haben auch die Gelegenheit genutzt, um wild in den Dünen zu campen, wo sich inzwischen der Müll ansammelt. Das ist natürlich verboten, in der Hochsaison wird immer mal wieder polizeilich kontrolliert.

Man kann einfach auf den Sand fahren und dort parken. In den meisten Jahren ist die Sandbrücke zur vorgelagerten Insel intakt, sodass man bis zum südlichsten Punkt von Rhodos fahren kann. Manchmal reißen die Winterstürme aber einen Meereskanal auf – schwimmen ist dort aufgrund der Strömungen sehr gefährlich. Aber selbst im Hochsommer ist es in Prasonísi aufgrund des Meltémi-Windes ohnehin zu frisch um echte Badefreuden zu genießen.

Vroúlia ▶ M 17
Östlich vom Strand, noch auf dem Festland, liegen die Reste von Vroúlia, einer kleinen antiken Siedlung aus Lehm-Steinhäusern, die schon im 6./5. Jh. v. Chr. verlassen wurde. Man erkennt in Ansätzen noch die gerade den Abhang hochlaufende Stadtmauer, westlich lag eine Agora.

Übernachten

Surferspot – **Light House:** Prasonísi, Tel. 22440 9 10 30, www.prasonisilighthouse.com, DZ 45–65 €. Hotel mit Taverne direkt am Strand und fest in der Hand von Surfern. Für Juli und August muss man frühzeitig reservieren.

Essen & Trinken

Idylle in blau-weiß – **Kattaviá:** Kattaviá, Tel. 22440 9 12 85, tgl. ab 9.30 Uhr, Hauptgerichte ab 7,50 €. Nette, urige Taverne nahe dem Dorfplatz. Wirt Mákis hat lange als Koch auf Kreuzfahrtschiffen gearbeitet. Heute serviert er hier leckere Klassiker, z. B. ein gutes Moussaka (7 €) und auch internationale Gerichte.

Unterm Ficus-Baum – **Penelope:** Kattaviá, am Dorfplatz, tgl. ab 9 Uhr. Die älteste der Tavernen von Kattaviá, einst das Dorf-Kafenío. Man sitzt schön schattig unter einem gewaltigen Ficus-Baum und genießt gut gemachte griechische Küche: griechischer Salat 5 €, Hauptgerichte ab 7,50 €.

Aktiv & Kreativ

Surfen – **Pro Center Chr. Kirschner:** Prasonísi, www.prasonisi.com. Tel. im Sommer: 22440 9 10 45, im Winter in Österreich: +43 316 31 86 06. Moderne Surfstation, deutschsprachige Leitung, gut ausgestattet. Über die Website werden Unterkünfte vermittelt.

Infos

Busse fahren nur Di, Do 1 x tgl. bis Kattaviá (an Rhodos-Stadt 14.30, retour 7.15 Uhr). Von dort noch 7 km über die jetzt asphaltierte Piste durch ein Übungsgelände des Militärs (Fotografierverbot!).

Der beste Surfstrand: Prasonísi liegt zwischen zwei Meeren

Das Beste auf einen Blick

Das Bergland

Highlights !

Émbona: Tief im Süden, auf ausgebauter Straße aber gut zu erreichen, liegt das große Bergdorf, das gern als Weinhauptstadt von Rhodos bezeichnet wird. Unterhalb des mächtigen Gipfels des Attavýros kann man in bäuerlichen Tavernen einkehren. S. 230

Monólithos: Die Ritterburg thront in spektakulärer Lage auf einem spitzen Felskegel über einsamen Wäldern und unzugänglicher Küste: Tolles Panorama, tolle Fotomotive. S. 235

Auf Entdeckungstour

Schmetterlinge suchen in Petaloúdes: Das Schmetterlingstal in den Ausläufern des 485 m hohen Psínthos-Massivs ist eines der beliebtesten Ausflugsziele im heißen Sommer: Über plätscherndem Wasser und unter Baumschatten kann man gut die Hitze überstehen. Manchmal sieht man auch die Schmetterlinge ... S. 224

Weinanbau in Émbona: Rund um den Attavýros wird auf fruchtbarer Kalkerde weißer und roter Wein angebaut. In der großen Fabrik von Emery und in kleineren Kellereien kann man ihn verkosten. S. 232

Kultur & Sehenswertes

Ágios Nektários: Die Kapelle im Wald ist ganz im traditionellen byzantinischen Stil ausgemalt. S. 226

Ágios Nikólaos Foundouklí: Das stimmungsvollste Kirchlein von Rhodos beeindruckt durch eine traurige Stiftungslegende. S. 227

Kloster Moní Skiádi: Das kleine Kloster in tiefster Macchia-Wildnis verwahrt eine uralte Marienikone, die auch wundertätig sein soll. S. 241

Aktiv & Kreativ

Wanderung bei Ágios Nektários: Von der Kapelle führt ein Pfad zu einem schönen Aussichtspunkt. S. 227

Wanderung am Profítis Ilías: Von Sálakos steigt man über einen Eselpfad durch dichten Wald zum Gipfel empor. S. 228

Genießen & Atmosphäre

Tavernen in Maritsá: In dem kleinen Dorf 17 km von Rhodos-Stadt entfernt kann man zahlreiche gute Tavernen in nettem Dorfambiente besuchen. S. 222

Taverne Alonia in Émbona: Urige Taverne mit nettem Service, historischem Bauerngerät an den Wänden und manchmal Livemusik. S. 230

Taverne Ingo in Laérma: Im wohl ursprünglichsten Dorf von Rhodos servieren Heimkehrer aus Stuttgart ursprüngliche Bauernküche. S. 238

Abends & Nachts

Dorfabend in Psínthos: Am großen Dorfplatz von Psínthos kann man in den lebendigen Tavernen einen netten Abend zwischen Familienplausch und tobenden Kindern erleben. S. 222

Bauerndörfer und weiße Klöster

Das Innere von Rhodos ist ländlich, grün und hügelreich – beschauliche Bauerndörfer wechseln ab mit romantischen Kapellen und uralten Klöstern. Die Routenvorschläge vermeiden die schlechten Straßen, erschließen aber alle wichtigen Ziele und hübsche Tavernen; auch Strandtipps werden nicht vergessen.

Rund um Psínthos und Profítis Ilías

Ausgangspunkt ist Rhodos-Stadt. Man fährt zunächst Richtung Ialyssós, wo man das Kloster und die antiken Ausgrabungen von Filérimos besuchen kann (s. S. 119). Anschließend bietet sich das quirlige Dorf Kremastí für eine Kaffeepause an. Von dort geht es weiter zum Bergdorf Maritsá, durch eine kilometerlange Oleanderallee, die zur Blüte im Juni am schönsten ist.

Maritsá ► R 10

Maritsá ist ein relativ wohlhabender Ort mit einigen hübschen Tavernen an der verkehrsberuhigten Dorfstraße, wo im Sommer abends viele Griechen aus Rhodos-Stadt ausgehen. Typisch griechisch ist das Kafenió Koutouki, wo der freundliche Wirt exzellente Omelettes serviert.

Etwas außerhalb liegt das Kirchlein Ágios Nikólaos mit interessanten Fresken (Richtung Psínthos, letzte Dorfstraße nach rechts, hinter einem Bach nach links, meist geöffnet). Die Stifterinschrift datiert die Ausmalung auf 1435.

Essen & Trinken

Edel mit Antiquitäten – **Massasoura:** Maritsa Platia,Tel. 22410 4 81 09, nur abends geöffnet, Hauptgerichte ab 9 €. Ein echter Geheimtipp, lohnt den Ausflug auch abends. Im hübsch mit Antiquitäten eingerichteten Gastraum und auf der Terrasse wird moderne griechische Küche kredenzt.

Traditionell – **Odisseia:** 25 Martiou, Tel. 22410 4 78 77, tgl. 11–14.30, ab 18 Uhr, Hauptgerichte ab 7,50 €. Urige Taverne in der ›Fressmeile‹ mit typisch griechischer Grillküche, gute Mezedes.

Psínthos ► R 10

Die nächste Station ist Psínthos, ein großes Bauerndorf mit mehreren ursprünglichen Tavernen. Die Platia mit

Infobox

Internet

www.rhodos-travel.com: Tipps zu vielen Inlandsdörfern und Ausflugszielen.

Anreise und Weiterkommen

Die Straßen im Inland der Insel Rhodos sind inzwischen fast alle asphaltiert und damit viel einfacher zu befahren als noch vor 10 Jahren. Allerdings sind sie oft noch schmal und vor allem kurvig, sodass ein wenig Vorsicht anzuraten ist. Die Durchschnittsgeschwindigkeit liegt immer deutlich unter 50 km/h, also bei Ausflügen genügend Zeit einkalkulieren!

Dorftavernen reihen sich um den uralten Olivenbaum am Dorfplatz von Psínthos

dem riesigen Ölbaum ist eine dörfliche Idylle: Die Männer fahren mit Traktoren ins Kafenió, während die Frauen am eigenen Holzofen Brot backen – und die Soldaten der nahen Kaserne sich hier abends zum Gyros-Essen treffen. Ein kleiner Spaziergang führt ins Tal der Fasouli-Quelle, ein grünes Paradies an der Straße Richtung Archípoli mit der Taverne »Fasouli Spring«.

Essen & Trinken

Ein deutscher Grieche – **To Smaradi:** Platia, Tel. 22410 5 02 22, www.psinthos.eu, tgl. ab 10 Uhr, Hauptgerichte ab 7,50 €. Wirt Giorgios Markou ist in Deutschland aufgewachsen und führt seine Taverne überaus aufmerksam und freundlich – hier kommt man rasch in Kontakt. Auf der Karte stehen dörfliche Spezialitäten, z. B. ein Ziegen-Stifado aus dem Backofen, dazu wird selbstgebackenes Brot gereicht.

Dorftaverne – **To Stolidi:** Platia, Tel. 22410 5 00 09. Michali Tsoullos führt seine Dorftaverne in langer Familientradition. Neben guten Grillgerichten und Klassikern wie Moussaka gibt es auch leckere Tyrokeftedes, gebackene Käsebällchen.

Petaloúdes (Schmetterlingstal) ▶ Q 10

Richtung Westküste kommt man von Psínthos aus nach Petaloúdes, ins Schmetterlingstal.

Auf Entdeckungstour

Schmetterlinge suchen – das Petaloúdes-Tal

Das Petaloúdes-Tal in den dicht bewaldeten Psínthos-Bergen ist seit Jahrzehnten eines der beliebtesten Ausflugsziele von Rhodos. Man steigt über Terrassen, Treppen und Brücken durch das Tal hinauf und kommt schließlich zu einem Klostergebäude mit schöner Aussicht. Zum Abschluss kann man eine Straußenfarm besuchen.

Reisekarte: ▶ Q 10

Öffnungszeiten: Juni bis Sept. 8–19 Uhr, sonst bis Sonnenuntergang, Eintritt 5 €. Achtung: Um die Falter zu schützen, ist jegliches Aufschrecken verboten und kann mit Bußgeld bestraft werden.

Abstecher: Tavernen im Dorf Psínthos, s. S. 222

Nur im **Petaloúdes-Tal** 1 wachsen auf Rhodos die aus dem subtropischen Asien stammenden Amberbäume *(Liquidambar orientalis).* Sie können ein aromatisches Harz absondern, das entfernt an Vanille erinnert. Dieses Styrax-Harz wurde früher auch zur Parfümierung von Tabak benutzt und findet noch heute als Bestandteil von Weihrauch Verwendung.

Die Schmetterlinge

Das Harz lockt eine besondere Art von Schmetterlingen in großen Schwärmen an. Der *Callimorpha quadripunctaria,* der sogenannte Russische Bär, besitzt zwei verschiedenfarbige Flügelpaare. In geschlossenem Ruhestand ist nur die unauffällige braunbeige Mimikry der Oberflügel zu sehen, mit der sich die Tiere kaum vom Untergrund der Baumrinde abheben. Öffnen sich jedoch die Flügel, erscheint ein hellrotes Paar Unterflügel, das mit vier dunklen Punkten besetzt ist.

Dies macht auch den eigentlichen ›Reiz‹ der Schmetterlinge aus. Fliegen plötzlich sehr viele Tiere auf, so scheint sich eine rosafarbene Wolke zu erheben. Schon im Merian-Heft über Rhodos aus dem Jahr 1967 wird von einem Wärter berichtet, der mit einem einzigen schrillen Pfiff die Schwärme aufschrecken konnte. Doch die ständige Störung ermattete die Tiere und hielt sie von der Paarung ab, sodass der Bestand immer weiter zurückging. Deshalb wurde inzwischen jede Störung nach den EU-Regeln verboten.

Schmetterlingszeit ist bei der Paarungszeit im Juli und August, dann bevölkern die Falter zu Tausenden das enge, feuchte Tal, sitzen in dicken Polstern auf den Baumstämmen und Blättern. In anderen Monaten wird man eher enttäuscht von dem Ausflug zurückkehren. ›Schmetterlinge Fehlanzeige‹, lautet die Meldung dann meist kurz und bündig.

Wanderung zum Kloster

Auch ohne ›Schmetterlingswolken‹ ist das Tal ein schönes Ausflugsziel. Je höher man von der **Taverne Petaloúdes** 1 wandert, desto enger wird es, Holzbrücken und Stege führen entlang von kleinen Wasserfällen aufwärts.

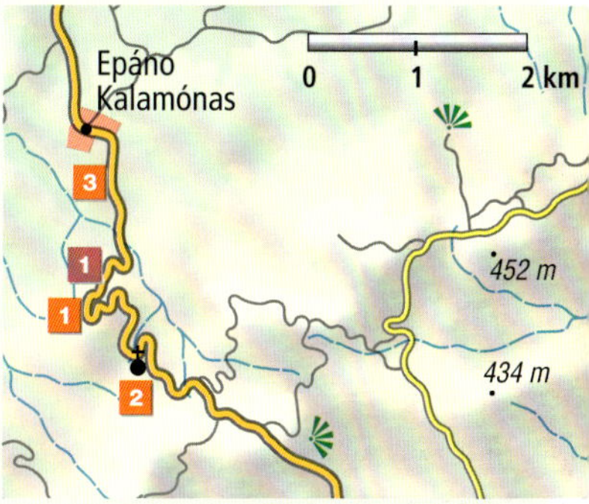

Schließlich erreicht man über eine Steintreppe das ehemalige Kloster **Moní Panagía Kalópetra** 2, was ›schöner Fels‹ bedeutet: Und das zu Recht, denn man überblickt weithin die grünen Landschaften des rhodischen Nordens – bis hin zum mächtig-grauen Gipfel des Attavýros im Süden! Im Kafenío im Klosterhof kann man unter einem Orangenbaum rasten, die Klosterkirche ist zur Besichtigung geöffnet.

Die Straußenfarm

Bei Epáno Kalamónas, ca. 1,8 km vom Schmetterlingstal liegt die **Rhodes Ostrich Farm** 3, wo man gezüchtete Straußenvögel in einem Freigehege beobachten kann (tgl. 9–19.30 Uhr, Tel. 22410 7 61 28). Im Shop werden Federn und Eierschalen verkauft, in der Snack-Bar gibt es Straußen-Burger und Omelettes zu verkosten.

Archípoli ▸ Q 11

Wieder zurück über Psínthos geht es nach Archípoli. Auf halber Strecke liegt das Kirchlein Ágia Triás, erbaut wohl auf den Fundamenten eines antiken Tempels, aus dem noch der girlandengeschmückte Altarblock stammt.

In Archípoli steht der eigenartigste Glockenturm von Rhodos: Die wie üblich vielfach durchbrochene, in vier Stockwerken nach oben verjüngte Form erhält durch die Farbgebung von Rosa bis Rostrot eine verspielt kitschige Note. Schon an der Straße sind die blau gestrichenen Bienenkästen aufgefallen – und tatsächlich ist Archípoli ein traditionelles Imkerdorf. Verkauft wird der sehr aromatische Thymian- und Pinienhonig an der Nektários-Kirche einige Kilometer Richtung Kolýmbia (s. S. 180), aber auch im kleinen Supermarkt gegenüber der Dorfkirche kann man ihn bekommen.

Ágios Nektários ▸ Q 11

Die Kirche zwischen Archípoli und Épta Pigés (s. S. 184) ist dem hl. Nektários geweiht, dem jüngsten Heiligen der orthodoxen Kirche, der erst in den 1920er-Jahren kanonisiert wurde. Der Bau ist groß und modern mit einer für westliche Augen etwas kitschigen Ausmalung, der aber nur die Patina der Zeit fehlt – bis zum heutigen Tag folgt die orthodoxe Kirchenmalerei den überlieferten Gestaltungsregeln, die auf die byzantinische Zeit zurückgehen (s. S. 68). Für den orthodoxen Christen ist das Bild (ikóna) die mysti-

Die neue Kirche Ágios Nektários, ausgemalt im byzantinischen Stil

sche Vergegenwärtigung des göttlichen Wirkens in der Welt jenseits aller Vernunft: Jedes Detail ist Symbol (z. B. Marias Kopftuch als Zeichen ihrer Jungfräulichkeit) – Perspektive und Maßstabsgerechtigkeit erscheinen hingegen überflüssig. Jede Szene hat ihre Darstellungsregeln, die kein Maler verletzen würde – ewige Wahrheiten sind unumstößlich.

Vor der riesigen, unten ausgehöhlten Platane am Eingang wird Bauernhonig verkauft, eine Taverne serviert Snacks. Auf der rechten Seite von der Kirche beginnt ein markierter Aufstiegspfad zu einem **Aussichtspunkt** in wilder Felslandschaft, von wo aus man weit über die grünen Hügel von Rhodos blicken kann.

Eleoúsa ▶ Q 11

Weiter geht es nach Eleoúsa, ein kleines Bergdörfchen auf einer bewaldeten Bergkuppe, das ein ganz besonderes Kuriosum besitzt. Mitten im Wald über der Streusiedlung öffnet sich eine riesige ›Piazza‹ mit zwei langen Arkadengängen an den Längsseiten. Die Anlage erinnert nicht von ungefähr an oberitalienische Plätze, denn tatsächlich wurde sie von den Italienern angelegt. Der Palast gegenüber der gut gepflegten Kirche mit der imposanten Freitreppe war einst die Sommerresidenz des Gouverneurs; heute ist hier eine Befehlszentrale der griechischen Armee untergebracht. Die Gebäude an den Längsseiten sind hingegen dem Verfall überlassen.

Essen & Trinken

Dorftavernen – Unterhalb der Piazza, an der Straße Richtung Dimiliá, lädt die **Taverne Oasis** der Wirtin Stamatia (Tel. 22460 9 82 79) unter schattigen Kiefern zur Einkehr ein. Hausgemachte Bauernküche und Wein vom Fass serviert aber auch die **Taverne Dimitris** im Zentrum von Dimiliá (2 km).

Ágios Nikólaos Foundouklí ▶ P 11

Auf der Straße zum Profítis Ilías passiert man das Kirchlein Ágios Nikólaos Foundouklí (›Hl. Nikolaus bei den Haselnüssen‹). Obwohl die Fresken durch moderne Übermalung viel an Qualität eingebüßt haben, sind sie doch ein gutes Beispiel für den Erzählcharakter der spätbyzantinischen Kunst. Die Kirche wurde Anfang des 15. Jh. von einem griechischen Verwaltungsbeamten aus Anlass des Pesttodes seiner Kinder gestiftet. Neben dem üblichen Bildprogramm zeigt die Ausmalung zahlreiche Anspielungen.

Es ist eine einfache Vierkonchenanlage, also ein Quadrat mit vier angesetzten Apsiden, deren östliche, die Altarapsis, durch ein Tonnengewölbe verlängert wurde. Die schönsten Szenen entdeckt man in der Westkonche gegenüber: Rechter Hand sind dargestellt der griechische Beamte, inschriftlich nur mit seinem Titel Logothetos ausgewiesen, und seine Frau, die zusammen ein Modell der Kirche halten. Gegenüber sieht man ihre Kinder, für die der Bau gestiftet wurde. Über ihnen thront segnend der jugendliche Christus, inschriftlich sind sogar noch die Namen der verstorbenen Kinder erhalten: Geórgios hieß der kleine Junge, Maria das Mädchen. Dargestellt wurden die Kinder zwischen Blumenranken und Vögeln, die das Paradies symbolisieren. Ein Kindermotiv wird auch in der Südkonche gegenüber dem Eingang aufgegriffen: Über den stehenden Heiligenfiguren erkennt man die Taufe Christi mit spielenden Kindern.

Profítis Ilías ► O/P 11

Weiter geradeaus fahrend überquert man den Profítis-Ilías-Berg, dessen 798 m hoher Gipfel nur zu Fuß zu ersteigen, teils aber als Militärzone gesperrt ist (ab Sálakos, s.rechts, führt ein Waldweg hinauf). Mitten im Wald, am Abzeig der Piste zur Gipfelregion, stehen zwei außergewöhliche Bauten im schweizerischen Chalet-Stil, die noch in italienischer Zeit entstanden. Der damalige Albergo del Cervo stand lange Zeit verlassen, wurde aber ab 2009 renoviert – lohnt zumindest für eine Pause im Cafe.

Übernachten

Berghotel – **Hotel Elafos:** Tel. 22460 2 24 02, www.hotel-elafos.gr, DZ/F ab 50 €. Das wunderbar altmodische Hotel soll wieder ein Treffpunkt für Politiker und Intellektuelle werden, wie es einst einmal war. Im Anbau Elafina soll ein Fitness-Raum und Spa eingerichtet werden. Den Stand der Dinge erfragt man am besten über die Website.

Sálakos ► P 11

An der Nordflanke des Prof. Ilías-Massivs liegt Sálakos, ein kleines, traditionelles Bergdorf mit schönen Tavernen an der Dorf-Platia, deren hübscher Brunnen von den Italienern angelegt wurde. Die Einwohner leben von der Landwirtschaft, vom Weinanbau (für die CAIR, s. S. 234) und von der Wasserabfüllung. Etwas außerhalb (an der Straße nach Dimiliá) liegt die Makarouniá-Höhle mit der mythischen Quelle der Nymphe (gemeint ist Rode, s. S. 58), die in Flaschen abgefüllt wird und in vielen Supermärkten der Insel zu finden ist.

Für Wanderer und auch Mountainbiker ist Sálakos ein gutes Standquartier. An der Straße Richtung Émbona ist ein **Wanderpfad** zum Aufstieg auf den Ilías-Berg (s. rechts) ausgeschildert, ringsum den Ort dehnen sich einsame Wälder.

Übernachten

Dorfhotel – **Pension Nymfi:** Tel. 22460 2 22 06, DZ/F ca. 35 €. Eher einfache, aber stilvolle Zimmer mit TV und AC in einer Villa aus der Italienerzeit mit hübschem Garten, den riesige Palmen beschatten.

Essen & Trinken

An der Platia – **To Steki:** am Dorfplatz, Tel. 22460 9 84 34, tgl. 9–14, ab 18 Uhr. Die Taverne am Dorfplatz bietet bei freundlichem Service einfache, preiswerte Hausmannskost, vor allem Grillgerichte.
Am Brunnen – **Meni:** am Dorfplatz, Tel. 22460 2 23 96, tgl. 9–14, ab 18 Uhr. Grillrestaurant mit Tischen bis an den Platia-Brunnen. Die Wirtin verkauft auch selbstgemachte Marmeladen.

Apóllona ► P 11

An der Südflanke des Massivs überblickt das Dorf Apóllona das weite menschenleere Hügelland östlich des Attávyros. Es ist ein lebendiges Dorf mit zahlreichen blumengeschmückten Häusern; Oleander und Bougainvillea zieren die Hauptstraße. Forscher vermuten, dass der Name von einem

Uralte Kapelle im Wald: Ágios Nikólaos Foundouklí

Apollon-Heiligtum abgeleitet ist; ein solches wurde aber noch nicht gefunden. In einem kleinen **Folklore-Museum** rund um die alte Ölpresse des Dorfs kann man rhodische Keramik, Trachten und bäuerliche Gebrauchsgegenstände, u. a. zur Produktion von Olivenöl, besichtigen (in der Saison Mo–Sa 9.30–12.30, 15–18 Uhr). Nahebei verkaufen die Dorffrauen Produkte wie Öl, Soúma, Stickereien oder Süßigkeiten.

Essen & Trinken

Dorftaverne – **Paspallas:** an der Hauptstraße, Tel. 22460 9 11 95, tgl. 9–13, ab 18 Uhr. Rhodische Bauernküche mit Lamm, Zicklein und Schwein vom Grill oder aus dem Backofen, dazu rhodischer Wein und Soúma.

Platánia ► P/Q 11

Über Platánia, mit weißen Häusern am steilen Hang gelegen, fährt man zurück nach Archípoli und Richtung Kolýmbia. Das Dorf zählt zu den kleineren auf Rhodos, besitzt aber eine große Dorfkirche mit typisch durchbrochenem Glockenturm.

Essen & Trinken

Mit Panorama – **Perama:** am Dorfrand an der Hauptstraße, Tel. 22460 9 84 04, tgl. 9–13, ab 18 Uhr. Rhodische Bau-

Heilige Siesta
Auch den Griechen ist die Mittagsruhe heilig. Zwischen 13 und 17 Uhr wirken viele Dörfer wie ausgestorben, nur wenige Lokale haben sich auf Touristen eingestellt. Daher sollte man sehr früh losfahren, wenn man mal einen Menschen sehen oder Kirchen besichtigen will. Nach 13 Uhr fährt man besser an den Strand – erst am Abend beleben sich die Dörfer wieder.

ernküche nach Familienrezepten; schönes Panorama von der Terrasse.

Rund um den Attávyros

Diese Tour lässt sich als Fortsetzung ab Apóllona machen oder schließt auch an eine Westküstenfahrt bis Kritiniá (s. S. 159) an. Von der südlichen Ostküste kann man über Laérma zum Attávyros fahren.

Émbona ! ► N/O 12

Das große Bergdorf mit ca. 1500 Einwohnern liegt auf 650 m Höhe unterhalb des Attávyros-Massivs und gilt als ›Weinhauptstadt‹ von Rhodos (s. Entdeckungstour S. 232). Émbona wird viel von organisierten Ausflugsgesellschaften angefahren und ist tagsüber recht überlaufen; erst abends kehrt das traditionelle Leben wieder zurück.

Von der unteren Platia, wo die Busse vor Souvenirgeschäften und überdimensionierten ›Tavernen‹ parken, geht man nur wenige Minuten in das noch dörfliche Ortszentrum. Dessen Sackgassen erschließen eine traditionelle Architektur kleiner Kubenhäuschen mit Schornsteinen, die von ausrangierten Tontöpfen abgedeckt sind. Viele Häuser haben kleine Anbauten, die durch rußgeschwärzte Eisenklappen als Backofen erkennbar sind.

Rund um die große Hauptkirche im alten Ortskern liegen weitere Restaurants. Auch hier werden Souvenirs (Decken, Strickwaren) angeboten – doch auch hier sind sie durchaus nicht alle handgemacht, schon gar nicht im Dorf selbst.

Wenn man auf der Hauptstraße weiter Richtung Laérma fährt, kommt man zur großen Weinkellerei Emery, aber auch kleinere Weinproduzenten haben ihren Keller zur Verkostung geöffnet.

Übernachten

Einfache Zimmer – **Vassilia rooms to let:** am Ortsrand Richtung Siána, Tel. 22460 4 12 35, DZ/F ca. 30 €. Einfache, helle Zimmer und Studios in einem Neubau, mit Restaurant. Aber auch viele Tavernen im Dorf vermieten Zimmer.

Essen & Trinken

Wein und Grillküche – Die Taverne **Tessera Adelphia,** im oberen Dorfteil hinter der Kirche gelegen, serviert wird deftige Grillküche. Am Dorfplatz beliebt ist die Taverne **Stamatis** mit schöner Terrasse und sogar Satelliten-TV. Einen hübsch mit Antquitäten vollgehängten Gastraum (aber auch eine große Terrasse unter Weinlaub) hat die **Taverne Alonia** an der Straße zur Emery-Weinfrabrik – dort wird oft traditionelle Musik gespielt. Alle Lokale haben in der Saison tgl. 10.30–22 Uhr, im Winter ab 18 Uhr geöffnet. Vorspeisen gibt es ab 2,50 €, Hauptgerichte ab 6 €.

Attávyros ▶ N/O 12

Der völlig kahle, mächtige Gipfel des Óros Attávyros, des höchsten Gipfels von Rhodos (1215 m), ist für Wanderer eine Herausforderung. Es gibt auch noch den alten Bergpfad (Start an der Straße nach Siána, Wegbeschreibung auf www.rhodos-travel.com). Unbedingt muss man ausreichend Wasser mitnehmen und beim ersten Sonnenstrahl losgehen! Da man auf jeden Fall im Dorf übernachten muss, sollte man mit seinem Wirt eine Rückmeldezeit vereinbaren – falls etwas schiefgeht.

Es führt auch eine Straße auf den Gipfel, die allerdings manchmal durch die Armee gesperrt wird. Oben hat man eine tolle Aussicht über ganz Rhodos, sieht auch die umliegenden Inseln im Blau verschwimmen. Auf einem Sattel unterhalb des Gipfels sind die Trümmer eines antiken Tempels zu erkunden, der Göttervater Zeus geweiht war.

Den Attávyros kann man auch auf einer Asphaltstraße einmal ganz umrunden. An der Straße mit schönen Aussichtspunkten lohnt ein Stopp beim Kloster Moní Artamíti, das eine kuriose geschnitzte Ikonostase von 1870 besitzt: Im obersten Register ist sie mit barbusigen ›Engeln‹ und einem Drachen versehen.

Ágios Isídóros ▶ N 13

Das Weinbauerndorf Ágios Isidóros an der Ostseite des Attávyros, das die grünen Hügel des Binnenlandes überblickt, ist noch sehr viel beschaulicher als das etwas überlaufene Émbona. Weiße Häuschen staffeln sich am Hang, stets windumfächelt wegen der Fallwinde vom Bergmassiv. Charakteristisch sind die Vögelköpfen gleichenden Kaminhauben, die verhindern, dass der Wind den Qualm zurück in den Kamin drückt.

Bei der Weinlese am Attavýros-Massiv bei Émbona

Auf Entdeckungstour

Retsina und mehr – Weinanbau auf Rhodos

An den sonnenverwöhnten Kalkhängen am Fuß des Attávyros-Massivs ziehen sich ausgedehnte Weinflächen. Schon seit der Antike ist der Weinanbau ein bedeutender Wirtschaftszweig. Bei einer Rundfahrt um den höchsten Berg der Insel finden sich in Dörfern wie Ágios Isidóros und Émbona kleine und große Kellereien, wo man den Rebensaft verkosten kann.

Reisekarte: ► N/O 11

Planung: Emery (Tel. 22460 4 12 08) hat Mo–Sa 9.30–15.30 Uhr geöffnet, www.emery.gr, kleinere Dorfkellereien länger, bis gegen 18 Uhr.

Weine griechischer Provenienz, in den 1960er- und 1970er-Jahren noch begehrt wegen ihrer sehr hohen Natursüße, haben heute keinen guten Ruf mehr. Doch kann man aus griechischen Trauben durchaus hervorragende trockene Weine erzeugen, zumal auf Rhodos. Schließlich ist die Insel seit der Antike eines der bedeutendsten Weinanbaugebiete Griechenlands. Hohe Sonneneinstrahlung, ausreichend Regenfälle im Winter und kühlende Winde im Sommer sorgen hier für ein einzigartiges Mikroklima.

In der Weinhauptstadt

Wein wird auch am Profítis Ilías-Massiv bei Sálakos und bei Kritiniá produziert, die ›Weinhauptstadt‹ von Rhodos ist aber das kleine Bergdorf Émbona am Nordhang des Attávyros-Massivs. Dort produziert seit 1966 die in Familienbesitz befindliche **Kellerei Emery** 1 Wein, seit den 1970er-Jahren innerhalb des Prädikats VQPRD (Vins de qualité produits dans des régions déterminées). Das bedeutet konkret, dass innerhalb eines definierten Anbaugebiets nicht mehr als 10 Tonnen Trauben pro Hektar produziert werden dürfen und dass die Weine nach dem Anbaugebiet heißen sollen. Daher musste ein griechischer Hersteller seine Marke mit dem Fantasienamen Líndos wieder vom Markt nehmen.

Das Unternehmen, 1923 noch in Rhodos-Stadt von der Familie Triantafillou gegründet, investierte in den 1990ern nicht nur in moderne Pressen und Stahltanks, sondern kreierte auch eine französisierende Produktlinie, die zwar die rhodischen Trauben nutzt, die es aber mit der EU-Konkurrenz durchaus aufnehmen kann. Die beiden wesentlichen Rebsorten auf Rhodos sind der Athiri für Weißwein, für Rotwein der Mandiliara, der auf Rhodos Amorgiano genannt wird. Der Athiri ist eine hellgrüne Traube mit fruchtigen, spritzig-leichten Aromen, der auch auf anderen Ägäis-Inseln kultiviert wird. Amorgiano überzeugt durch eine warme rote Farbe und lebhafte Aromen bei geringem Tanningehalt.

Die Erfolge bei den rhodischen Hoteliers und den Touristen sorgten für guten Absatz, sodass sich Emery auch an die Herstellung eines sehr akzepta-

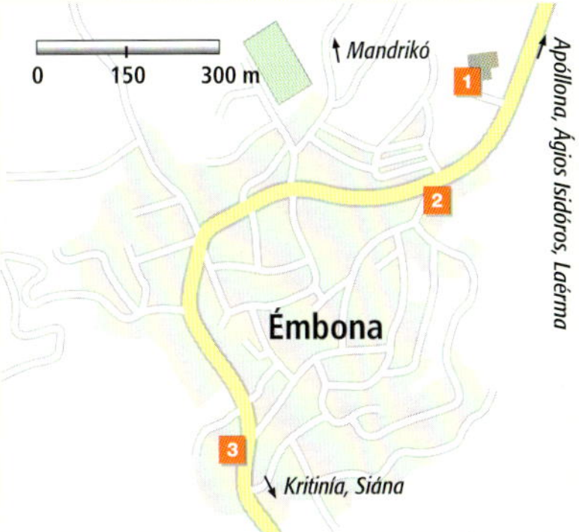

blen Sekts, des »Grand Prix Brut« wagte. Inzwischen hat Emery seine Fabrik, am Ortsrand von Émbona an der Straße nach Apollona, für Besucher geöffnet und eine Verkostungsstelle eingerichtet. Die Top-Weine sind »Villaré Blanc de Blanc«, ein trockener Weißer (gut zu Fisch und Hummer), der »Zacosta«, ein trockener Roter (zu Steak, Wild, Käse) und der »Athiri Vounoplagias«, ein fruchtiger Weißer (zu Geflügel, Meeresfrüchten, Desserts).

Kleinkellereien in Émbona

Fast 90 % der rhodischen, durchgehend von Kleinbauern angebauten Erträge gehen an die zwei großen Weinhersteller, neben Emery das noch von den Italienern gegründete Unternehmen CAIR bei Rhodos-Stadt. In Émbona gibt es aber noch zwei kleine Kellereien, die auch den traditionellen natursüßen Wein (weiß ebenso wie rot) und auch den Tresterschnaps »Souma« herstellen: Die **Kellerei Kounaki** 2 liegt an der K. Ydraiou 25 (Tel. 22460 4 14 40) im Dorf, die **Kellerei Merkouris** 3 an der Straße nach Siána (Tel. 22460 4 13 04), beide haben in der Saison tgl. 10–17 Uhr geöffnet.

Retsina aus Rhodos

Retsina, den Schankwein Griechenlands par excellence, stellt man in Émbona nicht her, wohl aber bei der **Kellerei CAIR** in Rhodos-Stadt an der Líndos-Straße (www.cair.gr). Retsina ist ein einfacher Weißwein – auf Rhodos gekeltert aus der Athiri-Traube –, dem das Harz der Aleppo-Kiefer zugegeben wird, die auf Rhodos in allen Höhenlagen wächst. Was in der Antike als produktionstechnische Notwendigkeit zur Abdichtung der Weinschläuche begann, wurde dann ein geschmacklicher Selbstläufer, zu dem sich allerdings noch ein jeder den Zugang ›antrinken‹ muss. Während des Gärens wird das Harz in Stückchen zugegeben, durch den entstehenden Alkohol löst es sich langsam auf. Früher lag der Harzgehalt deutlich höher bei bis zu 5 %, jetzt begrenzt ihn eine EU-Richtlinie auf 0,15 bis 1 %.

Der frisch-herbe Retsina von CAIR in den typischen Halbliterflaschen mit gelbem Etikett hat auf Rhodos eine Monopolstellung, aber auch sonst kann man sich einige Namen dieser Firma merken: Der beste Weiße ist der »Rodos 2400« aus der Athiri-Rebe, dessen feines Aroma gut zu Meeresfrüchten passt. Der »Rouvinio« ist ein trockener Rosé mit Pfirsichduft, gekeltert aus Athiri und Moschato Trani, den noch die Italiener aus Apulien einführten. Der »Archontiko« kommt als trockener Roter aus der Amorgiano-Traube gemischt mit Grenache, er begleitet gern Gerichte mit intensivem Eigengeschmack. Nicht zu vergessen: der »Rosé Réserve 10 Ans Brut«, ein ausgezeichneter Sekt nach traditioneller Champagner-Methode.

Süß oder trocken, rot oder weiß – hier findet sich für jeden ein guter Tropfen

Essen & Trinken

Dorftaverne – Im Dorfzentrum verkauft die **Taverne Ataviros** Honig, Wein oder Soúma aus dem Dorf und serviert z. B. knusprige Souvlaki vom Holzkohlengrill (keine Küche zwischen 14–18 Uhr).

Glyfáda ▶ M 12

Von der Straße zwischen Émbona und Siána führt ein kurviges Aphaltsträßchen hinunter in die Bucht von Glyfáda. Der Abstecher lohnt eigentlich nur, wenn man in den beiden Fischrestaurants, einem Geheimtipp der Rhodier, essen will. Der Strand ist ganz einsam, abends kann man hier schöne Sonnenuntergänge erleben. Wer allerdings baden möchte, muss sich auf naturbelassene Anschwemmungen dicker Seegraspolster einstellen; auch ist der Wind mitunter sehr stark.

Siána ▶ N 13

Der kleine Ort am Hang des Akramítis überblickt die Ebene von Apolakkiá bis zu den langen Stränden der südlichen Westküste. Zentrum des Straßendorfs entlang der Hauptstraße ist der geräumige Kirchplatz. Die große Kirche Ágios Pandelímonos (s. S. 69) ist im byzantinischen Stil ausgemalt und hat einen durchbrochenen Glockenturm, wie er typisch für Rhodos ist. Die Uhr steht immer auf 9.35 Uhr: Sie ist nur aufgemalt.

Essen & Trinken

Familientradition – **Ta Elafia:** Am Kirchplatz, Tel. 22460 6 12 34, tgl. ab 10 Uhr, Vorspeisen um 3,50 €, Hauptgerichte um 8 €. In seiner hübschen Taverne serviert Lakis Mastrosavvas dörfliche Traditionsküche und verkauft seinen selbstproduzierten Honig und Soúma.

Einkaufen

Souvenirs – An der Hauptstraße bieten zahlreiche Läden **Web- und Stickwaren** an (meist aber keine handgemachten). Auch ländliche Produkte wie **Olivenöl** oder **Honig** (Pinie, Thymian) verkauft sowie **Soúma**, ein klarer Tresterschnaps wie z. B. Grappa.

Monólithos ! ▶ M 13

Dem Weiler mit seinen locker verstreuten Häusern fehlt ein echtes Zentrum. Er ist noch sehr traditionell geblieben , profitiert aber schon von den Ausflüglern zur Ritterburg.

Etwa 4 km außerhalb des Ortes ragt das eindrucksvolle **Kástello Monólithos** über der Küste empor (s. Lieblingsort S. 236). Vom Parkplatz führt ein nicht ganz leichter Treppenweg zur Anhöhe hinauf. Hier stand schon seit byzantinischer Zeit ein Kastell, das in der Johanniterzeit noch einmal verstärkt wurde (1476). Man erkennt noch das alte byzantinische Mauerwerk mit roten Ziegeln dazwischen, vor das die Johanniter eine massivere Ummantelung gelegt haben. Auf der Felsspitze steht heute noch das kleine Kirchlein Ágios Pandélimon.

Essen & Trinken

Taverne mit Zimmern – **Christos Corner:** an der Hauptkreuzung, Tel. 22460 6 13 10. Man serviert Fisch- und Grillgerichte sowie viele schmackhafte Klassiker und verkauft selbstgebrann-

Lieblingsort

Ungestörter Küstenblick vom Kastell Monólithos ▶ M 13

Die Ritterburg thront in dramatischer Lage über der einsamen Westküste. Das Grau der Felsen, das Grün der Pinien und das strahlend grelle Weiß der Kapelle setzen die Akzente im Panoramablick. Ich suche mir gern dort oben ein stilles Plätzchen mit ungehindertem Blick und versuche eine Weile die Ruhe zu genießen. Eine Aussicht ohne jede Zivilisation – wann hat man das schon mal?

ten Soúma-Tresterschnaps. Auch einfache Zimmer kann man mieten.

Kap Foúrni ▶ M 14

Am Kap Foúrni unterhalb von Monólithos liegen zwei ganz einsame Badebuchten mit Kieselstrand, wo es aber oft große Seegrasanschwemmungen gibt. Man kann Liegestühle mit Schirm beim Wirt der Strandkantine (einfache Snacks) mieten, im Sommer kommen einige Leute zum Baden dorthin, da immer ein kühler Wind geht.

Interessant ist auch die Landzunge selbst, wo spätantike und frühchristliche Gräber sowie Felskapellen erhalten geblieben sind. An den Felswänden sieht man Kreuze und andere Symbole der ersten Christen.

Der Süden von Rhodos

Obwohl man Rhodos auf Asphaltstraßen an einem Tag umrunden kann, ist eine Inlandstour rund um die **Koukouliári-Hügel** immer noch ein Abenteuer. Startpunkt ist Lárdos an der Ostküste, und wer von der Westküste kommt, kann in Apolakkiá ›einsteigen‹.

Laérma ▶ O/P 13

Von Lárdos geht es auf Asphalt in das noch bäuerliche Dorf Laérma, das einsam in der Inselmitte von Rhodos liegt. Das Dorf war beim großen Waldbrand 2008 fast eingekesselt und stand kurz vor der vollständigen Evakuierung. So ist die Umgebung noch bis heute durch Waldschäden geprägt. Etwas oberhalb der Straße nach Moní Thárri liegt das Dorfzentrum mit einer Schule in der schönen Architektur der Italienerzeit. Drei Tavernen lohnen eine Rast hier.

Essen & Trinken

Dorftavernen – Im Dorf an der Lárdos-Straße liegt das **Grill House Bella Vista** (Tel. 22440 6 10 71), wo man ein gutes Souvlaki zum selbstgebrannten Soúma bekommt. Beim **O Platanos** (Tel. 22440 6 11 68) in der Ortsmitte sitzt man schön im Platanenschatten. Auf der Karte stehen auch preisgünstige Snack-Menüs. Der Wirt der **Ingo Taverna** (Tel. 22440 6 14 50) an der Straße zum Kloster hat lange bei Stuttgart gelebt, spricht gut Deutsch und serviert auch vielerlei Mezedes – auf Vorbestellung kocht die Wirtin zudem leckere Schmorgerichte.

Moní Thárri ▶ O 13

Das Kloster Moní Thárri in den Wäldern südlich von Láerma war jahrelang verlassen, ist seit Anfang der 1990er-Jahre aber wieder bewohnt. Initiator dieser Wiederbelebung ist wie bei Moní Ipsenís (s. S. 210) der Abt Amfilóchios, der mit etwas mehr als einem Dutzend Mönchen Kindergruppen aus den orthodoxen Staaten Südosteuropas betreut und eine Radiostation betreibt, die sich gegen die ›Amerikanisierung‹ von Rhodos wendet.

Die Gründung des Klosters soll auf eine byzantinische Prinzessin zurückgehen, die sich mit einer unheilbaren Krankheit nach Rhodos zurückgezogen hatte. Im Traum erschien ihr der Erzengel Michael und sprach »Hab Mut«, griechisch tharsí, »Du wirst gesund«. Daraufhin stiftete sie Kirche und Kloster, das daher auch den Namen erhielt. Dies ist jedenfalls Lesart der jetzigen Mönchsgemeinschaft, die

Moní Thárri soll von einer byzantinischen Prinzessin gegründet worden sein

das ›Tharsi!‹ des Erzengels als Bekräftigung versteht, sich den modernen Entwicklungen entgegenzustemmen.

Die jetzigen Gebäude entstanden im 14. Jh., die Kirche wurde aber um 1600 noch einmal vergrößert. Rund um den Hof verlaufen Trakte mit den Schlafsälen für Pilger, an einer Ecke steht ein kaum mannshoher Glockenturm. Das Bildprogramm zeigt Fresken im postbyzantinischen Stil (17. Jh.).

Im Tonnengewölbe erkennt man Szenen aus dem Neuen Testament. In der Kuppel ist Christus als Pantokrator, als Weltenherrscher mit der segnenden Rechten, dargestellt, darunter stehen die Propheten und die Evangelisten. Die Fresken in der Apsis (sie sind die ältesten) zeigen die Kirchenväter, die Apostelkommunion und darüber eine Deesis: Christus flankiert von Maria und Johannes dem Täufer, die Fürbitte für die Gläubigen leisten.

Interessant ist auch die Darstellung des Mandilion: Dies war nach der apokryphen Überlieferung das Tuch mit dem Bild des Antlitzes Christi, das dieser selbst zum König Abgar von Edessa gesandt hatte. Nach dem Ikonoklasmus, dem Bilderstreit im 8. Jh., galt es als Rechtfertigung der bildlichen Kirchenausmalung.

Vom Kloster kann man jetzt auf neuer Asphaltstraße direkt nach Süden nach Asklipío und Kiotári fahren.

Profýlia und Ístrio ▶ N 14

An der kleinen Kapelle Irini Chrissovalandou zwischen Laérma und Moní Thárri biegt man auf Schotterpiste (im

Frühjahr stark ausgewaschen) weiter gen Süden ins stille Dorf **Profýlia**, das mit seinen weiß gekalkten, würfelförmigen Häusern fast kykladisch anmutet. Die Kirche Ágios Geórgios direkt rechts oberhalb vom Dorfplatz soll aus dem 15. Jh. stammen, die Fresken sind ins 16./17. Jh. datiert. Zentrales Thema ist das Leben Jesu. Die Ausmalung der Friedhofskirche Agía Anastasía ist kürzlich restauriert worden.

Ístrio, die nächste Station, ist dagegen eine weitläufige Streusiedlung tiefer im Tal, inmitten von Gärten und Olivenbäumen. An der Hauptstraße findet man eine einfache Taverne, die aber nur im Sommer geöffnet hat. Unterhalb des Kirchplatzes steht ein altes Friedhofskirchlein, in dem antike Spolien (u. a. eine Säule) verbaut sind.

Arnítha ▶ N 14

Von dort geht es südlich bis zur Schnellstraße, wo man geradeaus fahrend Arnítha besuchen kann, ein kleines, fast kykladenhaftes Dorf, an dessen Südwestrand die Kirche Ágios Níkon (Nikólaos) mit Fresken aus dem 14. Jh. steht. Von hier sollte man nicht weiter nach Mesanagrós fahren (die Piste ist teilweise sehr ausgewaschen), sondern besser nach Apolakkiá.

Apolakkiá ▶ N 14

Das südlichste Dorf an der Westküste ist ein beliebter Zwischenstopp für Ausflügler, daher gibt es hier einige Tavernen. Apolakkiá liegt im Zentrum eines fruchtbaren Beckens zwischen den Massiven Akramítis und Koukouläri und lebt vor allem vom Anbau von Obst (v.a. Melonen) und Gemüse. Zentrum des Dorfs mit ca. 600 Einwohnern bildet der verkehrsberuhigte Zentralplatz mit einem typischen Brunnen und einer Villa aus der Italienerzeit.

3,5 km nördlich, auf einer Anhöhe über dem großen Apolakkiá-Stausee, liegt die Kapelle **Ágios Geórgos Várdas**, deren Fresken zu den ältesten auf Rhodos gehören (Ende 13. Jh.) und dem strengen Stil der spätbyzantinischen Paläologenzeit folgen – am Ortsausgang Richtung Gennádi zum Staudamm abbiegen. Die Ausmalung dürfte nach der Eroberung der Insel durch die Johanniter entstanden sein.

Von Apolakkiá ist die Route Richtung Kattaviá bestens ausgebaut, die Küste mit einsamen, aber schattenlosen Sand-Kies-Stränden jedoch noch kaum erschlossen. Die naturbelassenen Dünen, vereinzelt mit Bewuchs von Zedern-Walchoder, sind eines der bedeutendsten Ökosysteme von Rhodos; auch Caretta-Meeresschildkröten und Monachus-Seerobben wurden hier gesichtet. Die schönsten Abschnitte zum Baden liegen am **Limni Apolakkiás,** einer seichten, kinderfreundlichen Bucht und am **Kálamos Beach** im nördlichen Abschnitt.

Übernachten

Standquartier im Süden – **Hotel und Taverne Amalia:** Ortsmitte, Tel. 22440 6 13 65, DZ/F um 50 €, HP + 8 €/Pers. Geräumige helle Zimmer mit Balkon, TV und AC. Juni bis Sept. mit Pool. Die Ta-

Rückfahrt über Váti ▶ O 14
Am kleinen Dorf Váti (sprich watti, gr. Báti) rast die neue Schnellstraße einfach vorbei. Ein Stopp hier lohnt aber wegen der urigen Tavernen am Dorfplatz. Auf der Speisekarte stehen auch Zicklein, Oktopus und bäuerliche Schmorgerichte.

verne serviert gute Grillgerichte und vielerlei Mezedes.

Essen & Trinken

Fisch am Strand – **Chrysama:** 4 km südlich am Strand, Tel. 6973 98 21 56, in der Saison tgl. 10–20 Uhr. Freundlich geführte Taverne etwas oberhalb vom Strand mit schöner Aussicht auf die unverbaute Küste (toller Sonnenuntergang!). Spezialität ist Fisch.

Moní Skiádi ▸ N 15

Von der Hauptstraße zweigt eine im Sommer durchaus passable Schotterstrecke zum Kloster Moní Skiádi (auch Skiáthi oder Skiadéni) ab, das man durch eine wilde Frygána-Landschaft mit dichtem Niederbuschwerk erreicht (s. S. 56). Da man kaum schneller als 30 km/h fahren kann, muss man entsprechend Zeit einkalkulieren.

Die Kirche wurde 1861 gestiftet. Eine lange Tradition erkennt man an der Apsis der Klosterkirche, ursprünglich eine kleine Kreuzkuppelanlage aus dem 13. Jh., die in den modernen Bau einbezogen wurde. Das Innere der Kirche wirkt zunächst nicht besonders eindrucksvoll, berühmt ist jedoch die Marienikone (s. S. 70). Der Schnitt auf der rechten Wange der mit einem Silber-Gold-Oklad verdeckten Panagía (›Allheiligen‹) von Skiádi stammt der Legende nach von einem türkischen Offizier. Nach dieser Freveltat sei er erblindet und habe erst sein Augenlicht wiedererhalten, als er zum Christentum konvertierte.

Im Klosterhof serviert das Pächterehepaar hin und wieder Kaffee für den Besucher, man sollte sich mit einer großzügigen Spende erkenntlich zeigen. Die freundlichen Gastgeber zeigen auch die bessere Straße nach Mesanagrós, das man auf einem Umweg nach Süden erreicht.

Mesanagrós ▸ N 15

Der sehr verschlafene Ort leidet stark unter der Abwanderung. Die Jungen ziehen in die Stadt, die traditionelle Wohnarchitektur, die hier noch fast unberührt erhalten ist, verfällt.

In frühchristlicher Zeit war das Dorf die Bischofsstadt dieser Region. Dort, wo heute das Marienkirchlein **Kímisis tís Theotókou** steht, erhob sich im 5. Jh. eine Basilika mit drei Schiffen. Auf deren Fundamenten entstand dann im 14. Jh., als sich Rhodos unter der Johanniterherrschaft wieder erholte, die heutige kleine Kirche. Zahlreiche Bauteile zeugen von diesen Vorgängerbauten, u. a. eine frühchristliche Marmorsäule mit schlankem Kreuzsymbol, die über dem Nordportal eingemauert ist, und ein Taufbecken, in dem eine griechische Inschrift eingeritzt ist: »Wohlergehen und Erlösung denen, deren Namen Gott kennt.«

Die Kirche liegt direkt neben der Bar **O Mike**, wo man den Schlüssel erhält und auch einfache hausgemachte Bauerngerichte essen kann – groß ist die Auswahl aber nicht.

Ágios Thomás ▸ N 15

Wieder auf Asphalt, fährt man nun gen Lachaniá und passiert dabei das von Zypressen gerahmte Kirchlein Ágios Thomás, auch hier sind antike Bauteile zu entdecken. Am Thomas-Sonntag (Sonntag nach Ostern) findet auf dem weiß bemalten Festplatz ein großes Fest statt, an dem der gesamte Süden und auch die Panagía von Skiádi teilnehmen.

Das Beste auf einen Blick

Ausflüge von Rhodos

Highlight !

Inselstadt Sými: Auf der kleinen Insel empfängt eine der schönsten Städte der Ägäis die vielen Tagesbesucher. Vor der Kulisse einer wunderbaren klassizistischen Architektur sitzt man in echten Fischertavernen am Hafenkai. Wer länger bleibt – Pensionen gibt es genug –, kann auf Wanderungen eine baumlose, einsame Insellandschaft entdecken. S. 244

Auf Entdeckungstour

Auf den Spuren der Schwammtaucher von Sými: Seit Mitte des 19. Jh. kamen Inseln wie Sými, Chálki oder Kálymnos durch den Handel mit echten Schwämmen zu Reichtum. Noch heute kann man hier relativ günstig Schwämme kaufen.
S. 252

Der Vulkan von Níssyros: In der Antike galt der Titan Polybotes als Auslöser für den Vulkan von Níssyros. Wenn das Schiff anlegt, starten heute Ausflugsbusse hinauf zum Krater, wo in stinkenden Schwefellöchern der Schlamm kocht. S. 268

Kultur & Sehenswertes

Kalístrata, Sými: Die ›schöne Treppe‹ von Sými führt marmorgepflastert vom Hafen hinauf in die Oberstadt. S. 248

Antike Ausgrabungen, Kós: Ähnlich wie Rhodos war Kós im Altertum eine blühende Stadt. Nach Zerstörung der mittelalterlichen Stadt durch ein Erdbeben konnten Archäologen das antike Stadtzentrum freilegen. S. 272

Aktiv & Kreativ

Sými, Strandboote: Vom Hafen Sými fahren täglich Fischer-Kaiks zu kleinen einsamen Buchten ohne jede Bebauung. S. 255

Wanderung am Níssyros-Krater: Vom kleinen Dorf Nikíta führt ein Eselpfad hinunter zum Kraterboden; ein zweiter Pfad geht vom Krater zum verlassenen Kloster Moní Stávros am westlichen Kraterrand. S. 268

Genießen & Atmosphäre

O Meraklis, Sými: Urig-traditionelle Taverne mit echt griechischer Küche, etwas abseits vom Hafenkai. S. 251

O Houvardas, Chálki: Hier kocht die Mama echte Inselküche. S. 259

Megisti Hotel, Kastellórizo: Eine tolle Adresse für Honeymooner, weit weg von allem, was stören könnte. S. 263

Platia Ilikiomeni, Níssyros: Der Dorfplatz auf der Vulkaninsel wird überschattet von einer Platane und gesäumt von urigen Tavernen. S. 265

Abends & Nachts

Vapori Bar, Sými: Szenetreff mit cooler Lounge-Musik. S. 255

Bar Street, Kós: In den Gassen zwischen Hafen und antiker Agora geht nachts die Post ab: viele Bars und Clubs. S. 277

Sými – Insel mit schöner Fassade

Wenn das kleine Ausflugsboot von Rhodos aus sich gegen den immerwährenden Meltémi-Wind auf Sými zuquält, scheint die Insel eigentlich nur ein Berg aus Geröll zu sein. Doch dann gleitet das Schiff in die enge Hafenbucht und man fährt auf eine der schönsten Städte der Ägäis zu.

Sými besitzt die am stärksten zerlappte Küstenlinie der Ägäis; felsige Buchten schneiden vielfach verzweigt tief ins Landesinnere. Nur ca. 8 km trennen die Insel von Kleinasien, das mit den lang gestreckten Halbinseln von Knidos und Hisarönü nach dem Eiland zu greifen scheint. Sými war wie Rhodos zuerst von Karern besiedelt, gehörte danach zum dorischen Rhodos. Aus dem Peloponnesischen Krieg ist eine Seeschlacht überliefert, in der die Spartaner nahe der Insel die athenische Flotte vernichteten.

Im 19. Jh. lebten auf Sými knapp 15 000 Menschen. Die Insel hatte sich auf den Orienthandel spezialisiert, zugleich gab es mehrere große Werften, die schnelle Segelboote für den Kurierdienst des osmanischen Sultans bauten. Viele Menschen lebten auch von der Schwammfischerei, die hier einen ähnlich wichtigen Wirtschaftszweig wie auf Kálymnos bildete. Der Niedergang setzte mit dem Aufkommen der Dampfschifffahrt ein, beschleunigte sich aber mit der Zugehörigkeit von Sými zum italienischen Ägäisreich seit 1912, wodurch die Symioten von Kleinasien, ihrem traditionellen Hinterland, abgeschnitten waren. Schon 1922 betrug die Bevölkerung nur noch 8000 Menschen, heute sind es nach einer langen Phase weiterer Abwanderung immerhin schon wieder 2900.

Infobox

Anreise

Ausflugsboote: Täglich vier Ausflugsboote von Rhodos-Stadt (Mandráki-Hafen), Abfahrt zwischen 9 und 10 Uhr, retour zwischen 16 und 17 Uhr. Wer nur one-way zahlt, kann auch mit einem anderen Boot zurückfahren.

Katamarane: Wenn man auf den Stopp in Panormítis verzichten will, ist es auch möglich, 2–4 x wöchentlich früh morgens mit der ›Dodekanisos Pride‹, einem schnellen Katamaran, zu fahren (www.12ne.gr).

Fähren: 1 x wöchentlich die Autofähre ›Diagoras‹ auf der Route Pireas – Kos – Rhodos – Megisti und retour, jeweils mit Weiterfahrt nach Níssyros und Tílos (www.bluestarferries.gr).

Geld

Banken mit EC-Automaten am Hafenkai (Automat nur zu Geschäftszeiten zugänglich), Post im Hafengebäude am Uhrturm, öffentliches Telefon am Kiosk bei der Fischhalle.

Sými-Stadt ! ► N6

Die Stadt Sými liegt auf einem halbhohen Joch unterhalb des stumpfen Kegelberges, auf dem früher die Akropolis stand. Heute erheben sich hier die Reste der Johanniterburg. Links vom Kástro zieht sich eine lange Kette von Windmühlen über einen etwas erhöhten Hügel. Die Häuser der Gialós (sprich Jalos) genannten Unter- oder

Klassizistische Hausfassaden prägen die Insel Sými

Hafenstadt stammen zumeist aus den letzten Jahren des 19. Jh. Es sind prächtige klassizistische Bauten, die sich rings um den Hafenkai ziehen – wie vor 100 Jahren in den typischen Sými-Farben gestrichen: weiß-beige das Haus an sich, blutrot die Giebelpartie mit einem kleinen gelben Kreis innen, schokoladenbraun die Umrandungen der Fenster. Nur die Parteibüros von Pasok und ND in Grün und Blau stechen aus den pastellsanften Gelb- und Rottönen der Häuser hervor.

Am Kai, dort wo die Ausflugsboote anlegen, erhebt sich markant ein freistehender **Uhrturm,** der 1881 als Zeichen des Wohlstands gebaut wurde. Von hier führt die Uferstraße am Hafenrund entlang. Es ist eine lange Reihe von Tavernen und Souvenirshops, die deutlich machen, wie sehr der Wohlstand der Insel heute vom Tourismus abhängig ist. Man kann zu günstigen Preisen Fisch und Hummerlangusten essen, in den Läden werden Schwämme, riesige Muscheln und Gewürze verkauft. Im **Sea Sponge Center** beim Anleger informieren die Taucher von Sými über ihren immer noch gefährlichen Beruf und die Schwammverarbeitung.

Kurz hinter der Anlegestelle erinnert das **Felsrelief eines Trieren-Hecks,** eine Kopie des Originals von Líndos (s. S. 199), an die Kapitulation der deutschen Truppen auf Rhodos am 8. Mai 1945. Auf Sými, während des Kriegs Hauptquartier der britischen Streitkräfte, wurde damals Geschichte gemacht: Im Hotel Aliki hinter dem Uhr-

Lieblingsort

Sými von oben ▶ N 6
Vom Kástro, der mittelalterlichen Burg über Sými-Stadt, hat man den tollsten Insel-Blick: unter sich die klassizistischen Häuser, die die Hügelhänge überziehen, über sich nur noch den Himmel. Weit fällt der Blick auf die Hafenbuchten, zum Mühlenhang und ins Tal von Pédi. Am liebsten sitze ich hier bei Sonne, wenn ganz Sými im Farbenrausch strahlt.

Baden auf Sými
Eine besonders gute Badeinsel ist Sými nicht, schöne Strände sind nur per Boot zu erreichen (s. S. 249). In fußläufiger Nähe zur Stadt besucht man am besten das kleine Strandbad am Nos Beach, das hinter dem Uhrturm und dem Kloster Evangelísmos liegt. In der Bucht gibt es eine kleine Taverne, ca. 50 m Kieselstrand und trotz Hafennähe sauberes Wasser.

turm unterschrieb die letzte deutsche Einheit des Weltkrieges ihre Kapitulation. Das war erst am 8. Mai 1945, eine Woche, nachdem Berlin gefallen war.

Geht man am Kai weiter, kommt man zu einer kleinen Brücke und der **Fischmarkthalle.** Auf dem großen Platz dahinter findet die Aufführungen des Sými Festivals im Juli/August statt. Auf der rechten Seite ist ein Herrenhaus (früher Residenz eines Schwammhändlers) zu einem **Nautischen Museum** umgestaltet (s. S. 254).

Die Oberstadt (Chorió)

Von der Hafenseite gegenüber dem Anlegekai führt die **Kalístrata,** eine sorgfältig gepflasterte Treppenstraße, hinauf nach Áno Sými oder Chorió, der Oberstadt. 387 Stufen hat die ›Gute Straße‹, aber der schweißtreibende Aufstieg lohnt sich. Anfangs wähnt man sich in einer Geisterstadt: Fast nur Ruinen säumen den Weg, große *archóntika* (Herrenhäuser), die bei den Bombenangriffen im Zweiten Weltkrieg zerstört wurden. Erst weiter oben lässt sich an den klassizistischen, gut gepflegten Fassaden erahnen, was für eine wohlhabende, geschäftige Stadt Áno Sými einmal gewesen sein muss.

Ganz oben verdient die alte **Apotheke von Sými** (Symotikon Pharmakeion) mit ihrer originalen Einrichtung einen Besuch.

Obwohl das **Sými Museum** schwer zu finden ist, lohnt die Suche. In einem alten Kapitänshaus sind römische und byzantinische Reliefs, Ikonen, Musikinstrumente, Möbel und Trachten ausgestellt, aber auch ungewöhnliche Objekte wie chinesisches Porzellan und Münzen aus aller Welt, die die Seefahrer von Sými von ihren Reisen mitbrachten.

Kástro (Akropolis)

Einen imposanten Blick über die gesamte Stadt Sými erhält man, wenn man von der Platia Syllogos, dem Hauptplatz im Oberdorf, zum **Kástro-Hügel** aufsteigt, um den sich die Stadt herumzieht. Auf Höhe des kleinen blauweißen Kirchleins kann man den Berg ganz umrunden und fantastische Panoramablicke genießen (s. S. 246). Die Burg wurde unter dem Johanniterorden erbaut (Wappenschild des französischen Großmeisters Filibert de Niallac blieb erhalten) auf den antiken Fundamenten der Akropolis erbaut und Zweiten Weltkrieg weitgehend zerstört.

Pédi ► N6

Das Tal von Pédi unterhalb des Kástro-Hügels ist das fruchtbarste Ackerland der Insel und breitet sich mit seinen vielen Olivenbäumen wie eine grüne Oase unter den steingrauen Hängen ringsum aus. Die Bucht von Pédi wirkt wie ein großer flacher Binnensee und ist nur durch eine schmale Ausfahrt mit dem Meer verbunden. Der Strand beim Hotel Pédi Beach und den Tavernen ist zwar nicht so schön, doch startet in der

Buchtmitte täglich ein Badeboot zu den Stränden der Südküste.

Strände ▶ N 6/7

Nimborió: Ca. 4 km hinter dem Evangelísmos-Kloster, schmaler, kieseliger Strand mit Tavernen und auch einfachen Kleinhotels. Im Hinterland liegen drei weiß gekalkte Kapellen, neben denen unter einem Schutzdach der Mosaikboden einer frühchristlichen Basilika zu sehen ist.

Ágios Nikólaos: Rechte Seite der Pédi-Bucht (zu Fuß etwa 20 Min.). Kleine, schmale Bucht mit vielen Kieseln.

Agía Marína (›Santa Maria‹): Linke Seite der Pédi-Bucht (zu Fuß etwa 25 Minuten über einen steinigen Ziegenpfad). Ein Inselchen mit einer Marienkapelle schützt den Meeresarm vor den Nordwinden. Am Sand-Kies-Strand werden Liegen und Sonnenschirme vermietet, es gibt auch eine Taverne. In der Saison gut besucht von den Gästen der Hotels von Pédi.

Nánou: Lange Strandsichel mit Sand-Kies-Gemisch, gutes Schnorchelrevier, wenig Schatten, aber Olivenhaine im Hinterland, eine kleine Taverne. Ist der beliebteste und schönste Strand.

Georgioú Disálona: Schmaler Uferstreifen mit Sand-Kies-Strand, wenige Bäume vor beeindruckenden, ca. 200 m steil abfallenden Felshängen, keine Taverne, kleine Kapelle im Inland.

Wanderungen

Obwohl die steinigen Hänge über Sými-Stadt keinen besonders einladenden Eindruck machen, sollten sich die, die länger auf der Insel bleiben, Wanderungen zum Kloster Roukouniótis und hinauf zum Vígla-Berg nicht entgehen lassen. Hoch oben vom Vígla kann man sogar gleichzeitig in alle Buchten des nördlichen Teils von Sými blicken.

Etwa 1 Stunde läuft man zum **Kloster Roukouniótis** (▶ N 6): Vom Platz bei der Fischhalle ins Inland zur Schlucht mit dem Regenwasserwehr, dort steigt der Fußweg empor. Auf halber Strecke liegt die verschlossene Kapelle Ágios Fanoúrios am Weg, wo man wieder auf einen geschotterten Feldweg stößt. Das Kloster ist mit seiner mächtigen Schirmzypresse von Weitem auszumachen. Die Kirche hat zwei Stockwerke: Der untere Bau wurde zu Zeiten der Kreuzritter auf den Fundamenten eines antiken Tempels errichtet, darüber baute man im 18. Jh. eine weitere Kirche. Beachtenswert sind die kreto-venezianisch beeinflussten Fresken aus dem 14. Jh. in der Unterkirche, die Oberkirche wird ganz von einer kunstvoll geschnitzten Ikonostase bestimmt. Das Kloster wird noch von einem Viehzüchter und seiner Frau bewirtschaftet, Spenden sind willkommen.

Zurück kann man bei der Fanoúrios-Kapelle nach rechts gehen und dann über das Xíssos-Plateau und den Vígla-Berg zurück nach Áno Sými. Oder man folgt dem Weg hinunter zur Küste zum Kloster **Ágios Emilianós** (▶ M 6), das ein wenig an das berühmte Vlacherna-Kloster auf Korfu erinnert: eine kleine weiße Kapelle, nur durch einen Damm mit dem Land verbunden.

Kloster Panormítis

▶ N 7

Das Kloster Taxiárchis Míchael Panormítis an der sonst unbesiedelten Westküste von Sými war bis vor wenigen Jahren noch eines der meistbesuchten Pilgerziele des Dodekanes. Heute legen hier die täglichen Ausflugsschiffe

Taverne am Hafenkai mit Blick zum Taxiarchenkloster in Áno Sými

von Rhodos aus einen Zwischenstopp ein. Das Kloster des Erzengels Michael bestand schon in byzantinischer Zeit, die damaligen Gebäude wurden jedoch durch türkische Piraten zerstört. Erst Anfang des 18. Jh. kam es zu einer Neugründung, gestiftet durch Reeder aus Sými-Stadt. 1923 diente das Kloster als Durchgangslager für die griechischen Flüchtlinge aus der Türkei. Im Zweiten Weltkrieg überfielen deutsche Truppen die Mönche und ermordeten u. a. den Abt.

Das Kloster mit Unterkünften für mehrere hundert Pilger liegt versteckt in einer tiefen Bucht. Das Katholikon, die Klosterkirche, steht im Hof der burgartig geschlossenen Anlage und enthält eine wundervolle geschnitzte Ikonostase, die ebenso wie viele rhodische Bilderwände von einem Drachen gekrönt wird.

Besondere Verehrung genießt die überlebensgroße Ikone des hl. Michael. Um das Bild ranken sich viele Legenden, genau zu datieren ist aber das kostbare silberne Oklad, das nach der Inschrift auf dem Schwert 1724 gestiftet worden ist. Am Gürtel des Heiligen hängen zahlreiche Silberplättchen, alles Votivgaben, die die Wunderkräfte der Ikone bezeugen.

Ein kleines Museum im Hof zeigt liturgisches Gerät und andere Kirchenschätze. Es empfiehlt sich, erst das Museum und danach die Klosterkirche zu besuchen, wenn sich dort der erste Ansturm der Ausflügler wieder verlaufen hat. Angemessene Kleidung ist erforderlich.

Übernachten

Zimmer und **Apartments** vermitteln fast alle Tavernen, z. B. Taverne Vigla (Tel. 22460 7 20 56, 22460 7 17 32) und Taverne Neraida (Tel. 22460 7 18 41)

Historischer Charme – **Aliki:** Rechts hinter dem Uhrturm, Tel. 22460 7 16 65, www.symi-hotel-aliki.gr, DZ 60 € (NS) bis 200 € (Suite HS). Ein klassizistisches Haus mit stilvollem Komfort. Große Dachterrasse, Lounge und Zimmer schön mit Antiquitäten eingerichtet. Das Hotel bietet geführte Wanderungen und Malkurse an.

Stilvoll und gepflegt – **Albatros:** In der Gasse gegenüber dem Anleger der Taxiboote, Tel. 22460 7 17 07, www.albatrosymi.gr, DZ um 44–54 € inkl. AC. Hotel in sehr harmonischem Country-Stil, einfach, aber nett geführt von einem Griechen und einer Französin. Die Zimmer sind ausgestattet mit AC, WLAN (WiFi) kostenlos. Über die Website kann man auch schöne historische Villen und Studios mieten.

Mit tollem Blick – **Fiona:** an der Straße nach Pedi (ausgeschildert), Tel. 22460 7 20 88, www.fionahotel.com, DZ/F 45–80 €. Etwas erhöht am Mühlenhang gelegenes Hotel, modern renoviert. Schlichte, aber schöne Zimmer im Griechenlandstil, nebenan auch ein Komplex mit Studios. Toller Ausblick über den ganzen Hafen.

Essen & Trinken

Pizza und mehr – **Dolphin:** Am Hafen bei Festplatz an der Brücke, tgl. 9–23 Uhr, Pizza ab 5,50 €. Eine nette, einfache Pizzeria; beliebt bei den Dauergästen mit Kindern.

In der Oberstadt – **Taverne Maria (Ex-Georgios):** An der Kalístrata in der Oberstadt, tgl. im Sommer 8–23 Uhr, sonst nur abends, Vorspeisen ab 2,50 €, Hauptgerichte ab 7 €. Die bekannte Taverne von Georgios wird jetzt von seiner Tochter Maria geführt. Vor allem abends tolle Stimmung auf der hübschen Veranda unter Weinranken mit Blick aufs Meer. Sehenswerter Chochláki-Boden in schattigem Innenhof.

Bilderbuchtaverne – **O Meraklis:** Zweite Reihe von der Hafenfront, Tel. 22460 7 10 03, tgl. 9.30–23 Uhr, Mezedes ab 2,50 €, Giuvetsi 9 €. Eine urige Taverne mit Fischerflair; einfach, aber sehr beliebt, leckere Hausmannskost, gute Fischgerichte.

Edelküche – **Mylopetra:** Am Rathausplatz, www.mylopetra.com, Mai bis Oktober ab 18 Uhr, z. B. Hummermedaillons 50 €. Edelrestaurant unter deutscher Leitung in einem früheren Schwammlager. Fantasie- ▷ S. 255

Auf Entdeckungstour

Auf den Spuren der Schwammtaucher von Sými

Wie das berühmte Kálymnos, aber auch Chálki, war Sými eine Insel der Schwammtaucher. Seit Mitte des 19. Jh. brachte dieser Wirtschaftszweig Wohlstand auf die Insel, sodass die prachtvolle Stadt gebaut werden konnte. Heute taucht kaum noch ein Insulaner, doch erinnert das Sea Sponge Center am Hafen an die große Zeit der Schwammtaucherei.

Reisekarte: ▶ N 6

Sea Sponge Center Sými: Gialos, nahe Ankerplatz der Ausflugsboote, in der Saison tgl. 9–18 Uhr, Eintritt frei.

Nautical Museum: Gialos, am Festplatz, in der Saison Di–So 10–14 Uhr.

Was trugen die griechischen Helden als Polsterung unter ihrer Bronzerüstung? Womit ließ sich Kleopatra die Eselmilch über ihre Alabasterhaut streichen? Was ist zarter als Haut, fester als Holz, leichter als Wasser?

Der Schwamm – ein Vielzweckutensil

Seit Tausenden von Jahren dienen Schwämme, jene geheimnisvollen Meereswesen, halb Tier, halb Pflanze, als Vielzweckutensil zwischen Badezimmer und Kasernenhof. Die alten Griechen polsterten damit ihre Rüstungen aus, bei den Römern gehörte ein Schwamm zur Grundausstattung des Legionärs, als Trinkhilfe, mit der man sich noch aus den kleinsten Pfützen mit Wasser versorgen konnte (ein solcher Schwamm wurde auch Jesus am Kreuz gereicht).

Schwämme sind einfache Meerestiere, die schon seit 600 Millionen Jahren existieren. Sie haften am Meeresboden wie Seeanemonen und bestehen aus Kolonien einzelner Geißelzellen, die durch ein Gerüst aus Spongin, einer hornartigen Substanz, zusammengehalten werden. Was wir in der Hand haben, ist nur das Skelett, gereinigt von der schmierigen grünlichen Gallerte, die es einmal aufbaute. Kommt der Schwamm aus dem Wasser, ist er nur ein schwarzer Klumpen, und der Weg zum hellgelben Badeschwamm ist lang: Zuerst wird er schon auf dem Fangschiff mit einem Knüppel gewalkt, wird die ›Milch‹, wie die Taucher sagen, herausgeschlagen. Später wird der Schwamm mit Säuren und Tensiden gewaschen, ausgespült und eventuell auch noch mit Chlor oder Wasserstoffperoxid gebleicht.

Mitte des 19. Jh., als die vornehme Damenwelt Europas mit der Körperpflege auch den Badeschwamm entdeckte, wurde die Schwammtaucherei zum lukrativsten Gewerbe der griechischen Inselwelt.

Die Nachfrage ging stark zurück, als in den 1950er-Jahren der billigere Synthetikschwamm den Markt überschwemmte. Von 1959, als etwa 100 000 kg Schwämme in Griechenland erzeugt wurden, sank die Produktion auf 33 000 kg im Jahr 1985. Den letzten schweren Schlag erhielt das Gewerbe, als 1986 eine Pilzepidemie einen Großteil der Ägäis-Schwämme vernichtete.

Spuren der Schwammtaucher

Auf Sými kann man die Arbeit der Taucher im Sea Sponge Center und im Nautical Museum erfahren. Bilder zeigen die Männer in unförmigen Anzügen aus Gummidrillich und einem schweren Taucherhelm; auf bis zu 70 m Tiefe konnten sie für etwa eine Stunde arbeiten – versorgt nur durch eine Leitung, durch die der Kompressor ölig stickige Luft blies. Andere ließen sich nur mit einem Stein in der Hand hinunterziehen und sammelten Schwämme, solange die Luft reichte. Sporttaucher stehen fassungslos vor diesen Werten, die kein moderner Tauchcomputer akzeptieren würde. Unfälle waren daher nicht selten, Unterleibslähmungen eine häufige Berufskrankheit. Immer wieder starben Taucher an Stickstoffembolien.

Die Schwammtaucherei war ein Handwerk für Abenteurer, für Männer, die mit dem Tod lebten. In den Hafentavernen von Kálymnos, Sými oder Chálki ließen die Schwammtaucher die Puppen tanzen, zündeten Zigaretten mit Geldscheinen an und zählten zu den reichsten Männern der Insel. Vor allem allerdings verdienten die Schwammhändler, die das »weiche Gold« der Ägäis nach Europa verkauften – Sie bauten sich prachtvolle Villen im Stil des Neoklassizismus, die sie mit kostbaren Möbeln aus Europa, Orientteppichen und feinem Geschirr aus Frankreich ausstatteten.

In so einer Villa ist heute das **Nautical Museum** eingerichtet, das an den schweren Schiffsschrauben vor dem Eingang leicht zu erkennen ist. Dort sind zahlreiche Geräte, Helme und Anzüge zu sehen, die Tasos Anastasiadis in den 1980er-Jahren gesammelt und vor der Entsorgung gerettet hat. Unter anderem sieht man einen originalen Kompressor mit großen Schwungrädern, mit dem an Deck Luft bis in 70 m Tiefe gepumpt werden konnte. Detailreiche Modelle zeigen zudem die kleinen Kaïk-Boote, mit denen die Taucher zum Teil wochenlang an den Küsten entlangzogen, am Strand in den Buchten schliefen und tagsüber den Meeresboden absuchten.

Schwämme für Zuhause

Im **Sea Sponge Cente**r am Anlegekai kann man die Schwämme auch kaufen – das ist ein sehr nützliches Souvenir. Wer nicht gerne badet, kann an die Kinder denken, denn mit ein paar solchen Schwämmen kann man tolle Wasserschlachten machen.

Interessant sind die unterschiedlichen Arten. Da hängen die riesigen Lappen des samtweichen Elefantenohres neben den gurkenförmigen Zimocca, dessen härteres Skelett als Peelingschwamm benutzt werden kann. Der normale Badeschwamm, Levantiner genannt, ist rundlich kugelig und wird in einer gebleichten und einer naturfarbenen Version angeboten. Die gebleichten Versionen sind nicht so empfehlenswert, denn die Chlorlauge landet zuletzt oft im Meer.

Aus Sými bzw. selbst aus der Ägäis stammen die Schwämme jedoch zumeist nicht mehr – eine Pilzkrankheit hat die Bestände weitgehend vernichtet. Längst müssen die griechischen Taucher weiter hinausfahren – bis zur Libyschen Küste oder nach Tunesien. Zum Teil werden heute auch einfach Schwämme aus der Karibik importiert, neu eingepackt und als *elléniki paragógi,* griechisches Erzeugnis, verkauft.

volle ›Nouvelle Cuisine‹ und köstliche Desserts.
Szenetreffpunkt – **Trawler:** Am Platz, wo die Kalístrata beginnt, Tel. 22460 7 14 11, tgl. 8–24 Uhr, z. B. Lamm-Kleftiko 9 €. Alteingesessenes Restaurant mit großer Auswahl, nachmittags und nachts Treffpunkt der jungen Szene. Auch schön auf einen Drink mit internationalen Zeitungen.
Strandtaverne – **Dafnes:** Toli Beach, 4,5 km von Gialos. Einfache Strandtaverne an einem einsamen, schmalen Kieselstrand an der Westküste, gerahmt von Oleanderbüschen. Bodenständige Küche mit Brot und Schmorgerichten aus dem eigenen Holzofen.

Einkaufen

Viele Souvenirlädchen rund um den Hafen! Echte Schwämme werden im **Sea Sponge Center** am Uhrturm-Kai verkauft. Ein **Kräuterladen** hinter der Taverne Stathis bietet echten Safran, Mastix-Harz aus Chios und viele Kräuter an. Ausgefallene Keramik sowie Schmuck gibt es bei **Chouchi** gegenüber vom Restaurant Trawler. Große Auswahl griechischer Weine beim Restaurant **Hellenikon Wine Cellar** am Uhrturm-Kai.

Aktiv & Kreativ

Ans Meer – **Badeausflüge:** Die abgelegeneren Strände (s. S. 249) erreicht man in der Saison täglich mit den verschiedenen Taxibooten oder Fischer-Kaiks, die an der Schmalseite des Hafens ankern. Abfahrt um 10, retour um 17 Uhr, an Bord Verpflegung und Getränke.
Türkei-Ausflüge – **Datça:** In der Hauptsaison jeden Sonntag per Ausflugsboot in den beschaulichen Urlaubsort, wo dann der Wochenmarkt stattfindet (Abgabe der Ausweispapiere bereits am Vortag!).

Abends & Nachts

Szene-Treff – **Vapori Bar:** Am Beginn der Kalístrata, hinter Taverne Trawler, Tel. 22460 7 20 82. Die ganz in Blau gehaltene Bar mit Bitburger und vielen Cocktails ist der Szene-Treffpunkt auf Sými. Internationale Presse, Internet-Zugang und Lounge-Musik; morgens zum Frühstück und meist bis nach Mitternacht geöffnet.
Im Oberdorf – **The 2 A's (Jean & Tonic):** Jugendbar etwas hinter dem Dorfplatz im Oberdorf. Aktuelle Popmusik (international und griechisch), aber auch Sport-TV.
Traditionelle Musik – **Alethini:** Straße nach Pédi, Tel. 22460 7 26 59, tgl. ab 19 Uhr. Eine traditionelle Bouzouki-Bar mit Livemusik und etwas höheren Getränkepreisen. Manchmal tanzen dort Griechen auf traditionelle Art.

Infos

Touristeninformation

Kalodoukas Holidays: Beginn der Kalístrata, Tel. 22460 7 10 77, www.symigreece.com. Vermittlung von Hotels, Villen, Bootstrips.
Sými Tours: nahe Taverne Meraklis, Tel. 22460 7 13 07, www.symitours.com, Zimmervermittlung und Schiffstickets.
The Sými Visitor: Tel. 22460 7 17 85, www.symivisitor.com, Informationen zu Unterkünften, Fähren-Fahrplänen, Beach Guides.
Hafenamt: Tel. 22460 7 13 15.

Termine

Sými Festival: Ende Juni bis September mit Tanzgruppen von den Dodekanes-Inseln und traditioneller Musik.

Chálki – karge Insel für Individualisten

Die Insel nahe der Westküste von Rhodos ist ein karges Eiland. Außer einem recht hübschen Hafenort und dem Strand von Pondamos gibt es auf Chálki (engl. Hálki geschrieben) nicht viel zu sehen. Wer trotzdem vom kleinen Hafen Kámiros Skála hinüberfahren will, muss zumeist eine Übernachtung einkalkulieren, nur am Sonntag fährt ein Ausflugsboot.

Die kleine Insel Chálki verschanzt sich hinter kahlen Felswänden. Lange Zeit, bis der Tourismus für einen kleinen Aufschwung sorgte, war das Eiland die ärmste Insel des Dodekanes.

Infobox

Anreise

In der Saison täglich ein Versorgungsschiff (nur Personen) ab Kámiros Skála (Skála Kamírou): Abfahrt ca. 15, zurück ca. 6 Uhr am nächsten Morgen; ab Rhodos-Stadt hält der Bus nach Kritinía passend zur Abfahrt in Kámiros Skála. Nur So geht die Fähre als Ausflugsschiff gegen 9 und kehrt gegen 16 Uhr (ab Chálki) zurück.

Ab Rhodos 3 x wöchentlich eine Autofähre der Route über Kárpathos und Kreta nach Pireas (Abfahrt ca. 4.30 Uhr morgens). In der Saison auch 2 x wöchentlich Hydrofoils ab Mandráki-Hafen.

Post und Geld

Die Post befindet sich im Hafengebäude, 1. Stock, Mo–Sa 7–14 Uhr. Am Hafenkai gibt es auch einen Bankautomaten.

Das Innere ist fast völlig verkarstet, nur in dem kurzen Tal unterhalb von Chorió wachsen Oliven und einige Feigenbäume. Die Insel besitzt keine Quellen, sodass sie im Sommer durch Tankschiffe von Rhodos versorgt werden muss.

Der Hauptort Emborió oder Chálki entwickelte sich erst im letzten Drittel des 19. Jh., bis dahin war Chorió Hauptstadt. Die Insel konnte damals, als die Damen in Paris, London und Berlin die Schönheitspflege entdeckten, von der großen Nachfrage nach Schwämmen gut leben. Vom damaligen Reichtum künden heute noch die schönen klassizistischen Giebelhäuser in der Hafenstadt. Der Niedergang setzte mit dem Aufkommen des Synthetikschwamms ein. Während Chálki 1912, zur Blütezeit der Schwammfischerei, etwa 4000 Einwohner zählte, leben hier heute gerade noch 300 Einwohner. In den 1950er-Jahren wanderten viele Chalkioten nach Tarpon Springs in Florida aus; sie beliefern heute die Inseln mit karibischen Muscheln, Kugelfischen und anderen ›Meeressouvenirs‹, deren Handel zumindest teilweise das Washingtoner Artenschutzabkommen verletzt.

Emborió (Chálki)

► K 12

Der Hafenort liegt in einer tiefen Bucht, vor die sich schützend das Inselchen Nissáki (›kleine Insel‹) lagert. Aus dem Hafenrund steigen farbenfrohe Häuser im Stil des Inselklassizismus empor, über roten Giebeldächern set-

Am Kai vor der Kirche in Embório ankern immer noch die traditionellen Fischerboote

zen zwei Türme Akzente. Der rechte gehört zur Hauptkirche Ágios Nikólaos, der andere ist ein Uhrturm, der vor dem klassizistischen Rathaus mit seiner ausladenden Fassade steht. Es ist ein ruhiges Städtchen, in dem man dem hektischen Rummel von Rhodos entfliehen kann. Nachdem es lange Zeit schien, als würde Emborió zu einer Ruinenstadt werden, investiert nun der britische Reiseveranstalter Laskarina viel in die Renovierung der alten Häuser. So ist Chálki zumindest im Sommer wieder ein lebendiges Dorf – ohne die hässlichen Betonkästen, die heute so typisch für Griechenland sind.

Bei einem Rundgang kann man das **Rathaus** und den **Uhrturm** ansehen, vor dem die alte überkuppelte **Zisterne** liegt. Einen Blick lohnt auch der schöne Chochláki-Boden aus Kieselsteinen bei der **Kirche Ágios Nikólaos:** Hinter der Apsis erkennt man eine lustige Szene mit einer schiefen Zypresse, auf der ein roter Vogel sitzt. In der Kirche ist eine vergoldete Ikonostase zu sehen, die im 18. Jh. von den berühmten Holzschnitzern aus Sými angefertigt wurde.

Im Westen, hinter dem Mühlenhügel, liegt der **Póndamos Beach;** dorthin geht man etwa 10 Minuten. Mit seinem feinen Sand und flach abfallenden Ufern ist er auch für Kinder gut geeignet; eine Taverne sorgt für Speis' und Trank.

Chorió und das Kástro ► K 12

Durch das grüne Tal von Póndamos führt eine Betonstraße – von den Emigranten aus Amerika gestiftet und auf einer Marmortafel als ›Boulevard Tarpon Springs Florida‹ ausgewiesen –

hinauf zur Ruinenstadt Chorió. Die alte Hauptsiedlung duckte sich in den Schutz des Kástros und war vom Meer aus nicht sichtbar, dem Blick der Piraten, die die Ägäis im 15. bis 17. Jh. durchkreuzten, verborgen. Von den einfachen Einraumhäusern stehen nur noch Mauerreste aufrecht, einzig vier Kirchen stechen weiß getüncht aus den Ruinen heraus.

Markant ist die **Kirche Panagía** mit ihrer riesigen Zypresse, bei der jedes Jahr am 15. August ein großes Panigíri-Fest stattfindet. Hinter ihr beginnt der Pfad hinauf zum Kastell, wobei man die älteste Kapelle der Insel passiert, die **Pália Panagía** aus dem Jahr 890 mit einer winzigen Pforte.

Vom **Kástro,** einst die Akropolis, ist die gesamte Nordmauer gut erhalten. Man erkennt noch die hellenistische Quadermauer als Basis, darüber folgen byzantinisches Mauerwerk und zum Schluss die Schwalbenschwanz-Zinnen der Ritter. Über der Pforte sieht man das Wappen des Großmeisters Pierre d'Aubusson (1476–1503). Von der Burg hat man einen schönen Panoramablick über den Hafen Emborió und das Inselchen Alimiá bis hinüber zur rhodischen Burg Kámiros (am besten bei Abendlicht).

Mein Tipp

Wanderung zum Kloster ▶ K 12
Eine längere Wanderung führt zum **Kloster Moní Ágios Ioánnis** ganz im Westen von Chálki. Man nimmt den rechten Abzweig der Betonpiste bei Chorió, die dann bald in eine Schotterpiste übergeht. Nach einer Stunde liegt rechts die Ruine einer Windmühle am Weg, in etwa 2,5 Stunden hat man das Kloster erreicht. In der Klosterkirche sind einige Ikonen aus dem 17. Jh. zu sehen, im Klosterhof kann man sich am quellklaren Wasser aus dem 25 m tiefen Brunnen laben. Um den 27. August feiern die Chalkis hier ein großes Kirchweihfest mit Musik und Tanz, dann kann man evtl. eine Mitfahrgelegenheit dorthin bekommen.

Übernachten

Die meisten Studios sind fest von den britischen Veranstaltern Nissia Holidays (Ex-Laskarina, www.nissiaholidays.com) und Direct Greece (www.directholidays.co.uk). In der Saison wird es schwierig mit der Zimmersuche, am besten fragt man dann bei den Tavernen oder im Info-Büro von Nissia an der Uferplatia.

Traditionell – **Captain's House:** Hinter der Kirche in der dritten Häuserreihe, Tel. 22460 4 52 01, captainshouse@ath.forthnet.gr, DZ ca. 35–50 €. 3 Zimmer, Du/WC in einem Anbau mit schattigem Innenhof. Captain Alex und seine englische Frau Christine sorgen für familiäre Atmosphäre. Einfache, mit Traditionsmöbeln eingerichtete, gemütliche Zimmer.

Modern – **Adelais & Paola Rooms:** Tel. 22460 2 88 58, polina-red@hotmail.com, DZ ca. 40–70 €. 6 Studios in zwei umfassend renovierten Gebäuden, modern eingerichtet mit Doppelbett, Miniküche, Veranda oder Balkon mit Hafenblick. Wohnlich, gepflegt und sauber.

Strandnah – **Pension Kleanthi:** An der Straße nach Póndamos, Tel. 22460 5 73 34, DZ mit Du/WC ca. 40–60 €. Schönes, renoviertes Bruchsteinhaus mit modernem Anbau, nur 3 Min. zum Strand, 5 Min. zum Hafen mit den Tavernen.

Essen & Trinken

Alle Tavernen liegen an der Paralia, beiderseits vom Hafengebäude.

Wie bei Mama – **O Houvardas:** tgl. 9.30–15, 18.30–23 Uhr, Hauptgerichte ab 7 €. In der alteingesessenen Taverne nördlich vom Fähranleger gibt es viele Gerichte aus dem Backofen, große Auswahl ausländischer Biere.

Pizza und mehr – **Remetzo:** tgl. 9.30–15, 18.30–23 Uhr, Pizza ab 6 €, Hauptgerichte ab 9 €. Nette Taverne in einem alten Steinhaus am Kai. Wirt Takis serviert Pizza und gute Schmorgerichte.

Urgestein – **Omonia:** tgl. 9.30–15, 18.30–23 Uhr, Fisch ab 12 €, Souvlaki ab 8 €. Das Omonia besteht schon seit den 1960er-Jahren. Heute hat man sich auf Grilladen und Fisch spezialisiert.

Infos & Termine

Infokiosk: Am zentralen Hafenplatz, in der Saison vormittags und frühabends geöffnet.

Internet: www.halkivisitor.com mit interessanten Hintergrundinformationen. Schiffstickets und Unterkünfte gibt's bei Zifos Travel an der Uferstraße, Tel. 22460 4 50 28, www.zifostravel.gr.

Hafenamt: Tel. 22460 4 52 20

Feste: Mitte bis Ende August feiert die Insel ihre drei Heiligenfeste. Zuerst das Marienfest Kímissis Theotokoú am 15., dann am 27. das Fest beim Kloster und am 29./30. das Fest der Kirche Ágios Nikólaos im Hafenort. Zu dieser Zeit sind viele ausgewanderte Chalkis in ihrer alten Heimat zu Besuch.

Im Kiosk am Hafenkai von Chálki bekommt man (fast) alles, was man zum Leben braucht

Kastellórizo – der Anfang Europas

Kastellórizo ist weit entfernt, weit von Rhodos und weit von Athen. Im einzigen Reisebüro der Insel hängt eine Landkarte der EU-Verwaltung, die ganz Europa zeigt, von den nördlichen Orkney-Inseln bis zum südöstlichsten Punkt – und das ist Kastellórizo, die (fast) vergessene Insel vor der türkischen Küste.

Normalerweise findet man die Insel aber auf keiner Karte, nicht einmal auf einer griechischen. Doch ihre Zugehörigkeit zu Europa bringen die Insulaner, die da knapp 5 km vor der türkischen Küste wohnen, noch ganze sieben Fährstunden von Rhodos entfernt, in einem Schild an der Dorfplatia zum Ausdruck: »Europe starts here!« heißt es da stolz. Was für den Besucher wohl eher bedeutet, am Ende Europas angekommen zu sein.

Doch ist Kastellórizo andererseits eine ganz und gar griechische Insel. Seit dem 10. Jh. v. Chr. war sie ein Sprungstein des griechischen Seeverkehrs entlang der Küste bis zur Levane. Während der Kreuzzüge errichteten Ritter des Johannesordens eine Burg, das Castello Rosso, dem die Insel ihren Namen verdankt. Seit dem 17. Jh. kam Kastellórizo, damals Megíste genannt, durch den Handel zu Wohlstand; im 19. Jh. besaß es eine Handelsflotte von 300 Frachtseglern und war eine der reichsten Inseln des Mittelmeeres. Mikró Paríssi, »Klein-Paris«, hieß es damals bewundernd bei den Seemännern, denen es hier an keinem Vergnügen mangelte. Von dieser Zeit, als Megísti etwa 14 000 Einwohner hatte, zeugen noch die dreistöckigen Häuser mit ihren klassizistischen Fassaden am Hafen, die große Balkone, aber auch vergitterte Fenster besaßen …

Die großen Zeiten waren freilich schnell vorbei, als die ersten Dampfschiffe aufkamen und die Zwischenhäfen für die Segler überflüssig wurden. Doch der Niedergang begann erst nach dem Ersten Weltkrieg, als alle Griechen die Türkei verlassen mussten und die Megistier ihre Ländereien auf dem Festland verloren. Zu dieser Zeit setzte die erste große Auswanderungswelle ein.

Infobox

Anreise

Mit dem Schiff: In der Saison 4 x wöch. per Autofähre (4–5 Std., h/z 36 €), 1 x wöchentl. per Katamaran (Do, h/z 72 €), im Winter nur die Fähre. Retour jeweils direkt nach Ankunft. Aktueller Fahrplan unter: www.megistihotel.gr.
Mit dem Flugzeug: Von Rhodos mit Olympic (www.olympicair.com, Büro: Ierou Lochou 9, Rhodos-Neustadt) im Sommer 6 x, sonst 3 x wöchentl. Die 18-sitzigen Propellermaschinen starten morgens gegen 7 Uhr, retour geht es direkt anschließend. Flugzeit ca. 45 Min. Wer mit dem Flugzeug zurück nach Rhodos will, sollte nicht zu eng planen: Schon bei etwas stärkerem Wind müssen die Flüge aufgrund der sehr kurzen Landebahn storniert werden, die Gäste dürfen noch bleiben …

Geld

Ein kleines Büro der National Bank besitzt einen Bankautomaten für Maestro-Karten.

Die Häuser des Hafenstädtchens Megísti erstrecken sich rund um die große Bucht

1943 richteten die Briten einen Stützpunkt gegen die deutschen Truppen auf Rhodos ein und evakuierten wegen der drohenden Bombenangriffe fast alle verbliebenen 1500 Einwohner nach Ägypten. Beim Angriff geriet dann die halbe Stadt in Brand, weil niemand mehr da war, der löschen konnte. Nach dem Krieg nahmen die meisten Megistier das Angebot der Briten an, nach Australien auszuwandern. 1960 hatte die Insel noch etwa 300 Einwohner, heute sind es nur noch knapp 130 Menschen, die ständig auf Kastellórizo leben.

Doch die Emigranten haben ihre Heimat nicht vergessen; selbst die Enkel kommen bis heute mit ihren Kindern in den Sommerferien zurück – viele haben ihre geerbten Häuser inzwischen auch renoviert und vermieten Zimmer. Zudem ist die gesamte Gemeinde von Kastellórizo, ob in Australien, in den USA, in Kanada oder in Athen, über zwei Zeitungen miteinander verbunden, die ›Lokalnachrichten‹ in alle Welt verbreiten.

Ins Licht der Weltöffentlichkeit kam die Insel 1992, als der auf Kastellórizo gedrehte Film »Mediterraneo«, eine italienische Produktion, den Oscar als bester fremdsprachiger Film erhielt. In teils sentimentalen, teils absurden Szenen wird die Geschichte einiger italienischer Soldaten erzählt, die sich im Zweiten Weltkrieg auf einer abgelegenen griechischen Insel mit den Dörflern ›fraternisieren‹.

Megísti ▶ Y/Z 13

Der Hauptort, der unterhalb eines steilen Hangs der Vígla-Hochebene liegt, wird heute noch Megísti genannt. Die wenigen erhaltenen Häuser erstrecken sich in langer Reihe einmal rund um die große Bucht. Genau in der Mitte liegt die winzige **Platia Ethelonton** mit zwei Tavernen, vor denen im Sommer die Yachten ankern. Für die vor der türkischen Küste schippernden Segler ist Kastellórizo eine beliebte Station. An der linken Buchtseite führt die Uferstraße zur Kirche Ágios Geórgios tou Pigádiou, der Kirche des hl. Georg, zum Brunnen aus dem 19. Jh. **Platia Afstralia** heißt der Platz dort, eine Hommage an die vielen tausend Kastellórizoten, die in Down Under eine neue Heimat gefunden haben.

Auf der anderen Seite der zentralen Platia führt die **Paralia,** die Uferstraße, zur Markthalle, zum Fähranleger, um dann beim Hafengebäude und einer kleinen **Moschee** zu enden. Das islamische Bethaus, Zeugnis des engen Miteinanders von Griechen und Türken bis in die 1920er-Jahre, wird schon lange nicht mehr benutzt. Es ist aber relativ gut erhalten, ein deutliches Zeichen des inoffiziellen *gentlemen agreements* zwischen den Einwohnern von Megísti und denen von Kaş gegenüber in der Türkei, die sich – der großen Politik zum Trotz – seit Jahrzehnten kennen und auch beim Vornamen rufen. Offiziell ist es verboten, ohne Grenzformalitäten hinüberzufahren, doch zum Wochenmarkt fährt fast immer ein Boot.

Oberhalb der Moschee liegt das **Inselmuseum** (Di–Sa 8.30–15 Uhr, So 9–13 Uhr) in einem wehrhaften Haus aus dem Mittelalter. Zu sehen sind archäologische Funde, Fresken aus alten Kirchen, Keramik, Trachten und Fotos aus der großen Zeit der Insel.

Von hier aus kann man zum **Kastell** mit seinem klotzigen Wehrturm auf der Hügelkuppe hochgehen. Unterhalb liegt die **Mandráki-Bucht** mit einer (stillgelegten) Meerwasserentsalzungsanlage, wo man ebenfalls baden kann.

Steigt man hinter dem Museum eine steile Treppe hinunter, erreicht man einen Pfad in der Felswand über dem Meer, der zum **›Lykischen Grab‹** führt. Es ist eine in den Fels gehauene Grabkammer, der eine Schmuckfassade in Form einer dorischen Tempelfront vorgesetzt wurde. Solche Gräber findet man auch auf dem türkischen Festland, wo sie im 5. bis 4. Jh. v. Chr. in der antiken Region Lykien entstanden. Die lykische Kultur war zwar von der griechischen unabhängig, wurde jedoch von der ionischen Kunst beeinflusst. Dass hier eine dorische Tempelarchitektur verwendet wurde, wird als Beweis gedeutet, dass dorische Kolonisten, also vermutlich Rhodier, das Grab bauen ließen.

Nahe dem Fähranleger führt eine breite Treppe hinauf in die Oberstadt. Dies war einstmals die ›Hauptstraße‹ der reichen Stadt, die den Hafen mit dem Hauptplatz, der **Platia Louca Santrape,** verband. Noch heute stehen dort drei große Kirchen und das alte Lyzeum der Insel, das nun als eine Art Gesamtschule genutzt wird, damit nicht noch mehr junge Leute abwandern müssen, um ihren Kindern eine Schulausbildung zu ermöglichen.

Ausflüge

Fokialikamára ▶ Y 14

Fischerboote fahren zur Fokialikamára (›Seehundgrotte‹), einer Tropfsteinhöhle, die als ›Blue Grotto‹ bekannt ist. Die namengebenden Mönchsrobben sind heute zwar selten geworden, die Lichteffekte am frühen Morgen beeindruckten aber schon den italienischen König Vittore Emanuele III, der die Höhle mit der Blauen Grotte von Capri verglich.

Vígla-Hochebene ▶ Y 13

Ein Spaziergang führt hinauf zur Vígla-Hochebene über der Stadt. In der Felswand auf Höhe der zentralen Platia beginnt der uralte Plattenweg, auf dem früher die Bauern mit ihren Eseln zu den hochgelegenen Feldern ritten. Oben erreicht man das verlassene **Kloster Ágios Ioánnis,** kurz davor liegt links ein mykenisches Kammergrab, das heute als Ziegenpferch genutzt wird. Weiter geradeaus kommt man zurück zur Steilwand und steigt auf einem Parallelpfad wieder hinab.

Paliókastro ► Y 13

Eine etwas längere Wanderung führt zum Paliókastro, zur alten dorischen Akropolis westlich des Ortes Megísti. Man folgt der einzigen Asphaltstraße (Richtung Flughafen), bis hinter einem Militärposten eine Betontreppe den Pfad empor markiert. Innerhalb der Mauer des Paliókastro liegen drei Kirchen, von deren Dächern misstrauisch die Ziegen herunterblicken, ein mächtiger Turm aus Quadersteinen und eine Zisterne, in die eine schmale Treppe hinunterführt.

Übernachten

Vermieter mit freien Zimmern stehen bei Ankunft der Fähre am Kai.

Karibik-Flair – **Megisti Hotel:** Gegenüber dem Anleger auf der Nordseite der Bucht, Tel. 22460 4 92 20, www.megistihotel.gr, DZ mit Frühstück ca. 120–160 €. Edel renoviertes Hotel direkt am Meer mit großzügigen Suiten, modern eingerichtet und ganz in hellen Farben gehalten. Toll für Honeymooner, auf Wunsch gibt es Champagner aufs Zimmer.

Traditionelles Flair – **Karnayo:** Platia Australia, Tel. 22460 4 92 66, karnayo@otenet.gr, DZ ab 35 €, Apartments 60–99 €. Schicke Zimmer und Studios in drei renovierten Häusern der Jahrhundertwende mitten in der Stadt. Traditionell und höchst geschmackvoll, aber doch komfortabel und mit Klimaanlage (AC) eingerichtet.

Griechisches Flair – **Caretta Apartments:** Im Ort, Tel. 22460 4 91 09, www.kastellorizo.de, DZ ca. 35–50 €, Apartment 50–70 €. Traditionell eingerichtete Studios mit Flair unter griechisch-deutscher Leitung. Gute Ausstattung mit Kühlschrank, Wasserkocher und einem kleinen Garten. Kontakt auch über Souvenirshop Caretta bei der Markthalle.

Essen & Trinken

Unter Weinlaub – **Olive Garden:** Am Yachtanleger, Tel. 69 78 06 63 75, tgl. 9.30–15, 18.30–23 Uhr, Hauptgerichte ab 9 €. Nett geführte Taverne mit großer Auswahl, auch Fischgerichte. Inhaber sind Monika und Damien von der Pension Caretta (s. o).

Yachtie-Treff – **Lazaraki's:** Am Kai, nahe dem Agora-Bau, Tel. 22460 4 93 70, tgl. 9.30–15, 18.30–23 Uhr, Hauptgerichte ab 11 €. Nette, bei Yachties beliebte Taverne mit viel Fisch- und Grillgerichten. Viele Deutsche, aber auch etwas teurer.

Familiär – **Ta Platania:** Im Hintergrund der Paralia Platia, Tel. 22460 4 92 06, tgl. 9.30–15, 18.30–23 Uhr. Etwas abseits der Segler-Szene, nette Stimmung, familiäre Küche, z. B. Keftedes vom Grill 7 €. Manchmal kann man hier den auf Kastellórizo gedrehten Film »Mediterraneo« auf Video sehen.

Infos

Papoutsi Travel: Tel. 22460 7 06 30, papoutsistravel@galileo.gr; an der Uferstraße. Zimmer- oder Apartment vermittlung, z. B. Apartment 100 € (NS), 130 € (HS).

Hafenamt: Tel. 22460 4 92 70

Níssyros – ein grüner Vulkan

Mit den sanft abfallenden, grünen Hängen von Níssyros betritt der Besucher einen Vulkan. Die Insel erhebt sich als gleichmäßiger Kegel bis zu 600 m Höhe empor, fällt in der Mitte jedoch zu einer weiten Caldera ab, dem alten Vulkankrater, der vor weniger als 1 Mio. Jahren ausgesprengt wurde.

An Vulkanismus erinnert jedoch zunächst wenig. Der große Krater ist auf fruchtbarer Vulkanerde üppig bewachsen; nur im hinteren Teil der Caldera klafft ein kreisrundes kleineres Loch, das noch so aussieht wie ein Vulkanschlot. Hoch auf der Abbruchkante der Caldera thronen die Dörfer Emborió und Nikiá. Hauptort und Hafen ist Mandráki unterhalb der antiken Akropolis.

Infobox

Anreise

Fähre: Von Rhodos bis zu 3 x wöchentlich eine Fähre der Route Rhodos – Kós – Pireas mit Stopps in Tílos und Sými, bei der Rückfahrt bis Kastellórizo/Megísti).

Schnellboote: Per Katamaran (Dodekanisos Seaways) in der Saison 2 x wöchentlich (Do u. So) von Rhodos (Kolona-Hafen) über Chálki und Tílos.

Hafenamt: Tel. 22420 3 12 22.

Busse: Mehrmals täglich ein Inselbus vom Hafen nach Páli, Emborió und Nikiá. Juli/Aug. fährt der Bus auch zum Liés-Strand.

Geld

Es gibt zwar eine Bank in Mandráki (Dodecanes Bank), aber keinen Bankautomaten für Maestro-Karten.

Auf die Insel kommen hauptsächlich Tagesausflügler – aus Kós und aus Rhodos. Als Badeinsel ist Níssyros kaum geeignet: Die wenigen Strände sind nicht gerade schön.

Mandráki ▶ D6

Die Inselhauptstadt ist eine Mischung aus Mýkonos und Pátmos. Weiß getünchte Häuser mit bunten Balkonen klettern vom Meer die terrassierten Vulkanhänge empor, auf denen Olivenbäume, Steineichen und Feigenbäume wachsen. Über der Stadt erhebt sich weithin sichtbar ein Kloster, dessen strahlendes Weiß sich grell von dem schwarzen Lavastein des Hügels abhebt.

Mandráki ist eine Stadt mit zwei ganz unterschiedlichen Gesichtern. Mittags sorgen die Tagesausflügler für etwas Leben, abends sind dann die Einheimischen und die wenigen festen Gäste unter sich. Und wenn die Sonne glutrot im Meer vor der Stadt versinkt, hat man mit Blick auf das Inselchen Gialí (sprich *jali)* und den Höhenrücken von Kós einen der schönsten Sonnenuntergänge Griechenlands vor sich.

Der Ort entstand im Mittelalter am landseitigen Hang des Burgbergs. Die ursprüngliche Platia, umgeben von weinberankten Kafénia, liegt denn auch weiter landeinwärts hinter dem Hotel Porfyris. Erst die Italiener bauten den heutigen Hafen mit dem markanten **Hafengebäude** 1 aus, von dem eine Betonpiste am Meer entlang bis in das Ortszentrum führt. Am Anleger, wo heute die meisten Hotels stehen, beginnt eine lange Tavernenmeile.

Meistens fährt man gleich nach Ankunft der Fähre hoch zum Vulkan

Ägäische Inselidylle in blau-weiß: Hafenort Mandráki auf Níssyros

(s. S. 268), doch danach lohnt ein kleiner Ortsbummel. Folgt man der Hauptgasse vom Anleger aus, kommt man zur hübschen **Platia Ilikiomeni** 2, mit ihren Tavernen und dem Kafenío der Mittelpunkt des Dorfes. Am nächsten Platz liegt das **Dimarcheío** 3, das klassizistische Rathaus. Etwas weiter steht die Hauptkirche des Ortes, die **Panagía Potamítissas** 4, die ganz im traditionellen byzantinischen Stil ausgemalt ist. Dahinter beginnt der weiß getünchte Treppenweg zum Kloster.

Per Bus zum Vulkan

Jeweils bei Ankunft der Ausflugsboote fahren Busse vom Hafenplatz direkt zum Vulkankrater (ca. 8 €). Zum Mittagessen ist man dann wieder zurück in Mandráki. Der normale Inselbus fährt nur bis Emborió, doch als Alternative kann man auch an der Uferstraße ein Moped mieten und auf eigene Faust losfahren.

Kloster Panagía Spiliáni 5

Auf dem schroffen Felsen über der Stadt wurde schon seit frühchristlicher Zeit die Panagiá Spiliáni verehrt. Die ›Allheilige zur Höhle‹ geht vielleicht sogar auf eine antike Kultstätte zurück. In spätbyzantischer Zeit errichtete man ihr eine Kirche, deren alte Marienikone mit schönem Oklad bis

Mandráki

Sehenswert
1 Hafengebäude
2 Platia Ilikioméni
3 Dimarcheío
4 Panagía Potamítissas
5 Kloster Panagía Spiliáni

Übernachten
1 Porfyris
2 Romantzo
3 White Beach (außerhalb Richtung Páli)

Essen & Trinken
1 Iríni
2 Kleánthes
3 Panorama

Aktiv & Kreativ
1 Chochláki (Hohlaki) Beach
2 Savas Beach
3 Miramare Beach

Abends & Nachts
1 Ta Liotridia

heute ein häufig besuchtes Wallfahrtsziel ist. Erst 1312 ließen die genuesischen Assanti, Gefolgsleute des ›Piraten‹ Vignoli von Rhodos (s. S. 80), zum Schutz des Hafens eine Burg bauen, verschonten aber die Kirche. Erhalten sind noch Mauern des Donjons und das alte Tor der Festung.

Im 18. Jh., die Burg war schon längst verfallen, entstand auf dem Felsen ein Kloster, das einst ein bedeutendes Wallfahrtsziel war, heute aber nur noch von einem Priester gehütet wird. Das thront nun blitzweiß über der Stadt und gibt Mandráki nachts mit seinem Neonkreuz den Segen.

Die Akropolis (Palékastro)

Vom Beginn des Treppenwegs zum Kloster erreicht man nach links gehend den Pfad zur antiken Akropolis, hier **Palékastro** genannt. Die dorische Burg ist von einer etwa 3,5 m breiten Mauer aus vulkanischen Trachytquadern umgeben, der stärksten erhaltenen antiken Befestigungsanlage Griechenlands.

Die Quaderblöcke des mächtigen Steinwalls aus dem 5. oder 4. Jh. v. Chr. sind rechteckig, jeweils imposante 80 cm hoch und bis zu 2 m lang. Sogar der Eingang blieb unversehrt und scheint auch heute noch durch nichts erschüttert werden zu können. Dahinter führt eine Treppe auf die Mauerkrone; sonst ist die Akropolis leer, nur gelegentlich blitzt ein Marmorkapitell durchs Gebüsch.

Emborió ► E 6

Das Dorf auf der Abbruchkante zum Vulkankrater wurde durch das Erdbeben von 1933 schwer zerstört und ist heute fast völlig entvölkert. An den schmalen Treppengassen, auf denen man nur Esel als Transportmittel einsetzen kann, reihen sich verfallende Häuser, andere werden nur noch in den Sommerferien bewohnt. Über dem Dorf liegt das **Kástro,** eine ebenfalls romantisch verfallende Burg. Eine Rast mit schönem Ausblick ist im kleinen Dorfkafenío **To Balkoni** möglich, da man direkt an der Abbruchkante die Caldera überschaut. Hinter dem Dorf biegt die Piste in die Caldera, den Vulkankrater ab (s. S. 268).

Nikiá ► E 6

Im Gegensatz zu Emborió ist das 50-Seelendorf Nikiá der malerischste Ort der Insel. Er liegt gegenüber Emborió auf dem Rand des Vulkankraters, etwa 14 km von Mandráki entfernt. In schmuckem Weiß drängen sich die Häuser aneinander, auf der einen Seite der Vulkan, auf der anderen die steilen Terrassenhänge zum Meer.

Ein Spaziergang durchs Dorf führt durch die Hauptgasse an mehreren Tavernen entlang, ein zweiter Weg verläuft am Rand des Kraters mit schönen Aussichten bis zum verfallenen Kástro am Ortsende. Die Hauptgasse endet auf der Dorfplatia bei der weiß-blauen Kirche, flankiert vom Kafenío und einer großen Zisterne, wo die Frauen früher die Wäsche wuschen.

Vom Bushalteplatz vor dem Dorf kann man zu einer Aussichtsplattform mit schönem Blick über den Vulkan absteigen. Dort beginnt auch ein Fußweg zum Kloster Ágios Ioánnis Theológos am Hang der Caldera-Wand. Von diesem Weg zweigt ein Fußpfad hinunter zum Vulkan ab. Nimmt man den Morgenbus nach Nikiá, kann man hier etwa 250 m zur Caldera-Sohle absteigen und mit einem der Direktbusse zum Vulkan zurückkehren.

Strände und Häfen

In Mandráki gibt es den kleinen **Chochláki Beach** 1 hinter dem Klosterberg (Zugang entlang der Küste). Wegen der großen Kiesel hat man dort ohne Badeschuhe wenig Freude. Mitten im Ort ist der **Savas Beach** 2, wo immer auch einige Fischerboote liegen. Hinter dem Hafen gibt es eine weitere Badestelle, **Miramare Beach** 3 genannt.

Kurz vor Páli, in einer vom Bimsabbau zerfurchten Gegend, liegt der **White Beach** (► E 6), den ein Großhotel in Beschlag genommen hat.

Das kleine Fischerdorf **Páli** (► E 6), 4 km östlich von Mandráki, ist bei Yachturlaubern ein beliebter Ha- ▷ S. 271

Mein Tipp

Musik in historischem Rahmen

Zwischen Restaurant, Museum und Musik-Café changiert das **Ta Liotridia** 1 an der Ufergasse. Es ist in einer alten Olivenölfabrik untergebracht. Die historischen Bruchsteinmauern, das orginale Mahlwerk und mehrere Pressen setzen stimmungsvolle Akzente. Abends öffnet das Liotridia als romantisches Musik-Café mit Tischen auch auf dem Kai. Über die Website www.nisyros-taliotridia.com kann man auch zwei stilvolle Apartments mieten.

Auf Entdeckungstour

Wo Polybotes schlummert – der Vulkan von Níssyros

Im vorderen Teil der Vulkan-Caldera von Níssyros wachsen noch Obst- und Olivenbäume, dann wird die Landschaft trostloser und schließlich schweflig gelb. Ein Pfad führt auf den Boden des größten Sekundärkraters hinab. Dort pfeift aus Spalten und Löchern heißes Gas, auf Steinen kann man Spiegeleier braten, und wenn man hüpft, scheint der Boden wie ausgehöhlt zu vibrieren.

Reisekarte: ► E 6

Vulkanbus: S. 265

Alternativen zum Bus: Vom Dorf Nikiá führt ein guter Treppenpfad über 250 Höhenmeter den Kraterrand hinunter (ca. 1 Std.). Ca. 3 Std. wandert man von Mandráki (Pfadbeginn beim Páleokastro) über das Kloster Moní Stávros zum Vulkan.

Der südägäische Vulkanbogen reicht von Methana auf der Peloponnes-Halbinsel über Mílos und die berühmte Vulkaninsel Santorin (Thíra) nach Níssyros, wo sie auf die ostägäische Vulkanzone entlang der Westküste Kleinasiens trifft, die über Sámos, Pátmos und Kós nach Níssyros verläuft. Während die kleinasiatische Vulkanzone an der Grenze zur Türkei hauptsächlich durch kleinere bis mittlere Erdbeben von sich reden macht, hat der südägäische Vulkanismus in Santorin und Mílos fantastische Zeugnisse roher Naturgewalt geschaffen.

Die Vulkankrater von Níssyros

Im Vergleich dazu gibt sich die Insel Níssyros weniger spektakulär. Doch sind die geologischen Zeichen nicht weniger spannend. Zunächst ein Blick zur Karte. Verlängert man die Konturen von der Nordküste von Níssyros und der Südküste der kleinen Insel Gialí, treffen sich beide Linien zu einem Kreis – der annähernd die Form eines großen untermeerischen Kraters beschreibt. Dies war die erste Caldera, die beim Ausbruch eines sehr viel größeren Vulkans vor vielen Millionen Jahren entstand – vergleichbar jener Katastrophe von Santorin, bei der um 1600 v. Chr. die ganze Insel zerriss und nur die Ränder stehen blieben.

Bimssteintuffe und Aschen dieser und einer weiteren großen Eruption vor ca. 30 000 Jahren, bei der die große, ellipsenförmige Caldera im Inneren von Níssyros entstand, bedecken heute die meerseitigen Hänge der Hauptinsel ihres Kleintrabanten Gialí und sogar noch der Insel Tílos. Dieses Tuffgestein hat bis heute ökonomische Bedeutung für Níssyros. Aus dem früher bei Loútra, heute auf Gialí abgebauten Gestein, Puzzuolana-Erde oder nach dem früheren Hauptabbaugebiet auch Santorin-Erde genannt, wird ein besonderer Mörtel hergestellt. Im Verhältnis 8 : 1 mit Kalk gemischt, bindet das Bimssteinmehl auch unter Wasser ab und wird äußerst widerstandsfähig gegen Seewasser. Heute ist Gialí das einzige noch aktive Bimsabbaugebiet Griechenlands.

Innerhalb der Caldera mit ca. 3,5 km Durchmesser finden sich heute mehrere halbaktive Krater. Der größte ist der ca. 30 m tiefe Stefanoskrater mit gut 300 m Durchmesser, der wohl durch eine in den Chroniken überlieferte Dampfexplosion im Spätmittelalter entstanden ist. Daneben gibt es noch vier kleinere Sekundärkrater weiter nördlich. Ganz im Norden ist die Caldera gefüllt mit mehreren Quelldomen von zähflüssiger Lava, deren Alter nur einige tausend Jahre beträgt.

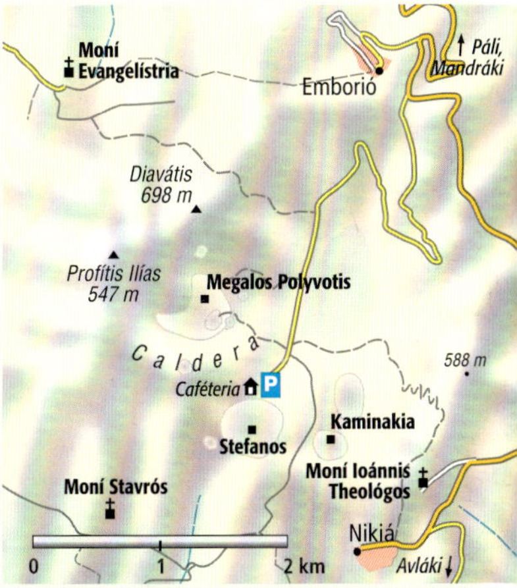

Der Gigant Polybotes grollt

Auch wenn der Vulkan inzwischen nur noch auf Sparflamme kocht, ist der letzte Ausbruch noch gar nicht so lange her. 1933 war Níssyros das Epizentrum des großen Erdbebens, das die Altstadt von Kós in Trümmer legte; 1888 gab es die letzte richtige Eruption, wobei der Vulkan eine Wolke ausspie, die bis nach Rhodos sichtbar war. Polybotes, der Gigant, scheint also immer noch lebendig.

Strabo, der Geograph der frühen römischen Kaiserzeit, überliefert uns über Níssyros nämlich Folgendes: Nach dem Sieg in der Gigantenschlacht, dem Kampf der olympischen Götter im Bündnis mit Herakles gegen die Söhne der Erdmutter Gea, habe der Meeresgott Poseidon den Polybotes verfolgt. Über Kós riss der Gott mit seinem Dreizack ein mächtiges Landstück ab, packte es und schleuderte es auf den fliehenden Giganten. So entstand, glaubten die Alten, die Insel Níssyros, unter der nun der Polybotes begraben liegt. Wahrscheinlich erschüttert der Riese bis heute die Insel, zuletzt bei einem Erdbeben im Jahr 1998.

Anschließend haben britische Geologen ein Mess- und Frühwarnsystem aufgebaut, um rechtzeitig vor einer neuen Explosion warnen zu können. Neueste Ergebnisse zeigen nämlich, dass die Magmakammer unter der Caldera in nur 3–4 km Tiefe liegt und offenbar weiter emporsteigt. Auch die Temperatur der Fumarolen (Schlammtöpfe) steigt seit den Messungen ab 2000 leicht, aber doch stetig an. Die Wissenschaftler sind besorgt. Vielleicht betritt man in diesem Wissen den Krater doch etwas vorsichtiger?

Tanz auf dem Vulkan

Fährt man vom Caldera-Rand hinunter auf den Krater zu, nähert man sich einer grauweißen Mondlandschaft – die Vegetation wird erst spärlicher, verliert sich schließlich ganz. Eine regelrechte Vulkantätigkeit lässt sich jedoch nicht so schnell erkennen. Das erste Zeichen ist der Geruch – deutlicher gesagt: Es stinkt erbärmlich nach faulen Eiern, also Schwefelwasserstoff.

Unten im Krater zischt es dann aus gelb-schwefligen Löchern, die mit köchelndem Schlamm gefüllt sind. Heiße Luft dampft auf, Schwefelablagerungen färben die Steine in weitem Umkreis glitzernd grell-gelb. Im 19. Jh. sind die Schwefelvorkommen des zweiten, heute erloschenen Kraters noch wirtschaftlich ausgebeutet worden. Heute werden die gelben Schwefelkristalle nur noch als Souvenirs aufgesammelt – preiswerte Mitbringsel!

Kleine Wanderungen

Auf gut begehbaren Pfaden kann man auch noch die nördlich gelegenen **Nebenkrater** erwandern, die bei hydrothermischen Ausbrüchen Anfang der 1870er-Jahre entstanden. Dabei kam Wasser durch Erdbeben mit heißen Gesteinsschichten in Kontakt und löste so eine Dampfexplosion aus.

Ähnliche Explosionen befürchteten die Experten auch für die Zukunft. Andererseits bietet die thermische Energie des Untergrunds auch die Möglichkeit, durch ein Kraftwerk sämtliche Dodekanes-Inseln mit Strom zu versorgen. Ein geplantes Projekt verhinderten jüngst allerdings die Einwohner der Insel – sie fürchteten um das touristische Potential der Insel.

Das Vulkanmuseum

Vulkanische Prozesse sind auch Thema eines kleinen, mit EU-Geldern finanzierten Museums im Dörfchen Nikiá, das im Süden auf der Calderawand thront (Di–So 11–15 Uhr, Eintritt 2 €). In der alten Dorfschule sind vielerlei Exponate zu Vulkanismus in Griechenland ausgestellt. Vom Stefanos-Krater führt ein Treppenweg über 250 Höhenmeter empor.

fen. An der Uferstraße reihen sich Tavernen und Pensionen; an der Ostseite ein graubrauner Sand-Kies-Strand.

An der Ostküste liegt der lange, ganz einsame Kieselstrand **Liés Beach** (▶ E 6), an dem es nur in der Saison eine Snackbude gibt. Dort, wo die Straße endet, beginnt ein Pfad über die Uferfelsen zum Pachía Ámmos, dem einsamsten Strand von Níssyros (10 Min. zu Fuß).

Übernachten

Hübsch mit Pool – **Hotel Porfyris 1**: Im Ortszentrum von Mandráki kurz vor der Platia Ilikiomeni, Tel. 22420 3 13 76, www.porf yris-nisyros.com, DZ 35–60 €. Komfortables Mittelklassehaus mit Pool. 38 Zimmer ansprechend ›al greco‹ eingerichtet, ruhig gelegen, schöner Meerblick.
Basic – **Pension Romantzo 2**: Am Hafen hinter Hotel Three Brothers, Tel. 22420 3 13 40, DZ ca. 25–35 €. Einfache Zimmer, aber mit eigenem Bad; große Gemeinschaftsterrasse vor den Zimmern. Eine beliebte Adresse bei preisbewussten Rucksacktouristen.
Strandhotel – **White Beach 3**: 500 m vor Páli, Tel. 22420 3 14 97, geöffnet April bis Mitte Okt., DZ 35–70 €. Das hübsche weiße Strandhotel, das einzige auf der Insel, liegt am Hang über dem sandigen White Beach. Zu Fuß sind es 10 Min. nach Páli mit seinen Restaurants.

Essen & Trinken

Am Dorfplatz – **Iríni 1**: Platia Ilikiomeni, ganzjährig tgl. ab 8 Uhr. Alteingesessene traditionelle Taverne, viele leckere Schmorgerichte aus dem Ofen (ab 7 €). Die Zutaten stammen zum Großteil aus eigener Produktion. Netter Service, man sitzt schön im Schatten unter dem Blätterdach der Platia.
Traditionell – **Kleánthes 2**: An der Ufergasse kurz vor dem Kástro-Felsen, tgl. 11–15, 18.30–23 Uhr, Hauptgerichte ab 7 €. Traditionelle, einfache Taverne mit großer Auswahl und Inselspezialitäten wie *fáva,* in Rotwein eingelegter Ziegenkäse.
Neue Küche – **Panorama 3**: An der Gasse vom Platz zum Hotel Porfyris, tgl. ab 18 Uhr, Hauptgerichte ab 7 €. Das beste Restaurant der Insel, wenn auch etwas teurer. Der Wirt hatte ein Restaurant in Amerika und serviert eine modernisierte griechische Küche.

Einkaufen

Aus dem Garten – In den Tavernen erhält man ein süßes Mandelgetränk, **Soumáda,** das man in einem Geschäft an der Meerplatia auch kaufen kann.
Aus dem Vulkan – Am Krater wird **Bimsstein** verkauft, – den man aber auch bei Páli am Straßenrand auflesen kann.

Abends & Nachts

Szenetreff – **Ta Liotridia 1**: An der Ufergasse, www.nisyros-taliotridia.com, s. S. 267.

Infos

Touristeninformation: Über die Reiseagenturen Polyvotis am Hafen (Tel. 22420 3 12 04) und Enetikon an der Küstenstraße (Tel. 22420 3 11 80); Enetikon verkauft auch Schiffstickets.
14./15. August: Großes Kirchweihfest des Klosters Panagiá Spiliáni; es kommen viele Pilgergäste von anderen Inseln.

Kós – Spuren der Antike

Im Zeitalter der Katamaran-Fähren ist selbst ein Ausflug nach Kós als Tagestour möglich, und für alle, die sich für die Antike interessieren, ist das eine lohnende Sache. In Kós-Stadt, das von türkischen Moscheen und verspielten italienischen Bauten geprägt ist, finden sich die größten antiken Ausgrabungen der griechischen Inseln.

Kós war im Altertum nicht weniger berühmt als Rhodos. Es gehörte mit den drei rhodischen Städten Líndos, Kámiros und Ialyssós zum Städtebund der dorischen Hexapolis, in der auch noch Knidos und Halikarnassos (heute Bodrum) auf dem kleinasiatischen Festland vereint waren. Hier wurde 460 v. Chr. der berühmte Arzt Hippokrates geboren, dessen Eid noch die Mediziner von heute beschwören. Aus einem Tempel für den Heilgott Asklipios entwickelte sich dann im Hellenismus und in der Römerzeit eine der angesehensten und beliebtesten Kur- und Heilzentren der Antike; reiche Römer ließen sich im Asklipion mit Heilschlaf, Wassergüssen und Kräutersäften behandeln.

Während des Mittelalters zählte auch Kós zum Reich der Johanniter-Ritter, die den Hafen mit einer Burg schützten, wofür ein Großteil der Steine des antiken Asklipions verwendet wurden. Unter den türkischen Osmanen war Kós die zweite Stadt des Dodekanes, in der Türken angesiedelt wurden. Daher entstanden etliche Moscheen, die noch heute mit ihren Minaretten das Stadtbild prägen. Wie Rhodos wurde auch Kós Anfang des 20. Jh. von den Italienern besetzt, die die Hauptstadt mit Bauten in orientalisierender Architektur erweiterten.

Genau wie in Rhodos war damals die antike Stadt mittelalterlich überbaut, doch als 1933 ein schweres Erdbeben große Teile der Altstadt zerstörte, nutzten italienische Archäologen die Gelegenheit zur Ausgrabung. So liegen heute weite Areale des antiken Kós frei und können in einer Art Architekturpark besichtigt werden.

Infobox

Anreise

Fähre: Regulär mindestens tgl. eine Autofähre der Route Pireas – Dodekanes – Rhodos (Abfahrten 9.30 u. 15 Uhr). Sonntags auch mit der Dodekanes-Fähre Diagoras, ab 1 Uhr, an 7.30 Uhr.

Schnellboot: In der Saison bis 2 x tgl. per Katamaran, ab gegen 8.30/9 Uhr, retour gegen 16/16.30 Uhr, Fahrtzeit je nach Stopps 2–5 Std.

Tipp: Samstags gibt es ein Nachtboot der Blue Star Ferries, ab Kós 3.55 Uhr, an Rhodos gegen 6.30 Uhr.

Hafenamt: Tel. 22420 2 65 94.

Bus in Kós: Vom Katamaran-Anleger neben der Tourist Info fährt nach Ankunft des Schiffs eine Art Traktorbus zum Asklipion. Stadtbusse vom Hafen etwa stdl. nach Plataní (evtl. auch weiter zum Asklipion).

Die Ausgrabungen in Kós-Stadt ► F 1

Die Katamarane ankern vor dem **Albergo Gelsomino** 1, dem markanten italienischen Justizpalast im orientalisierenden Stil, in dem auch das Informationsbüro zu finden ist. Nach rechts geht es zum Mandráki-Hafen mit den

Orthodoxer Priester vor der alten Moschee in Kós-Stadt

Fischer- und Ausflugsbooten, nach links zur Neustadt und zur Yachtmarina. Direkt geradeaus kommt man zum Gelände der freigelegten antiken **Agora** 2, die nach der Verlagerung der Inselhauptstadt an die Ostküste im Jahr 366 v. Chr. angelegt worden war. Als Zentrum der antiken Stadt war dieser Platz gesäumt von Tempeln, u. a. für die Liebesgöttin Afrodite. Aufrecht stehen Teile der Hafenmauer und zwei mächtige Säulen der Marktkolonnaden, die die Agora an drei Seiten umgaben. Von einer 150 m langen Stoa, einer Säulenhalle mit zahlreichen Läden und Weinschenken, stehen noch acht Säulen aufrecht.

Auf der anderen Seite der Agora liegt der heutige Zentralplatz, die Platia Eleftherias, mit dem **Archäologischen Museum** 3 (Di–So, 8–14.30 Uhr). Hier sind Mosaiken und vor allem zahlreiche Statuen und andere Kleinfunde zu sehen, die aus den Ausgra-

Kós-Stadt

Sehenswert
1 Albergo Gelsomino
2 Antike Agora
3 Archäologisches Museum
4 Bodenmosaike
5 Palaestra
6 Nymphaeum
7 Odeum
8 Casa Romana
9 Zentralthermen
10 Alexander-Altar
11 Platane des Hippokrates
12 Kastell Nerátzia

Übernachten
1 Philippion
2 Astron
3 Alexis

Essen & Trinken
1 Caffè Ciao
2 Olimpiada
3 Petrino

Abends & Nachts
1 Bar Street
2 Fashion Club

bungen geborgen werden konnten. Untergebracht ist es in einem von den Italienern errichteten Bau im Stil der 1930er-Jahre mit einem offenen Hof im Zentrum, der den Atriumhof einer römischen Villa nachempfindet. Unter den Statuen fallen der Trunkene Dionysos aus dem römischen 2. Jh. und der Tod des Marsyas auf, der als Strafe, dass er Apollon im Flötenspiel herausgefordert hatte und dem Gott selbstredend unterlag, lebendig gehäutet wurde.

Über die Straßen Ifestou und Apellou erreicht man dann das westliche Ausgrabungsareal. Hier sind entlang einer der antiken, früher von Säulenhallen gesäumten Hauptstraßen zahlreiche **Bodenmosaiken** 4 aus den früheren Villen zu sehen (z. B. ›Entführung der Europe‹).

Vorbei an römischen Thermen und einer Säulenhalle der **Palaestra** 5, einer Art Sporthof (auch als Gymnasium bezeichnet), gelangt man zu einem monumentalen **Nymphaeum** 6: Dieses Brunnenhaus besaß einen von Säulenhallen umgebenen Innenhof und eine von Nischen gegliederte Fassade, wo das über den Aquädukt an der Odos Ampavris herbeitransportierte Wasser in drei Becken plätscherte. Hinter dem Bau, am westlichen Rand des Areals sind weitere Mosaiken freigelegt, u. a. ein ›Urteil des Paris‹.

Jenseits der viel befahrenen Straße Grigoriou E′ liegen noch das antike **Odeum** 7, ein kleines Musiktheater, das unlängst restauriert wurde, sowie die **Casa Romana** 8 (Di–So 8–14.30 Uhr), das sehenswerteste antike Relikt in der Stadt Kós. Es handelt sich um die große Villa eines wohlhabenden Bürgers aus römischer Zeit, die von den Italienern rekonstruiert worden ist. Die Räume gruppieren sich um drei mit Mosaiken und Marmorplatten geschmückte Innenhöfe, die Wände sind aufwendig mit Wandmalereien geschmückt. Hier kann man sich das angenehme Leben der Oberschicht in der Römerzeit gut vorstellen.

Links neben der Villa liegen die Reste der **Zentralthermen** 9; anschaulich lässt sich das System der Hypokausten nachvollziehen, jener im Boden und in den Wänden eingebauten Hohlräume, durch die heiße Luft geleitet wurde, um die Baderäume zu heizen.

Wenn jetzt noch Zeit bis zur Rückfahrt bleibt, sollte man einfach durch die Stadt zurückbummeln.

Ein kleiner Schlenker Richtung Neustadt führt dabei zum **Alexander-Altar** 10 an der Odos Tsaldari. Das neuzeitliche Monument ehrt den großen makedonischen König und zitiert eine programmatische Rede, in der er die Völker in dem von ihm eroberten Reich zu friedvollem Zusammenleben und ethnischer Vermischung auffordert. Doch nach Alexanders Tod hatte solche Multikulturalität kaum Chancen, das Reich brach auseinander.

Auf dem Rückweg zum Fähranleger lohnt dann noch die sogenannte **Platane des Hippokrates** 11 neben dem Kastell einen Blick. Dass der berühmte Arzt hier, unter dem bizarr vom Alter gebeugten Baum, gelehrt hätte, ist aber nur Legende, denn zu seinen Lebzeiten lag die Stadt Kós noch auf der westlichen Inselhälfte.

Von der Platia Platanou führt eine Steinbrücke in das vom Johanniterorden auf Rhodos erbaute **Kastell** 12 am Mandráki-Hafen, das heute Nerátzia genannt wird. Dabei überquert man den ehemaligen Wassergraben, in dem die Italiener eine inzwischen zu immenser Höhe gewachsene Palmenallee anlegten. Im Inneren sind viele antike Kapitelle, Säulenschäfte oder mit Girlanden verzierte Altäre ausgestellt.

Das Asklipieion ► F2

Eine Fahrt zum Asklipieion ist auch innerhalb eines Tagesausflugs machbar, doch bleibt dann recht wenig Zeit für die Grabungen in Kós (zumal das Museum und die Casa Romana schon um 14.30 Uhr schließen). Jedoch fährt direkt nach Ankunft vom Anleger ein Traktorbus dorthin.

In der baulichen Gestalt entspricht das Asklipieion einer typischen, stark auf die Landschaft bezogenen Anlage des Hellenismus, wofür auch die Stoa von Líndos ein gutes Beispiel ist (s. S. 201). Wie dort erstrecken sich die Bauten über mehrere Terrassen und sind so übereinander gestaffelt, dass sich ein theatralischer Visualisierungseffekt ergibt.

Die **erste Terrasse** war von einer Stoa umgeben, einer über eine Säulenkolonnade zum Terrassenhof geöffneten Halle mit rückwärtigen Räumen, wo man Ärzte konsultieren oder Devotionalien kaufen konnte, evtl. waren dort auch die Kranken untergebracht. Heute sind nur noch die Grundmauern und einige wenige Säulentrommeln zu sehen.

Auf der **zweiten Terrasse** lag ein Asklipion-Tempel des 3. Jh. v. Chr. im ionischen Stil, von dem zwei Säulen wieder aufgerichtet wurden. Wenn man die Treppe emporsteigt, kommt man direkt zum freistehenden Altar, rechts davon lag der Tempel. Ein zweiter, Apollon geweihter Tempel mit korinthischen Säulen erhob sich auf der anderen Seite, hinter einer halbkreisförmigen Exedra.

Die **oberste Terrasse** war wie die unterste an drei Seiten von einer Säulenhalle umgeben; in der Mitte erhob sich ein großer dorischer Tempel, der im 2. Jh. v. Chr. entstand und ebenfalls Asklipios geweiht war. Effektvoll führte die Freitreppe auf die Frontfassade mit sechs Säulen unter einem Dreiecksgiebel empor. Der Tempel gehörte also zu der späteren Ausbaustufe; in byzantinischer Zeit wurde er in eine Kirche umgewandelt: Davon zeugt noch der improvisierte Altar aus einem Kapitell, in das die christlichen Symbolbuchstaben ICXC eingemeißelt wurden. In den Räumen der umlaufenden Stoa suchten die Kranken, vermutlich mit Drogen berauscht, im Heilschlaf durch den Gott Erlösung von ihren Krankheiten zu erlangen.

Übernachten

Strandhotel – **Philippion** 1: 2 Thessalou, Tel. 22420 2 66 63, www.philippion.com, DZ 50–110 €. Schickes Hotel am Stadtstrand, nur durch die Straße vom Meer getrennt. Modern eingerichtete Zimmer mit Mini-Küche, Pool im Innenhof, Internet-Café, Restaurant.

Hafenblick – **Astron** 2: 31 Akti Koundorioti, Tel. 22420 2 37 03, www.astron-hotel-kos.gr, DZ 45–70 €. Familiär geführtes Hotel nah am Mandráki-Hafen mit kleinem Pool hinter dem Haus. Modern eingerichtete Zimmer, Restaurant und Bar im Haus.

Basic – **Aléxis** 3: 9 Odos Irodotou, Ecke Odos Omirou, Neustadt, Tel. 22420 2 87 98, DZ ca. 25–35 €. Pension in einer alten Villa mit schönem Garten, jedoch einfache Zimmer, nur Etagenduschen.

Essen & Trinken

Schön sitzt man am Hafen, doch sind die Tavernen hier vergleichsweise teuer. Einfache Snackbars reihen sich an der vielbefahrenen Meg. Alexandrou. Besondere Tipps:

Espresso – **Caffe Ciao** 1: Odos Ifestou, Altstadt. Modernes Café im italienischen Stil, große Auswahl an Gebäck und Kuchen.

Retsina – **Olimpiada** 2: 2 Kleopatras, Altstadt, nahe der Station der Inselbusse, Hauptgerichte ab 7 €. Beliebte, einfache Taverne mit recht günstiger, aber authentischer griechischer Küche.

Was es zu essen gibt, kann man in Warmhaltewannen anschauen; der Service ist nett, aber nicht übertrieben.
Edelküche – **Petrino** 3: 1 Platia Theologou, Altstadt, nahe der westlichen Ausgrabung, ab 18 Uhr, Reserv. empfohlen, Tel. 22420 2 72 51, www.petrino-kos.gr, Hauptgerichte ab 12 €. Eines der Spitzenrestaurants von Kós, in einem jahrhundertealten Bruchsteinhaus, große Terrasse mit Blick über die antiken Ruinen. Man serviert in elegantem Rahmen griechische Spezialitäten wie Bekri Meze (scharf eingelegtes Schweinefleisch). Sehr gute Weinauswahl.

Abends & Nachts

Bar Street – Das **Szene-Viertel der Bars** 1 hat sich in den Gassen zwischen der antiken Agora und dem Mandráki-Hafen angesiedelt. Dort reihen sich Bars mit verkleidetem Personal, Wasserpfeifen-Lounges und auch griechische Musikkneipen aneinander.
Mega Club – **Fashion Club** 2: 2 Kanari, Juli/Aug. tgl. ab 19 Uhr, Mai u. Sept. nur Fr/Sa, bis 23.30 Happy Hour und freier Eintritt. Ein angesagter Club auf der anderen Seite des Hafens. Auf den 20 Großbildschirmen laufen pausenlos Videos von Modeschauen, gespielt wird zumeist Mainstream und übliche Club-Hits.

Infos

Tourist Information: 1 Akti Vas. Georgiou, Tel. 22420 2 44 60, in der Saison bis 20 Uhr geöffnet.
Internet: www.kos.gr

Reste eines Tempels auf der antiken Agora in Kós-Stadt

Marmaris – ein türkischer Basar

Der türkische Urlaubsort auf dem Festland gegenüber von Rhodos-Stadt ist eines der Zentren des mittelmeerischen Massentourismus. Als Ausflugsziel bringt er nicht viel, es sei denn, man ist auf Shopping aus – denn Marmaris hat eines der größten touristischen Basarviertel der Türkei.

Um es also gleich vorweg zu sagen: Der Bootstrip ins türkische Marmaris kann – im Vergleich zu Inseln wie Sými, Níssyros oder Kós – nicht als erste Wahl gelten. Denn der auch bei der türkischen Schickeria beliebte Ferienort ist lediglich ein Kunstprodukt des Tourismusgeschäfts; im Gegensatz zu Sými, Ende des 19. Jh. die größte Stadt der Region (s. S. 244), war Marmaris bis zum Bau der zahlreichen Großhotels am Weststrand ein mehr oder minder bedeutungsloses Fischerdorf. Andererseits nennt Marmaris einen riesigen Basar sein Eigen, in dem man sich für ein paar Stunden restlos verlieren kann: Einkaufen in der Türkei ist relativ preiswert, Kreditkarten nehmen fast alle Geschäftsleute; auch in Euro kann man fast überall zahlen. Für den Shopping-Bummel bleibt auch recht viel Zeit, denn mit dem schnellen Katamaran braucht man für die Fahrt bloß 45 Min.

Infobox

Anreise
In der Saison tgl. ein Katamaran vom Embóriko-Hafen in Rhodos (gegenüber dem Hafenamt). Man benötigt den Pass oder Personalausweis. Abfahrt ist gegen 8 Uhr, retour geht's um 16.30 Uhr, Preis 45 € h/z. Info: http://rhodes.marmarisinfo.com

Übernachten
Übernachten darf man in Marmaris nicht, denn sonst verliert das Charterticket seine Gültigkeit; die Griechen kontrollieren das recht genau.

Marmaris ▶ Karte 5, C 1

Der Katamaran aus Rhodos legt östlich des Ortes an, bei der Einfahrt rechts vom Yachthafen. Links erhebt sich flach und gedrungen die Burg, dahinter beginnt der **Basar:** Gewürze en gros, schöner Silber- und auch Goldschmuck, Orient-Teppiche, sogar Pelzmäntel und Lederkleidung – das sind die auffälligsten Waren, die im überdachten Gassengewirr angeboten werden: Da heißt es, nach Kräften zu feilschen! Besonders auffällig sind die vielen Textilien, die mit den großen internationalen Modenamen bedruckt sind: Die meisten sind aber nicht echt, sondern nur Kopien – sehr günstig, aber qualitativ doch nicht das Original.

Meerseitig zieht sich eine breite Uferstraße, hier Kordon genannt, einmal rund um die Halbinsel der Altstadt bis zum Yachthafen. An dieser Promenade reiht sich ein Restaurant ans nächste, davor liegen die Yachten und Ausflugsboote. Durch Gassen kann man zur Burg aufsteigen, am Weg laden Panorama-Restaurants zur Rast mit schönem Ausblick ein.

Burg und Hafen

Sehenswert ist die Burg **Marmara Kalesi** auf dem Altstadthügel, die im 16. Jh. erbaut wurde und heute als Mu-

Die Läden in Marmaris bieten orientalische Souvenirs, aber auch moderne Textilien

seum zugänglich ist (8–12, 13–15 Uhr). Der Besuch lohnt aber eher der Aussicht über den Hafen als der wenigen antiken Exponate wegen.

Als Hafen war und ist Marmaris übrigens berühmt. Schon die Lage, in einer fast vollständig zum Meer hin geschlossenen weiten Bucht, ist grandios. In diesem Naturhafen zog Sultan Süleyman 1521 seine Flotte für den großen Angriff auf Rhodos zusammen, heute ankert in der neuen Marina für rund 1000 Boote die größte Yacht-Flotille der Türkei. Der Abschirmung gegen die Meereswinde verdankt der Ort einen Gutteil seiner heutigen Beliebtheit, denn schon Anfang Mai, beim Yachtfestival, kann man hier hochsommerlich warme Abende und (in den Discos) heiße Nächte genießen.

Der Kordon endet zuletzt an der **Netsel Marina,** mit Platz für fast 1000 Boote. Meist ankern dort auch ein paar riesige Luxusyachten Auch dort geht das Shoppen weiter: In schicken Boutiquen ist die echte internationale Mode zu finden – und immer noch ziemlich günstig.

Mein Tipp

Essen mit Aussicht

Gleich am Anfang der Restaurantmeile am Kai bietet das Restaurant **The Three Palms** eine schöne Dachterrasse, um die ankernden Boote zu überschauen (Grillküche, auch Pizza). Etwas höher noch liegt das Restaurant **Hillside** am Hang kurz vor der Marina (türkische Küche). Auf dem höchsten Punkt liegt die **Castle Bar:** Abends wird's dort voll, nachmittags sitzt man aber ruhig mit einem Drink und blickt über ganz Marmaris.

Umschrift

Auch ohne griechische Sprachkenntnisse kommt man heute überall in Griechenland zurecht; die meisten Griechen sprechen zumindest etwas Englisch. Hinweisschilder sind in der Regel auch in lateinischen Buchstaben abgefasst. Dennoch empfiehlt es sich, ein wenig Griechisch zu lernen; man kommt schneller zurecht und wird häufig auch freundlicher behandelt. Jedoch muss man auf die richtige Betonung achten, die durch den Akzent angegeben wird.

Das griechische Alphabet

		Aussprache	Umschrift
Α	α	a	a
Β	β	w	v, w
Γ	γ	j vor e und i, sonst g	g, gh, j, y
Δ	δ	wie engl. th in ›the‹	d, dh
Ε	ϵ	ä	e
Ζ	ζ	s wie in ›Sahne‹	z, s
Η	η	i	i, e, h
Θ	ϑ	wie engl. th in ›thief‹	th
Ι	ι	i, wie j vor Vokal	i, j
Κ	κ	k	k
Λ	λ	l	l
Μ	μ	m	m
Ν	ν	n	n
Ξ	ξ	ks, nach m oder n weicher: gs	x, ks
Ο	ο	o	o
Π	π	p	p
Ρ	ρ	gerolltes r	r
Σ	σ	s wie in ›Tasse‹	ss, s
Τ	τ	t	t
Υ	υ	i	i, y
Φ	φ	f	f, ph
Χ	χ	ch	ch, h, kh
Ψ	ψ	ps	ps
Ω	ω	offenes o	o
Buchstabenkombinationen			
ΑΙ	αι	ä	e
ΓΓ	γγ	ng wie in ›lang‹	ng, gg
ΕΙ	ει	i wie in ›lieb‹	i
ΕΥ	ευ	ef wie in ›heftig‹	ef, ev
ΜΠ	μπ	b im Anlaut, mb im Wort	B, mp, mb
ΝΤ	ντ	d im Anlaut, nd im Wort	D, nd, nt
ΟΙ	οι	i wie in ›Liebe‹	i
ΟΥ	ου	langes u	ou, u

Begrüßung und Höflichkeit

Guten Tag	kali méra
Guten Abend	kali spéra
Gute Nacht	kali níchta
Hallo, Tschüss (Du-Form / Sie-Form)	jassú/jassás
Auf Wiedersehen	adío (adíosas)
Gute Reise	kaló taxídi
Bitte	parakaló
Danke (vielmals)	efcharistó (polí)
Ja	ne *(sprich: nä)*
Jawohl	málista
Nein	óchi
Nichts, keine Ursache	típota
Entschuldigung	singnómi
Macht nichts	den pirási
In Ordnung, okay	endáxi

Reisen

Straße/Platz	odós/platía
Hafen	limáni
Schiff	karávi
Bahnhof / Busstation	stathmós
Bus	leoforío
Haltestelle	stásis
Flughafen	aerodrómio
Flugzeug	aeropláno
Fahrkarte	issitírio
Motorrad	motosiklétta
Fahrrad	podílato
Auto	aftokínito
rechts/links	deksjá/aristerá
geradeaus	efthían
hinter, zurück	píso
weit/nah	makría/kondá

Bank, Post, Arzt, Notfall

Bank/Bankautomat	trápesa/ATM
Quittung, Beleg	apódixi
Postamt	tachidromío
Briefmarken	grammatóssima
Arzt/Arztpraxis	jatrós/jatrío
Krankenhaus	nossokomío
Hilfe!	voíthia
Polizei	astinomía
Unfall/Panne	átichima/pánna

Einkaufen

Kiosk	períptero
Laden	magasí
Bäckerei	foúrnos
Fleisch/Fisch	kréas/psári
Käse/Eier	tirí/avgá
mit/ohne	me/chorís
Milch/Zucker	gála/sáchari
Brot	psomí
Gemüse	lachaniká
Wasser	neró
– mit Kohlensäure	sóda
Bier	bíra (Pl. bíres)
Wein	krássi
eine Portion	mía merída
zwei Portionen	dío merídes
Speisekarte	katálogos
Die Rechnung, bitte!	to logarjasmó parakaló!

Adjektive

gut/schlecht	kalós/kakós
groß/klein	megálos/mikrós
neu/alt	néos/paljós
heiß/kalt	sésto/krío

Zahlen

1	éna (m), mía (f)	40	saránda
2	dío *(sprich: sio)*	50	penninda
3	tría, trís	60	exínda
4	téssera, tésseris	70	evdomínda
5	pénde	80	októnda
6	éxi	90	enenínda
7	eftá	100	ekató
8	októ	200	diakósja
9	enéa	300	triakósja
10	déka *(seka)*	400	tetrakósja
11	éndeka	500	pendakósja
12	dodéka	600	exakósja
13	dekatría, usw.	700	eptakósja
20	íkossi	800	oktakósja
21	íkossi éna, usw.	900	enjakósja
30	tríanda	1000	chílja

Die wichtigsten Sätze

Allgemeines

Wie geht es dir?	Ti kánis?
Ich verstehe nicht.	Den katalavéno.
Woher kommst Du?	Apo poú ísse?
Wie spät ist es?	Ti óra íne?
Ich habe es eilig!	Viássome!
Prost!	Jámmas!

Unterwegs

Wo ist ...?	Poú íne ...?
Wo fährt der Bus nach ... ab?	Poú févji to leoforío ja ...?
Wann fährt er/sie/es?	Póte févji?
Wann kommt er/sie/es an?	Póte ftáni?
Wie viele Kilometer sind es bis ...?	Póssa chiljómetra sto ...?

Notfall

Ich möchte telefonieren.	Thélo ná tilefonísso.
Ich suche eine Apotheke.	Thélo ná vró éna farmakío.

Einkaufen

Was wünschen Sie?	Tí thélete?
Bitte, ich möchte ...	Parakaló, thélo ...
Was kostet das?	Pósso káni afto?
Ich nehme es!	To pérno!
Das ist teuer!	Íne akrivó!
Es gefällt mir (nicht).	(Den) m'aréssi.

Kulinarisches Lexikon

Frühstück

avgá mátja	Spiegeleier
avgá me béikon	Eier mit Speck
voútiro	Butter
chimó portokáli	Orangensaft
giaoúrti (yaoúrti)	Joghurt
... me karídia	... mit Walnüssen
... me méli	... mit Honig
kafé me gála	Kaffee mit Milch
louchániko	Wurst
marmeláda	Konfitüre
méli	Honig
psomáki	Brötchen
sambón	Schinken
tirí	Käse
tsái	Tee

Suppen

fassoláda	Bohnensuppe
kakavjá (auch: psarósoupa)	Fischbrühe, dazu ein Fisch nach Wahl
kreatósoupa	trübe Fleischbrühe
patsá	deftige Kuttelsuppe mit Innereien
tomatósoupa	Tomatensuppe

Salate und Pürees

angoúro saláta	Gurkensalat
choriátiki saláta	›Griechischer Salat‹
chórta saláta	Mangoldsalat
gígantes (jígandes)	große weiße Bohnen in Tomatensauce
láchano saláta	Krautsalat
maroúli saláta	Blattsalat
melindsáno saláta	Auberginenpüree
skordaliá	Kartoffelpaste mit Knoblauch
taramá	Fischrogen-Püree
tomáto saláta	Tomatensalat
tónno saláta	Thunfischsalat
tzatzíki (dsadsíki)	Joghurt mit Gurken und Knoblauch

Fisch und Meeresfrüchte

astakós	Languste
barboúnja	Rotbarbe
fángri	Zahnbrasse
garídes	Scampi
glóssa	Scholle oder Seezunge
kalamarákja	Calamares
ksifías	Schwertfisch
lavráki	Barsch
mídja	Muscheln
oktapódi	Krake
solomós	Lachs
soupjés	Sepia (Tintenfisch)
stríthja	Austern
tsipoúra	Dorade (Goldbrasse)

Fleischgerichte

arnáki, arní	Lammfleisch
pansétta	Schweinerippchen
békri mezé	eine Art Gulasch mit Kartoffeln, scharf
biftéki	Frikadelle mit Käse
brizóla	Kotelett
chirinó	Schweinefleisch
gída	Ziege
gourounópoulo	Spanferkel
gouvarlákja	Hackfleischbällchen in Zitronensauce
gemistes (jemistés)	gefüllte Tomaten oder Paprikaschoten
giouvétsi (juvétsi)	Kalbfleisch mit Reisnudeln in Tomatensauce
katsíki	Zicklein
keftédes	Hackfleischbällchen in Tomatensauce
kokkinistó	Rindfleisch in Rotweinsauce
kokorétsi	Innereien, gegrillt
kotópoulo	Hühnchen
kounélli	Kaninchen
kreatópitta	Blätterteigtasche mit Fleischfüllung
láchano dolmádes	gefüllte Kohlblätter
loukaniká	Landwürstchen
makarónja me kimá	Spaghetti mit Hackfleischsauce

mialá	Hirn
mouskári	Rindfleisch
moussaká	Auberginenauflauf
païdákja	Lammkoteletts
papoutsákja	gefüllte Auberginen
pastítsjo	Nudelauflauf mit Hackfleisch
psitó	Braten
sikóti	gebratene Leber
stifádo	Fleisch mit Zwiebeln in Tomaten-Zimt-Sauce
soutzoukákia (sudsukakja)	Hackfleischrollen in Tomatensauce mit Kreuzkümmel
souvláki	Fleischspieß (Rind oder Schwein)
tourloú	Gemüseeintopf

Gemüse

briam	Gemüseauflauf mit Schafskäse
bámjes	Okraschoten
eljés	Oliven
fassólja	grüne Bohnen
kolokithákja	Zucchini
melindsánes	Auberginen
spanáki	Spinat

Obst

achládi	Birne
fráules	Erdbeeren
karpoúsi	Wassermelone
kerássja	Kirschen
lemóni	Zitrone
mílo	Apfel
peppóni	Honigmelone
portokáli	Orange
rodákino	Pfirsich
síka	Feige
staffílja	Weintrauben

Desserts

froútto saláta	Obstsalat
karidópitta	Walnusskuchen
milópitta	Apfelkuchen
pagotó	Eiscreme
risógalo	Reispudding
tirópitta	Blätterteig mit Käse

Getränke

bíra	Bier
chimós	Saft
gála	Milch
kanelláda	Zimt-Limonade
kafés ellinikós	griechischer Kaffee
kafés fíltro	Filterkaffee
krassí	Wein
lemonáda	Limonade
neró	Wasser
portokaláda	Orangeade
soumáda	Mandelmilch
tsái	Tee
tsípouro	Tresterschnaps

Im Restaurant

Die Speisekarte, bitte.	To katálogo, parakaló
Was empfehlen Sie?	Tí sistínete?
Die Rechnung, bitte.	To logarjasmó, parakaló
Guten Appetit!	Kalí orexí!
Prost!	Jammás!
kírie, kiría	Herr, Dame (gängige Anrede für Kellner und Kellnerin)
Salz / Pfeffer	aláti / pipéri
Tasse	flidzáni
Teelöffel	koutaláki
Löffel	koutáli
Messer	machéri
Gabel	piroúni
Glas	potíri
Teller	piátto
Zahnstocher	odondoglifídes
Serviette	petsétta (serviétta = Damenbinde!)

Abbildungsnachweis

Fotolia, New York (USA): S. 13 o. re., 17, 142 re., 154/155, 257 (dedi); 161 li., 190/191 (m-pictures); 56 (volff)
Getty Images, München: Titelbild (Robert Harding World Imagery)
Björn Göttlicher, Bamberg: 12 o. li., 13 u. li., 13 u. re., 60, 75, 77, 79, 91, 98/99, 101 li., 118/119, 124, 139, 160 li., 160 re., 163, 168, 226, 220 re., 232, 234, 236/237, 246/247, 254
Rainer Hackenberg, Köln: S. 54, 72/73, 185, 186/187, 214
iStockphoto, Calgary (Kanada): S. 61 (efilippou)
Petra Latzke, Bielefeld: S. 7, 10, 11, 12 u. li., 12 o. re., 13 o. li., 29, 32, 34, 36, 62, 81, 83, 89, 100 re., 121, 130/131, 146/147, 164, 172/173, 176/177, 178, 181, 196 re., 204, 207, 209, 220 li., 223, 252
Look-Foto, München: S. 94, 221 li., 239 (Age); 38, 103, 197 li., 213 (Pompe); 14/15, 25, 46/47 (Travel Library)
laif, Köln: S. 242 re., 265, 277 (Gerber); 243 li., 268 (Kaltsis/Invision); 97 (Kirchgessner); 93 (Steinhilber)
Mauritius Images, Mittenwald: S. 250/251, 261 (age); 231 (Bartel); Umschlagrückseite, 12 u. re, 128/129, 142 li., 145, 192/193 (Beuthan); 52 (Birbrajer); Umschlagklappe vorn, 67 (Breuer); 203 (Clasen); 58, 108/109, 112, 219, 242 li., 245 (CuboImages); 69 (Frey); 196 li., 199, 273 (Habel); 27, 70, 100 li., 114 (Handl); 279 (Kreder); 217 (Laue); 87 (Merten); 229 (Reuther); 259 (SuperStock); 143 li., 158 (Stella); 64 (Weber); 224 (World Pictures)
picture-alliance, Frankfurt a. M.: S. 85 (akg)

Kartografie

DuMont Reisekartografie, Fürstenfeldbruck

Umschlagfotos:
Titelbild: Ágios Pávlos Bay bei Líndos
Umschlagklappe vorn: Taverne in der mittelalterlichen Altstadt von Rhodos

Hinweis: Autor und Verlag haben alle Informationen mit größtmöglicher Sorgfalt geprüft. Gleichwohl sind Fehler nicht vollständig auszuschließen. Alle Angaben erfolgen ohne Gewähr. Bitte schreiben Sie uns! Über Ihre Rückmeldung zum Buch und über Verbesserungsvorschläge freuen sich Autor und Verlag:
DuMont Reiseverlag, Postfach 3151, 73751 Ostfildern,
info@dumontreise.de, www.dumontreise.de

1. Auflage 2012

Grafisches Konzept: Groschwitz/Blachnierek, Hamburg
Printed in Germany